九州のなかの朝鮮文化

日韓交流史の光と影

嶋村初吉

明石書店

韓日文化交流の懸け橋に
『九州のなかの朝鮮文化』発刊によせて

駐福岡大韓民国総領事　孫鍾植

近くとも遠い日本。そのなかで特に韓半島と最も近いここ九州は、日本文化の発祥地ともされています。この地には我々の範となるとともに、世界の記憶（記憶遺産）にも登録された朝鮮通信使ゆかりの島である「対馬」や焼き物の聖地「有田・薩摩・唐津」、また百済の里「南郷村」、武寧王の生誕の地「加唐島」など、歴史遺跡をはじめ琉球文化に至るまで、韓日文化交流の足跡が残っています。

このような韓日の関係史を探るため、九州の各々の史跡地を探訪し、緻密かつ正確に分析し、歴史的な事実に基づき、このたび『九州のなかの朝鮮文化』を出版されました著者の嶋村初吉氏のご努力を称えます。

未来志向の韓日関係を進める上で、歴史的教訓に学ぶことが大切であることはいうまでもありません。２０１８年８月、朝鮮通信使行列が再現される対馬を訪れ、韓日を結ぶ外交に尽くした雨森芳洲に触れる機会がありました。長年の経験から得られた教訓として、芳洲は「誠信の交《まじわり》」という言葉を残しました。「互いに欺《あざむ》かず争わず、真実を以って交わる」。韓日がどう向き合い、つきあっていけばよいのか。ここに方向性が示されています。

どの時代、どの背景においても「光と影」が共存している韓日関係。しかし、現在、年間約750万人の韓国人が日本を訪れており、そのなかでも特に九州は韓国の若者を中心に昨年、300万人が訪れました。これこそ草の根交流といえ、今後、韓日関係とアジア平和交流の重要な役割が期待されます。

地理的に近い韓日のあいだでは古代から現代に至るまで様々な出来事があり、そこから生まれた関連遺跡は九州と沖縄の各地に残されています。このような関連遺跡の探査とその背景を探る研究を重ねることで、さらに深い歴史を理解することができるでしょう。

本書を通じて、韓半島と九州との関係が韓日友好および日本歴史文化にどのような影響を与えたのかを理解していただき、本書が今後、韓日文化交流の懸け橋になることを祈念いたします。

はじめに

徳川6代将軍、家宣《いえのぶ》の侍講を務めた儒学者、新井白石が晩年に書いた邪馬台国の所在地が、その後、畿内論と九州論に二分されて、論争を繰り返してきた。これに関連した遺跡が出土する度に、マスコミは大きく騒ぐ。しかし、まだ決着はついていない。

「九州は朝鮮半島にいちばん近い。だから近いところに、まず外来文化が根付く。これはきわめて自然なことではなかろうか。気候が西から東へと変化していくように、文化も西から東へと移っていった。そう考えることが無理がなく、自然ではないか」

この言葉は、在日作家の金達寿《キムダルス》氏が民俗学者の谷川健一氏と対談した『地名の古代史（九州篇）』（河出書房新社）のなかに出てくる。谷川健一氏も同調して、こう応じている。

「戦前の皇国史観はいちおう姿を消しましたね。しかし、畿内中心主義というのは、依然として戦後も有効なんですよね。（中略）最初、日本文化が発生したところは、やっぱり九州であって、九州がいちばん文化の高い時代が最初あったわけですね」

日本に初めて稲作が伝わったのは、松浦半島の菜畑遺跡（佐賀県唐津市）である。「伝わる」ということは、それをもたらした朝鮮系渡来人がやってきたことを意味する。九州の古代遺跡には、朝鮮との交流を伝える遺物が数多く出土している。

かつて金達寿氏は、古代の日朝交流を刻んだ史跡を、日本各地に探訪して、『日本の中の朝鮮文化』(全12巻)にまとめた。この古代史紀行は、日本国の形成史を知る上からも、貴重な視座を与えてくれた。

この調査行は、アカデミズムと在野の力を借りて続けられた。古代史研究者、各地の郷土史家、各市町村の学芸員、埋蔵文化財発掘にかかわる行政職が、いろんなアドバイスと資料を提供している。北は北海道から南は沖縄まで、長い歳月を費やして歩いた金達寿氏の現場主義には、学ぶことが多い。しかし、『日本の中の朝鮮文化』は中世、近世、近現代までは扱っていない。これを補いたいという気持ちもあって、ここ数年、時間をつくっては九州各地を歩いた。

歩いていると、何と朝鮮との交流の歴史が深く、広いものだったか実感できる。もちろん、交流には「光と影」がある。

光の部分といえば、日朝両国を友好的につないだ江戸時代の朝鮮通信使がある。関ケ原の戦いで天下を統一した徳川家康が、秀吉の朝鮮侵略で断絶した日朝間の国交修復を、対馬藩を通じて朝鮮側に要請したのが契機となった。両国の信義を確認する国書交換のため、12回来日した朝鮮通信使は、外交使節であったが、文化交流にも大きく貢献した。2017年10月、ユネスコ世界記憶遺産(世界の記憶)に登録されている。

影の部分でいえば、朝鮮から日本が脅かされた歴史である。

一つは朝鮮三国の覇権争いの余波で、倭国（日本）を脅かした。新羅と唐の攻撃による百済滅亡である。倭国と親交のあった関係で、多くの遺民が玄界灘を渡って来た。その危機意識から、対馬や北部九州に朝鮮式山城を築城することになる。いずれも百済の遺民が指導した。

二つ目は、元寇。蒙古襲来である。広大な領土を支配した中国・元のフビライは、日本支配を視野に属国の高麗をたきつけて、北部九州の沿岸を襲う。激しい攻防が行われたが、神風といわれる突如の強風によって元・高麗の船はことごとく沈み、日本は守られたとされる。

逆に日本が朝鮮、中国を脅かした歴史は、倭寇であり、秀吉の朝鮮侵略であり、植民地支配の歴史である。特に、この三点は九州に鮮烈な痕跡を刻んだ。略奪や、拉致、強制労働という言葉に集約できる。

日朝、日韓の光と影を刻む九州の史跡を訪ね歩くなかで、近年、韓国人観光客が目立つようになったことを痛感する。その数は、２０１７年には日本全体で７００万人を超えた。とりわけ九州には多い。彼らを迎え入れる地域においては、足元の文化を見直すなかに、日韓交流の種があれば、それを守り、育ててほしいという思いが強い。日韓友好は、そういう努力を通して実りあるものになると確信するからだ。

それを印象づけた地域としては、朝鮮通信使の島・対馬、有田焼・薩摩焼をはじめとする九州各地の焼き物の産地、百済の里・南郷村（宮崎県）、武寧王の生誕地・加唐島（佐賀県）などに代表されるが、まだまだ多くの地域に日韓交流の痕跡が刻まれている。それを掘り起こし、育てていってほしい。

本書をつくった狙いには、それを応援したいという願いが込められている。九州には過去、韓国に尽くし、韓国人に感謝された人たちが多くいる。代表的な九州人を4人、紹介したい。

①秀吉の朝鮮侵略のとき、加藤清正の鉄砲隊長だった沙也可《さやか》。参戦後、朝鮮の儒教文化に惹かれて朝鮮側に転じ、北方で女真族とも戦って武勲をあげた。朝鮮国王から金忠善《キムチュンソン》という名前をもらい、大邱の周辺にある友鹿洞《ウロクトン》で余生を送った。

②江戸時代、朝鮮外交に長年携わり、朝鮮通信使に2度帯同した対馬藩の儒学者・雨森芳洲《あめのもりほうしゅう》。外交の精神として、「互いに欺かず争わず真実を以て交わる」という誠信の交わりを説いた。

③植民地時代、朝鮮全土を歩き、調査・指導に尽くした福岡県八女出身の農学者・高橋昇。朝鮮総督府農業試験場西鮮支場長を長く勤め、朝鮮の風土に対応した農法を説き、朝鮮伝統農法の合理性・優秀性を再認識させた。

④大韓帝国の時代に、木浦領事に着任した外交官・若松兎三郎（大分県玖珠町出身）。そこで、世界の主要綿種陸地綿を自費で試験栽培。天日塩試験場も設立して、製塩を始めた。もちろん、その技は朝鮮人に伝授され、朝鮮の産業界に生かされた。

この人たちを、韓国人はご存じだろうか。地勢的に朝鮮半島と九州は近い。近いが故に、他の地域に比べて、古来より互いの往来、交流が盛んに続いた。現在、九州各地に韓国人がかつてないほど多く観光に訪れている。もてなしの精神を考えるとき、九州各地にある、日韓交流の歴史を刻む史跡を見つめ直し、それを大事に磨き上げ、これからの親善友好の礎にしてはどうだろうか。すでに絶版になった『九州のなかの朝鮮』（明石書店）の続編として、この本を企画・刊行した目的には、それを後押ししたいという思いがある。

九州のなかの朝鮮文化◎目次

佐賀のなかの朝鮮文化／61

長崎のなかの朝鮮文化／97

熊本のなかの朝鮮文化／133

大分のなかの朝鮮文化／155

福岡のなかの朝鮮文化

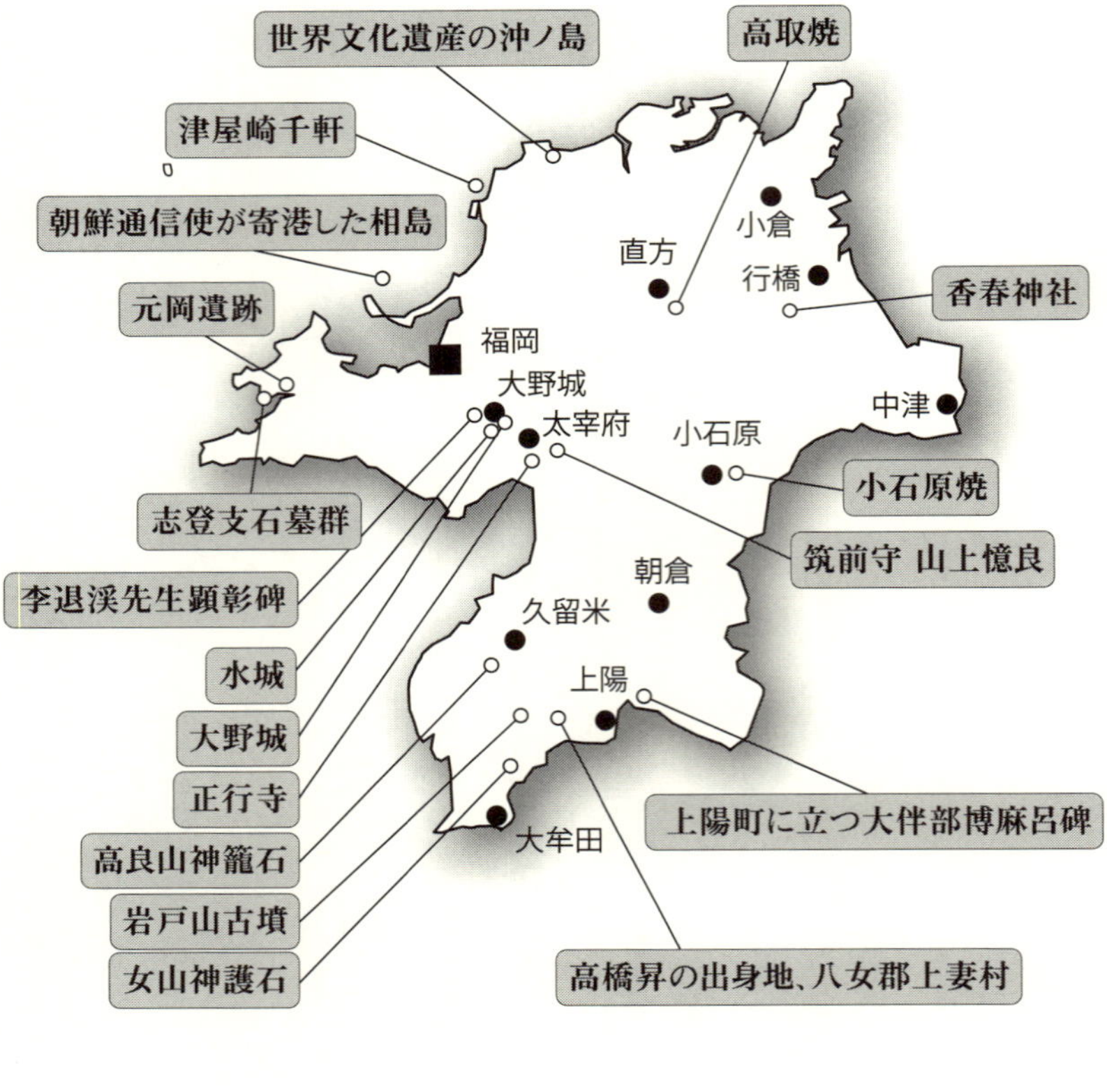
世界文化遺産の沖ノ島
高取焼
津屋崎千軒
朝鮮通信使が寄港した相島
小倉
直方
行橋
香春神社
元岡遺跡
福岡
大野城
中津
太宰府
小石原
志登支石墓群
小石原焼
筑前守 山上憶良
朝倉
李退渓先生顕彰碑
久留米
水城
上陽
大野城
正行寺
上陽町に立つ大伴部博麻呂碑
大牟田
高良山神籠石
岩戸山古墳
女山神護石
高橋昇の出身地、八女郡上妻村

福岡紀行

◆明成皇后（閔妃）暗殺にかかわる史跡、福岡に二つ

1895（明治28）年10月、漢城（現、ソウル）の王宮で発生した明成皇后《ミョンソンファンフ》（閔妃《ミンビ》）暗殺事件。これにかかわった藤勝顕は政治結社「玄洋社」の社員で、博多祇園山笠で知られる櫛田神社の氏子であった。玄洋社のメンバーは、広島監獄に拘束されている藤勝顕を励まそうと、監獄付近に家を借りて支援の拠点をつくったほどである。

藤勝顕にかかわる史跡が福岡市博多区に二つある。一つは臨済宗妙心寺派、聖福寺の塔中の一つ、節信院の子安観世音菩薩像で、もう一つは櫛田神社に藤勝顕が奉納したとされる刀で、これは閔妃暗殺に使ったのではないかと推測される。なぜ、子安観世音菩薩像と一緒に刀も節信院に納めていないか。暗殺に使われたとされる刀は穢れたもので、仏教では受け入れられない。そのような禁則から、藤勝顕は櫛田神社に納めたとされる。櫛田神社に残る「寄付台帳」には、藤勝顕が奉納したと記録されているのである（1995年9月12日付け朝日新聞より）。

子安観世音菩薩像は、製作を依頼したのは藤勝顕で、「閔妃を切った際の顔が忘れられない。供養したい」（同、朝日新聞）といわれるが、藤勝顕の妻の母親が婿の行為に驚き、供養を申し出たといわ

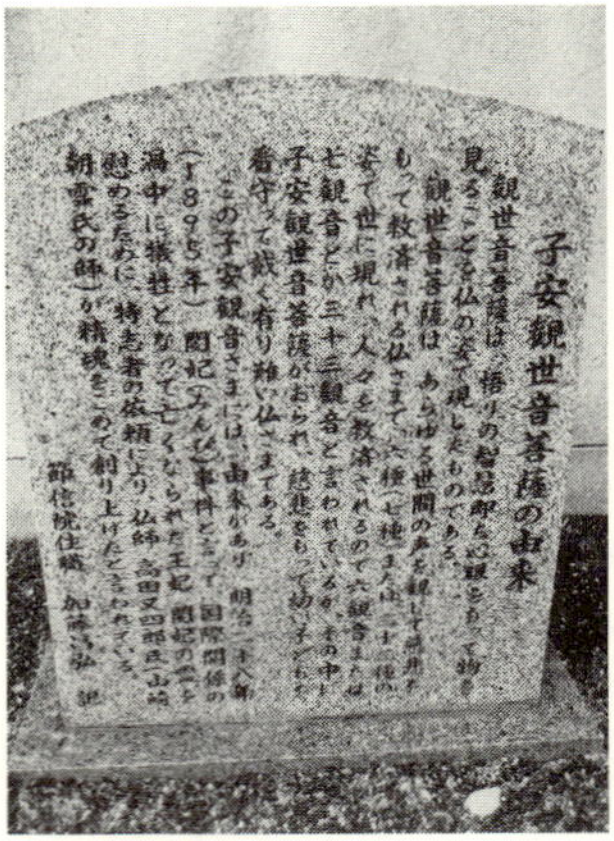

子安観世音菩薩像建立の由来と明成皇后暗殺事件の経過などを刻んだ石碑

節信院の子安観世音菩薩像

れる説もある。「国士と朝鮮王宮に乗り込み、何の罪もない人を斬り、王妃を殺した事は、私情に於いて忍べず」と。

子安観世音菩薩像は当初、ブロンズ像だったが、太平洋戦争中、軍の要請に応じて供出された。戦後、それに似せた石像をつくったが、これは節信院に捨てられていた赤子を授かった女性の供養の寄付金で製作された。女性は、生みの親が名乗り出てこないことから子どもを育てたが、10代半ばで心臓病を患い死亡してしまったことを痛く悲しんだ。その供養のため、女性は石像の子安観世音菩薩像を寄進したといわれる。それを証明するのが、石像の背中に刻まれた文字である。それには次のようにある。

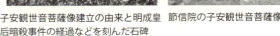

「施主　神宮マサ　三十四

世話人　田北清次

昭和四十三年五月」

節信院には、韓国が民主化された1990年代以降、韓国から見学、供養に訪れる研究者、マスコミの取材陣が増えてきている。駐福岡韓国総領事館の教育担当領事が早くから認知しており、本国にも、その報告が伝わっていると思われる。また、西日本新聞との交換記者制度で、福岡を拠点に取材活動を展開した釜山日報の記者も、『九州のなかの朝鮮』（九州の中の朝鮮文化を考える会編）で該当記事を読み、子安観世音菩薩像が製作される経緯を大きく報道している。

　子安観世音菩薩像の手前左に、節信院の住職が「子安観世音菩薩」の由来について記した案内の石碑を建立した。平成に入ったころだった。その碑文は以下の通り。

「観世音菩薩は、悟りの智慧即ち心眼をもって物を見ることを仏の姿で現したものである。

　観世音菩薩は、あらゆる世間の声を観じて慈悲をもって救済される仏さまで六種（七種）または、三十三種の姿で世に現われ、人々

節信院の山門と本堂。近年、韓国人もお参りに来ている

櫛田神社の入り口には社名を刻んだ石碑とともに、「清道」の文字も。これは朝鮮通信使行列の清道旗に由来するといわれる

を救済されるので、六観音または七観音とか三十三観音と言われているが、その中に子安観世音菩薩がおられ、慈悲をもって幼い子供を看守って戴く有り難い仏さまである。

この子安観音さまには、由来があり、明治二十八年（１８９５年）閔妃《みんび》事件と言って、国際関係の渦中に犠牲となって亡くなられた王妃閔妃の霊を慰めるために、特志者の依頼により、仏師高田又四郎氏（山崎朝雲氏の師）が精魂をこめて創り上げたと言われている」

閔妃暗殺に加担した藤勝顕が、犯行に使ったとみられる刀が櫛田神社に奉納されている。１９９５年9月12日付けの朝日新聞・朝刊（西部本社版）は次のように報じている。

神社に残る「寄付台帳」によると、奉納したのは暗殺の実行犯の一人で、同神社の氏子だった藤勝顕。（中略）暗殺事件から13年後の１９０８（明治41）年2月27日に、直接納めた。刀の長さは約70センチ。「肥前国住人忠吉」の銘があり、佐賀藩の名刀工「忠吉」一門の手によって江戸時代初期に鍛えられたものとみられる。

刀の鞘《さや》部分は、「一瞬電光刺老狐　夢庵謹識」と記してある。櫛田神社によると、夢庵は藤の号で、藤自身が閔妃を切ったことを表している。

（三浦梧楼は公使就任後、「狐《きつね》狩りをしなければならない」と、狐＝閔妃＝の暗殺をほのめかしていた）

この刀の存在は、韓国にも知られており、２００９年12月19日、「ＫＢＳ　歴史スペシャル」の制作スタッフが櫛田神社（阿部憲之介宮司）を訪ねて、取材した。プロデューサーの沈光欽《シムカンフム》氏は「貴重な刀を見せていただき感謝しています。今後も積極的にお互いの歴史資料を提示し合い、日本と韓国がさらに心を開いた関係になってほしいです」（20日付けの西日本新聞・朝刊より）と述べている。２０１０年は、日韓併合から１００年の節目。収録番組は1月に放映されたが、メーンは暗殺に加担して日本に亡命した朝鮮訓練隊大隊長・禹範善《ウボンソン》。彼は広島で、朝鮮人男性に殺されている。

韓国の取材クルーの本命は、農学者・禹長春《ウジャンチュン》の父親、範善であったようだ。父親が韓国の刺客によって暗殺された呉市（広島県）にまで足を延ばしているのである。明成皇后（閔妃）暗殺事件は、国家を揺るがす大事件であり、海外にもその情報が流れた。日本人以外に、親日派の朝鮮人が関与していたといわれるところが、当時の混乱した朝鮮の政情を物語っている。

高宗《コジョン》の妃である明成皇后は、王の父親の大院君と勢力争いを演じた果てに、日本の公使・三浦梧楼が首謀して起こした殺害事件で亡き者にされた。それに禹長春の父親は関与した。そのとき、範善は朝鮮訓練隊の大隊長だった。彼は事件後、日本に逃げ、日本人女性と結婚し、長春が生まれた。

戦後、韓国政府が食糧事情を改善するために日本から呼び戻した禹長春には、このような消すに消せない傷跡があったのである。彼を呼び戻したのは李承晩《イスンマン》大統領。政権内部で、呼び戻すかどうか、意見が割れたらしい。というのは、彼の父親が王妃暗殺事件にからんでいたからである。

朝鮮戦争を経て、韓国民は復興のため、歯を食いしばって頑張った。帰国した禹長春は種無しスイカを作った科学者として、韓国人を励ます希望の星となった（本来、種無しスイカの開発者は日本人だったが）。小中学校の教科書には、「おいしいキムチを食べられるようになったのは禹先生のおかげ」

という紹介記事が載った。禹長春が、いかに韓国民を鼓舞する人物であったかがうかがえる。

彼が亡くなると、水原《スウォン》に埋葬された。水原は、韓国の農業科学の総本山で、農学者（種苗学者）として祖国に尽くした功績を広く伝えるには、釜山よりは水原の方がふさわしいということで、埋葬された。水原は歴史ドラマ「イ・サン」で知られる第22代王、正祖《チョンジョ》が水原華城をつくったところ。日本の韓流ファンがよく訪れるところである。

しかし、水原を訪れる日本人に、禹長春のことにまで思いのおよぶ人は少ないだろう。

福岡編

【概論】

弥生遺跡が数多く点在する北部九州は、邪馬台国論争で波紋を呼んで来た。九州説の有力地、吉野ヶ里遺跡（佐賀県神埼市）と平塚川添遺跡（福岡県朝倉市）をもって、畿内説と論争を続けてきた。邪馬台国論争の嚆矢は、筑後国山門説を唱えた江戸中期の儒学者、新井白石（１６５７〜１７２５）であった。はじめ邪馬台国を大和国においたが、後年、九州に変わった。九州説の鼻祖は、国学者・本居宣長（１７３０〜１８０１）と思われているが、実は白石にはじまった。

すでに３００年にわたって文献学者、考古学者などが論争を続けているが、結論は出ていない。金達寿の『日本の中の朝鮮文化』（全12巻）は、各地の古墳・遺跡を綿密に調べることで、日本古代の国家形成に朝鮮系渡来人が関わり、影響を与えていたことを明らかにした。邪馬台国論争も無縁ではない。

北部九州には古墳が数多く存在する。大陸、朝鮮半島から先進文化は北部九州に伝わる。渡来人がやってきたわけである。縄文時代と弥生時代の違いは、人の身長、骨相、さらには人口にも表れる。「百万人渡来説」（埴原和郎）が唱えられる所以である。

「日本人はどこからやってきたのか」「その起源は」という素朴な疑問も、金達寿は『日本の中の朝鮮文化』のなかで追求している。金達寿と対談した谷川健一（民俗学者）も「九州が朝鮮にいちばん近いということは、これは否定できない。だから近いところにまず外来文化が根づくということは、これはきわめて自然なことです」（『地名の古代史　九州篇』河出書房新書）と話している。

福岡は朝鮮半島と、古来より深く結びついていた。海を越えて、往来・交流が続き、陰に陽に影響を与えた。朝鮮との交流の歴史が刻む史跡として、弥生遺跡、たたら（古代製鉄）、鴻臚館、水城と朝鮮式山城、元寇の防塁などがあげられる。さらに江戸時代、福岡藩が相島でもてなした朝鮮通信使。その迎接の様子を刻むユネスコ「世界の記憶」の黒田家文書、小笠原文庫は貴重である。

以上のように、古来より福岡・博多と朝鮮の結びつきは深い。近代史でいえば、1905年、日本軍がロシア・バルチック艦隊を撃破した日本海海戦（対馬沖海戦ともいう）は玄界灘で行われた。朝鮮王朝第26代の国王、高宗の王妃、明成皇后《ミョンソンファンフ》（閔妃）暗殺に関与した男が贖罪意識から子安観世音菩薩像をつくり、安置した寺、節信院が福岡市博多区にある。殺害に使ったとされる刀が櫛田神社に保管されている。また、韓国の国民的詩人、尹東柱《ユンドンジュ》は福岡刑務所で獄死した。日本の敗戦後、博多港から朝鮮半島へ帰国船が出たが、諸情勢のために多くの朝鮮人が博多に残り、各地に散って行った。帰国船のなかには、壱岐・芦辺港で難破して百数人が水死した事故もあった。また、釜山港から日本人を乗せて出港した引き揚げ船「珠丸」が壱岐・勝本沖で機雷に当たって沈没し、545人が死亡した。

(1) 鉄の文化、元岡遺跡と「たたら」

糸島半島に、九州大が移転する前に騒がれたことがある。その地には古代製鉄「たたら」の遺構が存在したからだ。元岡遺跡である。規模の大きな遺構であった。新キャンパス建設で、それが破壊されるのではないか。そう危惧した研究者や市民らが保存を求めて陳情活動を行い、盛んに集会を開いた。研究者のなかには、冶金《やきん》の研究家もいた。

古代、砂鉄から鉄を取り出した。その遺構が元岡以外にも糸島周辺に存在することを、のちに知った。鉄は、暮らしを豊かにする利器だったし、征服戦争を有利に進めることができる武器となった。

高句麗建国の物語が、ドラマ『朱蒙《チュモン》』で描かれている。盛んに鉄器軍団が登場する。部隊の先頭に馬にまたがった鎧兜で武装した精鋭軍である。優れた鉄剣を掲げて、身は鎧兜で固めている。初めこれはヒョント城の漢(中国)の部隊の専売特許であったが、のちに、高句麗の技が漢を乗り越える。優れた鉄剣と、矢を跳ね飛ばし、斬りつける剣も弾き飛ばす鎧兜を高句麗が作り出し、領土を広げていく。

鉄は、弱肉強食の世界で生き残り、豊かな生活を得るシンボルとなった。しかし、「たたら」で鉄を得るには、豊富な森林資源が欠かせない。

鉄は、朝鮮半島から日本に伝わった。古代製鉄を「たたら」というが、その製鉄用の木炭としては、松炭が火力の点で優れていた。韓国に松が多いのは、製鉄の材料として重宝にした名残か。松は、岩の上にさえ生えるほど、栄養が必要ない。山や松原は掃けば掃くほど腐葉土が少なくなり、ついには痩せ地になる。松はそれを喜ぶのである。暖房のオンドルのため、落ち葉や枯れ枝を集めて、たえず里山を掃除してきた韓民族にとって、松は暮らしに欠かせないものだったに違いない。たたらの製鉄は、ぼうだいな森林資源を消耗する。朝鮮半島では、森林の復元力が弱い。そこで日本へと渡来の波が押し寄せてくる。

鉄の文化史を書いた古代史家に、遠賀（福岡県）在住の奥野正男氏がいる。邪馬台国の研究家で名前が通り、長く、宮崎公立大学で教えた。鉄の道は、稲の道と対をなしている。日韓をつなぐ道であり、興味は尽きない、という話を、奥野氏から聞いたことがある。

(2) 新羅と日本、意外と深いつながりあり

北部九州には、神功皇后の三韓征伐の話が各地に伝わる（三韓とは新羅である）。福岡市東区の香椎宮もその一つ。神社の由緒を記した案内板に、三韓征伐の戦勝祈願をした記述があった。しかし、韓国人観光客が多く訪れ始めると、それは再考されて、修正された。当時、倭国（日本）は朝鮮・三国の一つ、百済と友好関係にあった。新羅と唐の連合軍によって、百済が滅ぶと、遺民が多く倭国に移り住んだ。その後、滅んだ高句麗の遺民も倭国に流れて来た。両国の遺民が、滋賀や関東に移植された話が、歴史書に出てくる。当時の天皇陛下が、埼玉の高麗神社を参拝されたことがあったが、高麗神社の高麗は、亡国・移植の話へとつながる。

新羅と倭国は、まったく関係を断ち切っていたのか。そうではない、九州の豊前地方には古代、秦王国があったといわれる。新羅系の渡来人がクニを形成していたという話である。８１１年から８３４年のあいだ、新羅人が８２６人も日本に渡って来ている。内乱や飢饉によって新羅国内が乱

れたせいで、日本に帰化した新羅人が300余人いたと、『唐書』新羅伝にあるという。さらに、869年、新羅の海賊船2艘が博多を襲い、豊前の国の年貢、絹・綿を奪った事件も発生する。

遣唐使船が中国へ往復する航海では、新羅の海商、張宝高《チャンボコ》の世話になっている。筑前守であった文《ふん》室《やの》宮《みや》田《た》麻呂《まろ》は張宝高と貿易をするなど、つながりがあった。新羅を敵視する大和政権とは別に、海を越えた往来は意外と多かった。

新羅には、朝鮮で初めて女帝3人が誕生する。その一人、ドラマでお馴染みの善徳《ソンドク》女王が即位すると、父親の真平《チンピョン》王は、日本の推古女帝のような存在になってほしいと願い、日本に友好の印として、弥勒菩薩像を贈ったという。

新羅と倭国。つながりは意外にも、深くつながっている。佐伯有清著『最後の遣唐使』（講談社現代新書）を読んだが、いろいろと参考になった。

振りかえると新羅の国土は、慶尚道をすっぽり覆う。釜山もその一つである。余談になるが、近年、釜山の国立大学の研究チームが、福岡の在日コリアンの研究を進めている。2017年11月、福岡に来て調査した結果を論文にしたいと、メールがあった。植民地時代、日本に渡って来た朝鮮人で、解放後、帰国せずに九州に定着した人は多い。その生活史を研究チームは掘り起こし、まとめようとしている。

(3) 邪馬台国論争、初めに筑後・山門説あり

山門郡が、初めて邪馬台国の候補地に登場したのは、江戸中期、6代将軍徳川家宣に仕えた儒学

者・新井白石の「外国之事調」である。ついで本居宣長が異説を唱え、邪馬台国論争の起源ともなった場所がここなのだ。いわば、山門は邪馬台国論争の原点でもあり、老舗でもある。

新井白石が、山門を邪馬台国とした最大の理由は、「山門」すなわちヤマトという音が「ヤマタイ」に一致する点である。他にも、日本書紀・神功皇后紀に山門県《あがた》の上蜘蛛・田油津姫を討った記事があり、山門の地に女性の首長がいたことをうかがわせる。

その後、久米邦武、白鳥庫吉、星野恒、坂本太郎、田中卓、藤間生大、井上光貞などの学者たちも、この地を邪馬台国とした。

この地域からは、祭祀用具とされる中広の銅矛が多数見つかっている。八女市の吉田から13本、広川町の藤田から18本が出土しており、さらに八女市亀ノ甲遺跡には、弥生中期から後期にかけての甕棺墓、石棺墓、土こう墓などの墓地群があり、鉄剣と鉄斧、そして「ほう製鏡」が出土している。

山門郡瀬高町（現、みやま市）にある権現塚は、観光パンフレットには「卑弥呼の墓」と紹介されているし、神護石のある女山《ぞやま》を卑弥呼の居城と結びつける説もあるが、全長3キロにおよぶ神護石そのものは、7世紀に築造されたものとの考えが定説である。明治時代には、神護石の性格が不明で、城塞としては不十分であるし、神域を囲っているのではないかと考えられたようだ。女山の旧名は、実は女王山といい、ゆえにここが卑弥呼の居城であるという説が登場した。いまでは、神護石は7世紀に作られた朝鮮式山城という意見がほぼ定説だが、神護石に囲われた内側に城塞の施設があるかどうかは不明である。

(4) 元寇がむすぶ、博多と馬山

夏の風物詩、博多祇園山笠の舞台となる櫛田神社（福岡市博多区）の大銀杏の下に、碇石《いかりいし》が置かれている。元寇のとき、暴雨風で博多湾に沈んだ元・高麗連合軍の船の碇である。博多湾には、まだ沈んでいるのであろう。博多湾の沿岸部には、元寇に備えて築造した防塁がある。延長は約20キロ。当時を偲ぶ貴重な史跡である。福岡県庁前には、蒙古襲来を予言した日蓮上人の大きな銅像と蒙古資料館がある。

日本を揺るがす大事件であった元寇は、福岡に馴染みが深い。朝鮮にすれば、国難であり、これを克服するため、陜川《ハプチョン》の海印寺《ヘインサ》にある高麗八万大蔵経が彫られた。高麗王朝の第23代王・高宗は、元の侵攻を避けて、都を開城《ケソン》から江華島《カンファド》に移す。遊牧民である元軍は、海戦の経験が乏しく、1キロ足らずの海峡を越えられなかった。その腹いせに、朝鮮半島を蹂躙した。その被害は惨たらしい。特に蒙将、ジャライルタイは残酷だった。

『高麗史』には、次のようにある。

「この歳、蒙兵の虜《とら》うるところの男女無慮20万6800余人、殺りくされしもあげて計るべからず。経るところの州都はみな灰塵となる。蒙兵の乱ありてより、未だこの時よりはなはだしきはなし」

フビライが下した高麗への命令で、高麗は疲弊する。船の建造、動員命令で、若者の姿が消え、山林は片っ端から伐採された。

中国の朝鮮侵攻は、遊牧民が漢民族を倒して建国したときに起こった。仏教や儒教を国教とする朝鮮が、蛮族の服属を嫌ったからだ。元もそうだが、後金（のちの清）のときも凄惨を極めた。

福岡市街

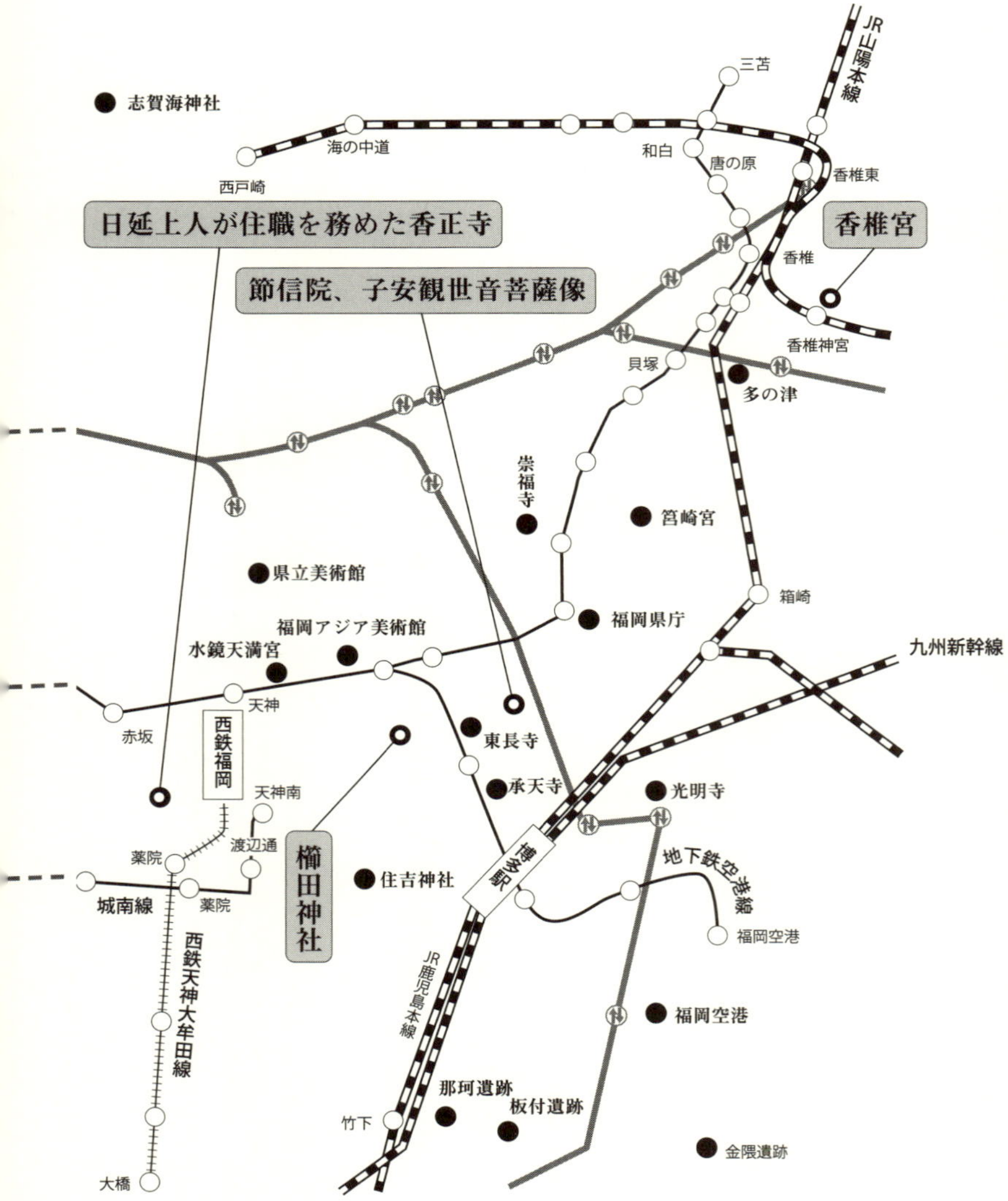

JR山陽本線
三苫
志賀海神社
海の中道
和白
唐の原
香椎東
西戸崎
日延上人が住職を務めた香正寺
香椎宮
香椎
節信院、子安観世音菩薩像
香椎神宮
貝塚
多の津
崇福寺
筥崎宮
県立美術館
箱崎
福岡県庁
福岡アジア美術館
九州新幹線
水鏡天満宮
天神
赤坂
西鉄福岡
東長寺
承天寺
光明寺
天神南
渡辺通
薬院
櫛田神社
博多駅
地下鉄空港線
住吉神社
城南線
薬院
福岡空港
西鉄天神大牟田線
JR鹿児島本線
福岡空港
那珂遺跡
板付遺跡
竹下
金隈遺跡
大橋

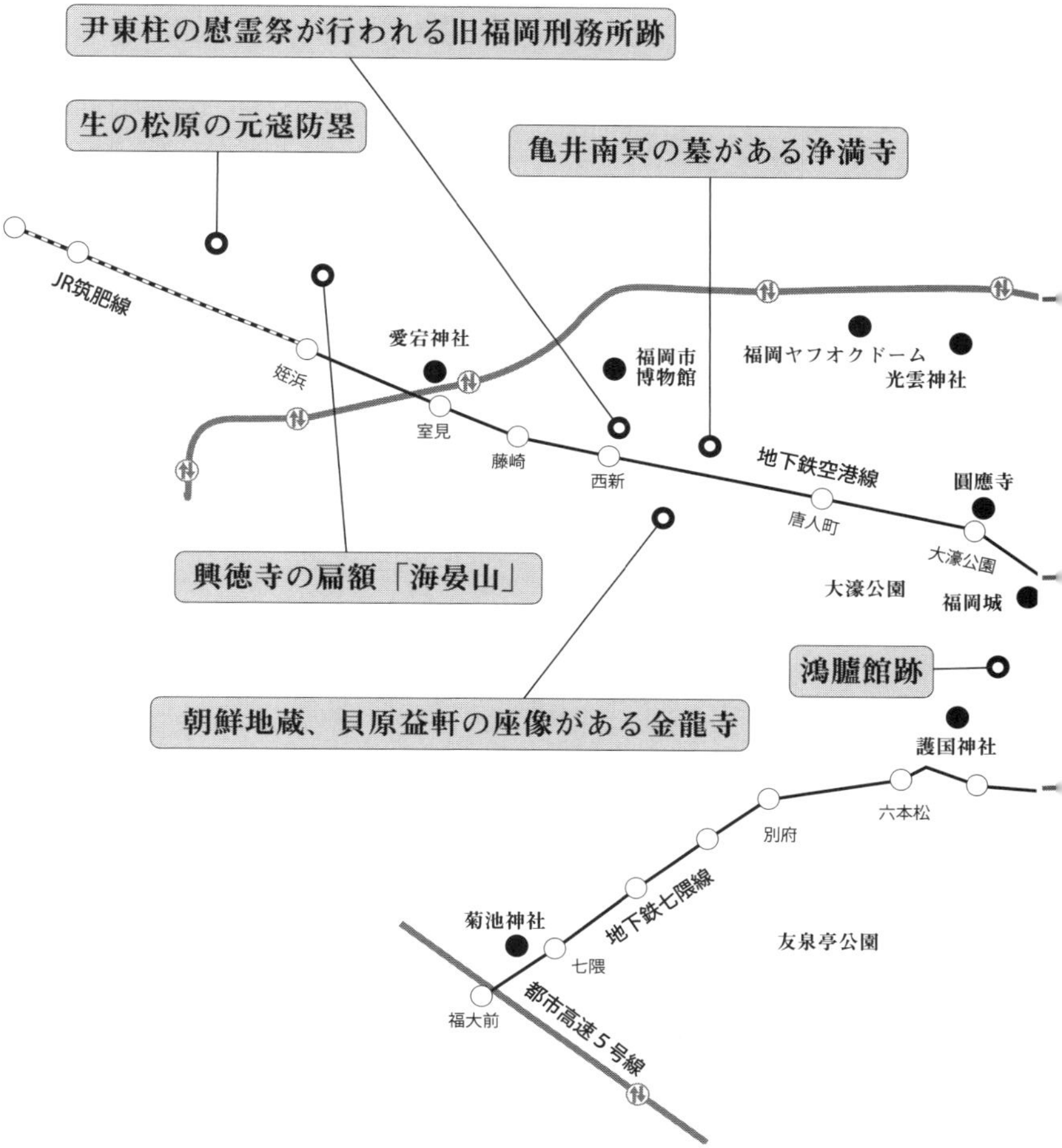
尹東柱の慰霊祭が行われる旧福岡刑務所跡
生の松原の元寇防塁
亀井南冥の墓がある浄満寺
JR筑肥線
愛宕神社
姪浜
室見
藤崎
西新
福岡市
博物館
福岡ヤフオクドーム
光雲神社
地下鉄空港線
唐人町
圓應寺
大濠公園
大濠公園
福岡城
興徳寺の扁額「海晏山」
鴻臚館跡
朝鮮地蔵、貝原益軒の座像がある金龍寺
護国神社
六本松
別府
地下鉄七隈線
菊池神社
七隈
友泉亭公園
福大前
都市高速５号線

当時の朝鮮王朝国王は第16代の仁祖《インジョ》（在位1623〜49年）。やはり、高麗の高宗と同様に、江華島に難を逃れる。二度目は南漢山城に籠城したが、王子たちが避難した江華島が陥落すると仁祖は降伏し、三田渡《サンジョンド》で屈辱的な三跪九叩頭《さんききゅうこうとう》の礼を強いられた。

少し話を広げ過ぎたが、元寇でもし神風といわれる暴雨風が吹き荒れなかったら、日本も大変な目に遭っていたことだろう。鎌倉幕府は守られたが、高麗は元の強圧が原因で滅んでしまう。

馬山市内の中心部には「蒙古井《モンゴジョン》」＝もとは高麗井戸と呼ばれた＝と書かれた史跡があると韓国の友人から聞いた。日本遠征のため、馬山に駐屯した蒙古兵が使った井戸である。蒙古軍が使用した戦車の車輪、丸い石の輪も展示されているという。

福岡、馬山両市は、古くは元寇でむすばれた街であるといえる。古くは合浦《ハッポ》と呼ばれた元寇の出航基地であった。

(5) 福岡に来た、高麗の鄭夢周

高麗の忠臣・鄭夢周《チョンモンジュ》が福岡に来ている。鄭夢周の子孫と交流がある大宰府の男性が、博多での鄭夢周の足跡を知りたいというのである。鄭夢周は1378年、倭寇鎮圧を依頼するため来博している。応対したのは、九州探題・今川了俊である。

「鄭夢周（号：圃隠）の件ですが、聞くところによりますと、来日の折、博多での寺院などにおける行跡がどうしても不明だということのようです。600年前の話ですから……」

これは、この男性の手紙の一文である。

ドラマ『チョン・ドジョン（鄭道伝）』で、倭寇がたびたび高麗を襲う場面が出てくる。崔瑩《チェヨン》や李《イ》成桂《ソンゲ》は、来襲する倭寇を鎮圧して、武勲をあげた。朝鮮の歴史のなかで、記録されている外寇だけでも、９６０数回を数えるという。その多くが日本の倭寇の侵入である。李成桂の大殊勲は、倭寇の首領・阿只抜都《アキバツ》を射殺し、彼の軍団を全滅させたことである。全羅道・全州《チョンジュ》に、その戦勝祝いをした建物が丘の上に残っていた。

　しかし、高麗がうけた倭寇の被害は甚大で、その滅亡を早めたといわれる。倭寇は、南方沿岸から都・開京に迫るほどの猛威を振るったため、高麗朝廷は、沿海地方の税米倉庫を内陸部に移すほどだった。倭寇被害を食い止めるため、高麗王朝は、日本に取締りを求め、使節を派遣した。そのなかに、ドラマ『チョン・ドジョン』で光芒を放つ鄭夢周も入っていた。

　中世史専門の川添昭二氏（九大名誉教授）は、『よみがえる中世１―東アジアの国際都市博多』（平凡社、１９８８年刊）のなかで、次のように書いている。

「永和三年（南朝・天授三年、１３７８）九月、学者で一代の名臣と言われた高麗の鄭夢周《ていむしゅう》が倭寇の鎮圧の依頼のために来博した。九州探題今川了俊は鄭夢周と応接し、倭寇にとらえられていた者をかえして高麗の返物を得ている。一種の奴隷貿易である」

　倭寇でも、松浦党などに代表される大規模なものは、大船団を組んだ。十数隻から群小５００隻にものぼった。それが朝鮮沿岸部を襲い、段々と内陸部へと入っていった。税米倉庫や運搬船を襲い、人まで捕らえて連行し、彼らを奴隷売買にも回している。

　鄭夢周は来博のとき、博多を詠み込んだ詩を残している。「その詩は、板屋で雨声の多いこと、染歯・染牙のことなど」（川添氏）に触れており、当時の博多の風俗を知る上で、貴重な資料となっているそうである。

高麗は1392年、李成桂の勢力によって滅ぼされ、475年の幕を閉じる。その間、34人が王座に就いた。

(6) 李退渓で結ばれた、南漢山と正行寺

映画『南漢山城《ナムハンサンソン》』。イ・ビョンホン主演で、注目された映画である。中国・清の侵攻に、南漢山城に籠城して難を逃れた第12代王・仁祖の悲劇を描く。攻防に耐えられず、降伏し、屈辱的な礼を強いられた。

ソウルに行き、南漢山城を歩きたいと思い、韓国観光公社福岡支社からもらった地図を見ていると、東門から登った山の中腹に望月寺《マンウォルサ》という寺がある。どこかで聞いた寺と思っていたら、春日市内にあるお寺（正行寺といい、筑紫野市二日市に本殿がある）に、李退渓《イテゲ》の顕彰碑建立を提案した寺であることを思い出した。

李退渓は、韓国で1000ウォン紙幣の肖像画にもなっている人物。宣祖《ソンジョ》（第14代王）の時代に活躍した儒学者で、朝鮮王朝が国教にした儒学の基礎をつくった。

望月寺の住職・性法禅師は、李退渓の第15代目の子孫。若き頃、東大に留学して学ばれた方で、帰国後、仏門に入った。李退渓の儒学は、韓国のみならず、日本にも寄与していることを禅師は知っていた。江戸幕藩体制を支える儒学、明治維新のとき制定された「教育に関する勅語」に影響を与えて

いる。

このことから、姉妹提携を結んでいた正行寺の住職に、李退渓の顕彰碑建立を提議した。すると、すんなり同意されたという。偉大な学問、日本の恩人という観点から反対はなかったそうである。

明治新政府は、国民道徳教育にも生かされた李退渓の思想を重く見ていた。上野公園に、李退渓の顕彰碑を建てる構想もあったという話を聞いたことがある。結局、実現しなかった。その顕彰碑が唯一、福岡県春日市にある。

このことは、福岡でも知る人は少ないであろう。韓国人観光客も、そうであろう。日韓の懸け橋になる顕彰碑であることはいうまでもない。

(7) 臨海君の子が、福岡で住職に

臨海君《イメグン》の子どもが、福岡の寺の住職になった?! 秀吉の朝鮮侵略の折、加藤清正は咸鏡道へと転戦し、会寧《フェニョン》で王子を捕らえる。臨海君と順和君《スンハグン》の2王子である。実は朝鮮の反乱分子が捕らえて清正に差し出したのだった。都を陥落させ、平壌に進撃した日本軍は、中国・明が援軍を派遣したことで、勢いは止まり、膠着した戦況により講和交渉に乗り出す。そのとき、秀吉軍は拘束した2王子を有効に使い、交渉を優位に進めようとした。

この2王子は秀吉の返還命令によって翌年には解放される。2王子は清正の厚遇に感謝する書状を送ったという。この時代を描いたドラマ『チンビロク（懲毖録）』では、2王子の扱いは荒々しかったが……。

加藤清正は臨海君・順和君の2王子は返還したものの、臨海君の子（姉と弟）を連行して帰国する。来日当時、弟は4歳、姉は6歳。やがて成長した弟は、博多の寺で出家をし、日延と号した。

ちなみに『江戸名所図会』には、こうある。「昔、加藤主計頭清正、朝鮮出兵の時、かの国の王子連枝二人を日本に連れられ沙門となし、兄をば高麗日遥上人と号し、肥後国本妙寺の開山とす。弟はすなわち日延上人なり」。ここに兄弟と書いているのは、おかしい。事実と相違する。日遥上人は余《ヨ》大男《デナン》のことで、彼は慶尚道河東《ハドン》の人である。王族ではない。日延上人は王族、王子の子である。身分の差は歴然としている。

日延上人は、日蓮宗・香正寺《こうしょうじ》（福岡市中央区警固）の住職になる。日延上人は囲碁に精通していて、第2代藩主・黒田忠之の碁の相手をよく務めた。香正寺の前を走る「上人橋通り」は、日延上人の名にちなんで命名されたという。

日本に拉致された朝鮮人と日蓮宗との関わりが深いのは、加藤清正が熱心な日蓮宗の信者であったことに由来する。

(8) 博多の豪商、町づくりにも貢献

博多の商人の力が大きいことに、改めて驚く。桃山時代から江戸時代、「博多三傑」という豪商が現れる。神屋宗湛、島井宗室、大賀宗九である。彼等は拝金主義に染まっていない。もうけた金を博多の町づくりに投じている。ここがすごいところである。

とりわけ、神屋宗湛は韓国の歴史ドラマに出てもおかしくない。宗湛は秀吉軍の後方支援に回っ

た。李舜臣《イスンシン》将軍の海軍に、秀吉の海軍が敗れ、宗湛も役目を終える。

博多は中世も輝いた。朝鮮はもとより琉球まで商売に行っているのである。室町時代、宗金と道安が活躍する。宗金は豪商で、朝鮮から受図書人という特権をもらい、朝鮮貿易で潤う。朝鮮の使節が足利将軍を訪ねるとき、瀬戸内海で海賊に襲われないように、道案内もしている。

商人が支配階級の武士と結託する話はよくある。宗金は大友氏の代官として博多の町政にも参加している。

もう一人の道安は、僧侶から商人に転向した人で、琉球と朝鮮をつなぐ中継貿易に参画した。エピソードが一つある。当時、薩摩で転売される朝鮮人漂着民を、琉球の巡回官船が救った。しかし、彼らを朝鮮に帰そうとしても、琉球は航路が不慣れだった。そこで偶々入港していた道安の船に依頼した。１４５３年の話である。

博多商人は、何を現代人に教えるか。商道で大切なものは、何なのか。一言でいったら、時代を切り開く気概であろう。日本は商人国家である。エコノミック・アニマルと酷評され、世界からマイナス・イメージでとらえられた時代があった。しかし、卑下すべきではない。司馬遼太郎は、こういっている。

「その商人国家のリアリズムに基づいて、日本にとって困難の多い国際問題の交渉のなかで、その状況、状況で自らを慰め、相手に訴え、素晴らしいレトリックを生み出すべきです」

司馬遼太郎は、江戸時代の商人に、その姿を重ねている。先駆者はいたのである。彼は山片蟠桃、富永仲基、高田屋嘉兵衛などの名前をあげている。「かれらは、武士以上に倫理のふとい背骨がありましたし、武士のつまらない官僚主義はもっていませんでした。武士以上に剛直でした」と司馬は評価する。以上、司馬の言葉は『この国のかたち　四』（文藝春秋）に載っている。

博多の豪商を長年研究した福岡大の武野要子先生（現在、名誉教授）。朝鮮への武器密輸が発覚し、処刑された伊藤小左衛門という博多の豪商をも発掘した。著作も数多い。学問の成果を、分かりやすく一般に伝える筆力を兼ね備えた学者であった。17年前、伊藤小左衛門を書いた新刊本を紹介するため、初めて出会った。武野先生の半生記を、西日本新聞に聞書き『海商の夏』として70回連載したこともある。

博多の豪商のように、東アジアに視野を広げて研究し、人脈を広げていた武野先生から学んだことは、倫理観とスケールであった。これには、江戸時代の商人の姿が反映している。

友人にもらった熊沢番山の歌を思い出している。

「憂きことの　なおこの上に積もれかし　限りある身の　力ためさん」

この歌から思うのは、人生は死ぬまで、境涯を開く、高めていく闘いあるのみであるということである。

⑼ 朝鮮地蔵と貝原益軒、亀井南冥の墓

古い新聞記事を手掛かりに、秀吉の朝鮮侵略の折、黒田長政配下の武将、林家の先祖・掃部《かもん》直利が連れ帰った妙清の石造を見て来た。「朝鮮地蔵」という。福岡市中央区今川2丁目の金龍寺の一角に立っていた。石に刻まれた碑文には、8、9歳の少女が泣いて命請いするので、哀れと思い、掃部が

金龍寺境内には、福岡藩の儒学者、貝原益軒の座像がある

連れ帰る。肉親や親戚と生き別れになったのか、消息が分からない。恐らく、周辺にそれらしき姿が見あたらなかったのであろう。少女にはサトという名前を付けて、帰国後は使用人としたそうである。

掃部亡き後、サトは髪をおろして尼になり、妙清と称して、主の墓を守り、石仏も立てて供養したという。妙清の石造は、望郷の思い深い関係から、朝鮮の方角を向いて立てられているという。

興味深いのはこの寺には福岡藩の儒学者であり、本草学者である貝原益軒《かいばらえっけん》の墓があること。「腹八分」などの『養生訓』で知られる益軒は、朝鮮通信使が寄港した相島を訪ねて、交歓した。

大通りをはさみ、金龍寺の斜め真向かいにある浄満寺には、医者で儒学者であった亀井南冥《かめいなんめい》の墓がある。南冥も相島に渡り、通信使に自身の若かりし日につくった漢詩文集をみてもらい、彼らに絶賛される。南冥の漢詩文の才能に感じ入った通信使は、南冥の名前を行く先々で広めた。

⑽ 港のにぎわい、津屋崎千軒

津屋崎（福津市）は江戸から明治期にかけ、筑前有数の浦だった。海上交易と塩田で栄え、そのにぎわいから「津屋崎千軒」と称された。塩田は１７４３（寛保３）年、大社元七が約５００人を率いて塩浜で大規模な塩作りを始めた。それに廻船問屋の瀬戸屋が加わった。津屋崎には豪商が生まれる素地があったようで、なかでも黒田藩の家臣だった佐治氏の功績は大きい。

佐治氏は甲賀出身。黒田長政の博多入りに帯同してきたが、その後、侍の身分を捨て、商人への転身を願い入り、許される。商人となった佐治氏は、津屋崎で「紅粉屋《べにや》」という屋号で酒造り、精米などを始める。津屋崎千軒は、後に居住地が漁師、商家と職人家、農家に3区分されるが、新宮大庄屋の津屋崎浦御宿割絵図を見ると、佐治氏はそこに大きな敷地を擁し、さらには波止まで築造している。自身の商いと、藍島（相島）に渡る藩主の足場となった。藩主は、朝鮮通信使が藍島に寄港したときに利用した。佐治家は黒田藩主との縁は切れず、商いで蓄えた財産は、黒田藩の財政難を支援したともいわれる。

福津郷土史会の大賀康子さんの話では、津屋崎には浦の庄屋の文書がないが、佐治氏のものは残っている。黒田藩主に通じた佐治氏の存在感は大きかったようで、大賀さんは「津屋崎は浦の成り立ちが独特です」という。

⑾ 博多祇園山笠の「清道旗」と朝鮮通信使

骨董を趣味とする韓国観光公社の支社長から、面白い品を見せてもらった。オークションで入手した地図である。「朝鮮八道明細図」。朝鮮半島をさかさまに描いている。1894（明治27）年6月、大阪市東区上本町の大舘金城から発行されたもの。サイズは見たところ、縦80センチ、横30センチぐらい。観光用に持ち歩いた地図なのであろう。よく利用したのであろう、破れるのを防ぐため、裏打ちをしている。

面白かったのは、右上に記された国旗である。上から日本（日の丸と旭日旗の2種類）、朝鮮、支那（中国）、英国、魯国（ロシア）の順に描かれている。その場に同席した知り合いが「おやっ」と思ったのは朝鮮の旗。いまの大韓民国の太極旗ではない。旗に「清道」と、漢字2文字を書いている。「清道旗は、国王が王宮から出て、行列をするときの旗でしょう。江戸時代、日本に派遣した朝鮮通信使の行列の先頭に掲げた旗でもありますよね。当時、朝鮮に公式の国旗がなかったのか。いまの太極旗は戦後、南北分断後の旗です。明治時代、朝鮮の国旗が清道旗だったのか。真偽はどうだったのでしょうか。どう思われます？」と文社長。

これに答えて、次のように言った。

「櫛田神社の入口横に『清道』と書いた割と大きなパネルがありますね。それと、7月博多祇園山笠の追い山のとき、櫛田神社に『清道』と書いた大きな旗が掲げられる。その清道は、福岡藩士が下見に出かけた対馬で朝鮮通信使の行列を見て、取り入れたものにまちがいないでしょう。通信使行列を見て取り入れた、と亡くなった上田正昭・京都大学教授がよく言っていました」

⑿ 朝鮮通信使と福岡藩

江戸時代、「信を通わす《よしみ》」朝鮮通信使が計12回来日し、その度に朝鮮ブームが巻き起こった。一行は最大500人の規模。福岡藩は相島（現、新宮町）で接待した。相島は新宮港の7・3キロの沖合いに浮かぶ半月形の島（周囲およそ12キロ）。

迎接準備のため、城下から多数の藩士や職人が渡った。客館は一時的に作り、毀した（現在、客館

相島の西南部の畑脇に立つ「朝鮮通信使客館跡之碑」

跡之碑が立つ）。朝鮮側の書記、金仁謙《キムインギョム》は『日東壮遊歌』に、「この島の村落は極めて小さいが　館所は壮麗で　絹の幔幕をはりめぐらし　緋毛氈を敷き　寝房、渡り廊下、浴室、厠にいたるまですべて精巧な造りだ」「我らの一日分の食費として　銀一万両がかかるという」と記す。

そのときどきの天候で、事故も発生した。１７１９（享保４）年７月、通信使入港の１週間前、大風のなかで受け入れ準備の作業中、藩士・浦水夫ら61人が犠牲になった。その一部の墓は、島の東側の沿岸に広がる積石塚群（国指定史跡）の一角にある。

通信使の来日は、異文化に接触できる絶好の機会。福岡藩主の世継ぎ、幼少の継高でさえ、藩士の案内で相島の客館などを見物したことが、申維翰《シンユハン》（１７１９年の製述官）の『海游録』に載っている。継高は後に６代目藩主に就任し、通信使を３回接待した。城下の儒学者、医師らも渡海して筆談している。

その一方で、労働奉仕や荷役運搬に駆り出された人たちがいた。１６８２（天和２）年の通信使迎接で、相島の島民延べ３８５０人が約２カ月間を要して２基の波止場を築造した。

現在、「相島歴史の会」が神宮寺を拠点に、朝鮮通信使の歴史を掘り起こしている。

⒀ 相島へ、福岡藩の儒学者ら続々と

相島は新宮港の7・3キロの沖合に浮かぶ半月形の島。ここに城下から多数の藩士や関係する職人が派遣された。朝鮮の先進文化に触れようと、櫛田琴山、古野梅峰、小野玄林、亀井南冥、竹田春庵、井上周道といった儒学者、医師らが島に渡って、筆談した。彼らの質問は、朝鮮儒学、李退溪とその弟子、陶山書院、朝鮮医学、朝鮮の風俗や農具、中国事情など多岐におよんだ。彼らの旺盛な好奇心や知識欲には驚かされる。通信使の三使も、その思いを強くした。漢詩文に秀でた才能の文官から、自分の漢詩文を評価してもらうこと、さらには漢詩文の唱和は名誉なことであった。なかでも、亀井南冥（1743〜1814。儒学者、医者、教育者、漢詩人）は、大坂時代に編んだ『東遊録』を持参して披露したが、それを使節の高官は高く評価した。

江戸時代、朝鮮通信使が寄港した相島。島東部にある積石塚と鼻栗瀬

金仁謙は、亀井南冥について、次のように評価している。

「亀井魯が手紙と共に　詩集二巻を送ってくる　初めは馴染まなかったが　次第に面白く思えてきた　楊柳詞と胡笳曲は　傑作といえそうだ」

こう高く評価した金仁謙や使節三使は、亀井南冥の才能を三都で喧伝したもので、南冥の名前は広く知られるようになった。

1682（天和2）年の第7次の通信使を迎えるため、相島では二つの波止場を構築した。当時、相島の戸数は61軒、人口

385人で、20歳から60歳までの男性が労役に駆り出される。波止場を完成するまでに2カ月を要し、延べ3850人が投入された。完成した波止場のうち、通信使一行が上陸した先波止は長さ47メートル、幅5メートル、高さ3・6メートルで、対馬藩主や随行員が上陸した前波止は長さ27メートル、幅3・9メートル、高さ3・3メートルだった。現在もその名残を見ることができるが、島民の血のにじむような努力の末に完成したことは言うまでもない。

朝鮮通信使を迎えるため、沿道の各藩は1年前から準備した。52万石の福岡藩は、本土で初めて迎える雄藩であるため、幕府の権威を汚さぬよう、もてなしに全力を注いだ。正使、副使、従事官の三使の客館、対馬藩主、以酊庵の僧侶、朝鮮語通詞などのための館をつくったが、それに派遣された藩士、職人たちで島は芋を洗うが如き状況だった。客館の作り方や、饗応の仕方など、対馬藩から細かい指示が出された。すべてに対して慣例があり、日本側も朝鮮側も、それにこだわった。沿道の各藩担当者は、泣かされたことと思う。

⒁ もてなしに心砕く

1719（享保4）年、来日した製述官・申維翰の『海游録』には、次のようにある。

「信使一行に供せらるるものは、一日に、活鶏三百余羽、鶏子（卵）二千余箇にのぼり、百物またこれに準ずる。これがいずれも、民間から聚斂したものではなく、公よりの支弁である。経費の鉅万なること、その国力の富饒なることが知られる」

1764年の第11次の使節が、深夜、相島に入港する手前で梶が折れて、困難を極めた副使船に対して、曳船を派遣しなかったことが朝鮮側からとがめられ、福岡藩は窮地に追い詰められる。もともと曳船を出さなかったのは対馬の裁判が知らせなかったからだ。しかし、すべての責任は福岡藩になすりつけられた。このとき、裏で福岡藩は対馬藩の担当に多額の口封じ料を出した。それをもらった対馬藩士は姿を消している。また、1719（享保4）年、大風のなか、相島に入港しようとしていた6艘の通信使船は難儀をきわめた。この大風、荒波で迎護船40隻あまりが破損し、61人の浦水夫が犠牲になっている（その墓標は、島の東北の沿岸に広がる積石塚＝254基＝の一角にある）。

福岡藩の城下に通信使が入っていたならば、町民は沸いたにちがいない。通信使行列の華やかさ、地元の使節歓迎の出し物など、お互いに交歓した絵巻、書画、文書などがたくさん残ったはずである。しかし、通信使は城下に入らなかった。お互い、それができない事情があった。通信使をもてなす場所は、博多港から10数キロ離れた玄界灘に浮かぶ相島である。この小島がなぜ選ばれたか。3点考えられる。①警備するのが容易である、②江戸への道を急ぐため、③秀吉軍に拉致された朝鮮人が多住する唐人町を避けるため。いずれも、納得できる説である。

⒂ 明成皇后（閔妃）暗殺事件の「謎」

明成皇后暗殺事件は、1895（明治28）年10月、日清戦争が終わった直後に、当時の韓国駐在、三浦梧楼公使（観樹、陸軍中将、子爵）と、熊本県人を主体とする民間壮士たちの手によって行われた。いくらナショナリズムが強かった19世紀でも、公使が指揮をとって王妃を殺害するということは許されないことである。列国はただちに日本に抗議し、日本も関係者全員を逮捕したが、その後、一人の朝鮮人が自ら罪を買って出たことや、ロシアが今度は国王を奪っていったことで、広島拘置所の身柄を確保されていた被告は全員釈放となり、事件はうやむやのうちに葬られてしまった。

明成皇后は韓国の李太王（高宗）の妃で、明治前半期を通じて、韓国で独裁権をふるった人物である。1851年生まれ。事件の当時は40歳を超えていたが、どう見ても20代半ばにしか見えないやさがたの女性だったといわれる。

彼女の夫、李太王には、政治的な発言力はまったくなく、明成皇后は清国と結び、また後にはロシアと結んで政治を行っていた。これに対抗して、日本側は李太王の父、大院君を支持し、また1895（明治28）年には親日派の朴泳孝《パクヨンヒョ》を内閣に推すが、朴泳孝はまもなく失脚し、明成皇后派は次第に勢力を増していき、日本の勢力を政府内から駆逐していく。日本が勧めて採用させた内閣改革案も廃文とされ、明成皇后の主宰する宮廷が、政治の前面に返り咲く。日本がつくった軍隊である訓練隊も、廃止されようとしている。このままでは、日本は韓国から追い出され、日清戦争で獲得したばかりの利権も、そのいっさいが失われるのではないかと京城（現、ソウル）にいた外交官たちは憂慮した。その最たる人物が三浦梧楼だった。

小早川秀雄は、漢城新報の新聞編集の仕事をあえて振り切って、暗殺事件の渦中に飛び込んだが、後日、事件の渦中になぜ飛び込む気になったかと聞かれたとき、彼はこう答えた。「男はせなきゃならんときには、体が震うでもせなきゃならんものだ」。

明成皇后暗殺に関与した志士たちは、収容先の広島監獄から広島地方裁判所に召喚されて、取り調べを受けた。予審事務は予審判事吉岡美秀が担当。明治29年1月20日に終結し、結局は証拠不十分で、免訴される。

予審決定書に印された48人のうち、福岡県出身者は4人いた。

(1) 福岡県福岡市大名町居住平民　無職業
　月成　光　文久2年正月生

(2) 福岡県福岡市瓦町居住士族　無職業
　藤　勝顕　安政6年12月生

(3) 福岡県山本郡草野町大字草野居住平民　無職業　武田範之事
　武田　範治　文久3年11月生

(4) 福岡県河沼郡金上村大字福原居住士族　佐瀬縁蔵養嗣子　医業
　佐瀬　熊鉄　慶応元年12月生

このなかで、明成皇后殺害の現場にいたのは藤勝顕である。「とう・かつあき」と読む。藤は福岡市に多い姓である。

寺崎泰吉の談話によると、王妃の部屋に乱入したのは彼と藤、中村の3人であったという。寺崎は「神奈川県横浜市相生町6丁目居住、士族　売薬商　高橋源次事　文久2年2月生」と広島地方裁判所の予審終結決定書に書かれている人物である。

これより以下は、『閔妃暗殺』角田房子著（新潮社）を参考に書いた。

寺崎は事件直後に、これも実行隊の一人である鈴木重元あてに、「私は一人の美人を殺したが、一友の話によればそれが閔妃であったという。しかしながら疑念に堪えず」と書き送った。

明成皇后の部屋に乱入した民間壮士たちは、彼女の顔を、宮廷に出入りを許された村上天真が撮影した写真を見ておぼろげながら知っていたといわれる。その写真は1988年、ベストセラーになった角田房子氏の『閔妃暗殺』の巻頭グラビアで、広く知られるようになった。クンモリ（大きい髪）という、大蛇をハート型に巻いたような大きな仮髪をつけ、ウォンサン（円衫）という宮中礼服を身につけた女性が、明成皇后だという。「日本人の写真家、村上天真撮影の閔妃といわれる写真」と注釈がある。それは大阪市在住の在日二世、辛基秀《シンギス》氏の言葉で裏付けられている。

暗殺者は、この写真で明成皇后の顔を確認したといわれる。しかし、殺害した後、王子や宮女に首実検させている。彼らは騒動のなか、動転していたのであろう。殺害後、遺体を庭に運び、燃やしているのである。

村上天真撮影の写真は明成皇后だったのだろうか。いやちがうという指摘が早くからあった。金文子氏（奈良女子大学）が『朝鮮王妃殺害と日本人』（高文研）のなかで、その点を突いている。それをまとめると以下のようになる。

まず、一つ目。明成皇后の御医を勤めたアンダーウッド女史の著書『トミーと暮らした韓国』（1905年）には、「正装した韓国の貴婦人」とある点。二つ目は、高宗の政治顧問だったハルバート博士の著書『韓国滅亡』（1906年）には「正装した宮女」とある。

三つ目。イタリアの外交官ロゼッティーの著書『韓国と韓国人』（1904年）には、「宮廷服の女官」とあり、他の写真とちがい、背景に洋風のカーテンが下がり、朝鮮風の書棚が描かれた屏風がある。しかも、この背景だけを撮影した写真「妓生《キーセン》の衣装一式」があった。

以上の3点を比較すると、本来の写真はロゼッティーの方であると判断される。アンダーウッド女史の写真は、人物の周りを切り取った縁取りがあることから、これは合成したものではないかという説がある。また、1895年2月に出版された『戦国写真画報』第9巻には、前述の3つの著作にあるのと同じ写真に、「朝鮮宮女」のキャプションが付けられている。明成皇后が殺害される8カ月前に、この本は出版されている。

⒃ 福岡刑務所で亡くなった尹東柱

植民地時代末期、使用が禁止されていた朝鮮語で創作を続けた叙情詩人の尹東柱《ユンドンジュ》は、韓国の国民的詩人といわれる。1917年、北間島で生まれた彼は、延禧専門学校（現、延世大学）を経て日本に留学。立教大学を経て同志社大学英文科に入るが、従兄弟の宋夢奎《ソンモンギュ》が独立志士であったことなどから治安維持法違反で逮捕され、鴨川刑務所に拘置された。判決は懲役2年。しかし、解放を半年後に控えた1945年2月、移送先の福岡刑務所で急死した。

幼いころにキリスト教の洗礼をうけた彼は、『カトリック少年』誌に児童詩を発表することで、本格的な創作活動に入り、延禧専門学校の卒業記念には19編からなる自選詩集『空と風と星と詩』を準備するまでになっていた。この計画は時局が許さず挫折するが、解放後、すぐ出版された遺稿集にはその後の客地生活で生み出された秀作が盛られ、より多様で内容の濃いものとなっている。

彼の詩は鄭芝溶《チョンジヨン》に学んだ抑揚のきいた枠のなかに平安道の土俗的なモダニズム、詩人白石の詩から得た北国情緒とそれへの強い望郷の念、また国を奪われた民族の悲哀を孤独な下宿生活にオーバー・ラップさせており、植民地下に生きる知識人の精神状況を十分、追体験しうるものとしている。

彼の詩は己に負わされた運命を支配者側のせいにせず、あくまでもみずからに課せられた形而上学的問題としてこたえた点に意味がある。

尹東柱の代表的な詩を鑑賞したい。

「序詩」

死ぬ日まで天を仰ぎ
一点の恥じ入ることもないことを
葉あいにおきる風にすら
私は思いわずらった。
星を歌う心で
すべての絶え入るものをいとおしまねば
そして私に与えられた道を
歩いていかねば。

今夜も星が　風にかすれて泣いている。

（金時鐘訳、尹東柱詩集『空と風と星と詩』もず工房より）

在日の詩人として有名な金時鐘《キムシジョン》氏は長年、尹東柱の詩からへだたって過ごしたという。その理由は、「まずもって、総身うぶ毛でおおわれているような尹東柱の、あのなよなよしいまでに清純な抒情感には、正直立ちすくまざるをえなかった」。たしかに、金時鐘氏の詩は、「思想詩人」と評価されるように、ごつごつして重い。雄大な歴史をバックに、大河の流れを感じさせる歌いぶりである。だから、「私のごつごつしい日本語をもってしては、却って尹東柱の詩情を損ねる気がしてならなかった」という金時鐘氏の言葉にも得心がいく。そして、尹東柱の詩に正面から真向かう時期がきた。「私も世間並みに齢を取り、自分の抒情の律動にも振幅のはばができた」からだと、金時鐘氏は謙遜して述べている。

翻訳して、金時鐘氏が感じたのは、「渡日までに書かれた作品の色あいは、沈痛なまでに重い殉教者の息づきに満ちている」ことだった。尹東柱は植民地時代、抵抗詩人として生きたといわれるが、彼の生活からは民族主義的な闘争運動、そのパッションとしての行為がない。なぜ、「抵抗詩人」なのか、という疑問の声をかねがね耳にしていた。当時、軍国主義の空気で表現の自由が圧殺された時代、時局便乗型のエセ文学が流行していた。思うことをストレートに、また婉曲的にも表現できない重苦しい空気のなかにあった。ペンで生きるマスコミも、文学者も、体制に迎合して生きた。軍部を真っ向から批判する人は姿を消した。権力に刃向かえばどうなるか。その恐れに慄いて、軍事体制を讃美した。

「一歩一歩の後退が全面退却となり、ついにまったく息の根をとめられるところまで行き着いた」（金時鐘氏）。そのなかで、従兄弟の宋夢奎が独立志士であったことなどから治安維持法違反で逮捕され、未決囚として鴨川警察署に拘置された。彼は抗日運動に情熱を燃やす闘士ではなかったが、母国語で表現をすることを貫いていた。これ自体、勇気のいることである。国の独立を、表現を通して訴えた激しい抗議であったからだ。それを日本警察につかれた。金時鐘氏は、そのような尹東柱に殉教者の姿をみたという。

鴨川警察署から福岡刑務所（福岡市西区）に移送された尹東柱は、ここで英語版の聖書を読んで時間を過ごした。死後、遺体は親族によって母国に搬送された。２００９年、「ここが知りたい」という長寿ドキュメンタリー番組で知られる韓国ＳＢＳの取材陣が、福岡を訪れ、「尹東柱の詩を読む会」メンバーの案内で拘置所周辺、研究者を取材した。ミステリーとして、取材陣の頭を離れないことは、①尹東柱が人体実験で死んだのではないか、②なぜ日本人が尹東柱に親近感を覚え、彼の詩を粘り強く読んでいるのか、ということである。詳しいことは省くが、人体実験とは戦時下、人命を軽視した軍の暴走である。尹東柱は何の薬を入れた注射か知らないが、注射を打たれていたといわれる。これは日本の戦争犯罪として、無視できない問題である。

余談になるが、福岡刑務所は宇美町への移転に伴い、65年に解体され、近代的なビルに模様替えされた。毎年2月、尹東柱の命日に、「尹東柱の詩を読む会」（事務局＝馬男木美喜子氏）が旧福岡刑務所跡地の北側で献花し、詩を朗読する追悼会を催している。

(17) 韓国農業に尽くした、八女出身の高橋昇

尊敬する日本人として、韓国人の記憶に刻まれているのは誰か。韓国の若者は、すぐ名前が浮かばないのではないか。韓日交流に関わる人は、対馬藩の外交官・雨森芳洲《あめのもりほうしゅう》、独立運動に奔走した韓国人の弁護をした弁護士・布施辰治、朝鮮の陶磁器・木工品の美を日本に伝え朝鮮人にも再認識させた浅川伯教・巧兄弟などを上げるだろう。

実は、もう一人、見落としてはいけない人がいる。植民統治時代、朝鮮全土を歩き、調査・指導に尽くした農学者・高橋昇（1892〜1946）である。

高橋昇は、福岡県八女出身の人である。福岡の人も、知らない方が多いのではないだろうか。近年、彼の評伝として、『朝鮮全土を歩いた日本人――農学者・高橋昇の生涯』（河口宏著、日本評論社）が出版され、知られるようになった。

植民地時代、朝鮮の農業・農法は遅れたものとされた。朝鮮は何事も遅れたところ、日本が指導するという朝鮮停滞史観が幅を利かせていたことが背景にある。その大勢から農業も日本式を押し付けようとした。これに反対したのが、高橋昇である。

彼は、朝鮮総督府農業試験場西鮮支場長を長く務め、朝鮮の風土に対応した農法を説いた。なぜ、それができたか。朝鮮半島の農村を回って、研究調査活動を行ったからだ。朝鮮の農民に接して、当時の半島の現実を、土地利用の形態、耕作法、農民の暮らしなどを記録、収集した。朝鮮伝統農法の合理性・優秀性を再認識させた農学者である。

高橋昇が集めた膨大な資料は現在、京畿道・水原市の農業科学館の一角で展示され、その業績を称えているという。ここがすごいところである。韓国人が、日本人を恩人として尊敬しているのである。それほど、高橋昇は韓国の農民と接して、名前を憶えられる存在であったということである。

誰にいただいたのだろうか、私の手元に「日韓友好親善の懸け橋　農学者　高橋昇の足跡」というA４判のパンフレットがある。編集・八女市矢部村の椎窓猛、とあるので、面識のある椎窓先生からいただいたのかもしれない。それを基に、高橋昇を簡単に紹介したい。

高橋昇は、福岡県八女郡上妻村津ノ江の生まれ。東京帝大農学部を卒業後、東京・小麦ケ原試験場に入った。１９１９年、27歳のときに朝鮮に渡り、朝鮮総督府農業試験場水原《スウォン》本場に農業技官として着任。後に西鮮支場長を長く務めた。稲の育種・遺伝の研究で農学博士の学位を授与され、日本の敗戦直前、水原本場の総務部長となった。日本の敗戦後、残務整理のため朝鮮に残留。１９４６年５月に郷里に引き揚げている。

先人に学ぶことは大事である。困難な道を切り開いた、その精神を知ることは自分の力になる。椎窓先生編集のパンフレットには「八女農業博物館を設立しようではありませんか」とあった。もちろん、高橋昇を顕彰する博物館にちがいない。その後、どのような進展をみせているのか、気になる。

【福岡と朝鮮メモ】

○香春と新羅　香春は「かわら」と読む。香春には三つの嶺があり、そこに三柱の神がいたという話が『続日本後紀』にある。その一の嶺に祀られた神が辛国息長大姫大目命《からくにおきながおおひめおおまのみこと》である。辛国とは韓国である。神の名前が息長、大目とあるところから、谷川健一氏は「鞴《ふいご》を使って銅を精錬する一つ目の神に仕える巫女」(『地名の古代史　九州篇』所載)とみている。香春町は古代、銅の採掘現場があり、宇佐八幡宮の銅鏡鋳造を手掛けた。香春のそばに赤村がある。谷川氏によると、村にある赤村八幡の縁起に、嶺の頂上が揺れ、赤い光を放つ神霊が現われたという。ここから、この嶺を「明流の神岳」といい、村の名にもなる。赤留比売《あかるひめ》に関係あるのではないかと、谷川氏。赤留比売は、阿加流比売とも書き、新羅からやってきた女神。

　九州に21あるオルレ(済州島のトレッキングコースにちなんでつけられた九州のトレッキングコースのこと)の一つに、筑豊・香春コースがある。コースは、ＪＲ採銅所駅→矢山の丘→神間歩→六十尺鉄橋→上高野観音寺→元光願寺の大クス→香春神社→ＪＲ香春駅。総距離１１・８キロを、４~５時間かけて歩く。

○**「神宿る島」宗像・沖ノ島と関連遺産群**　２０１７年のユネスコ世界文化遺産に登録。「海の正倉院」と呼ばれる沖ノ島は、謎を秘めた島である。玄界灘に浮かぶ周囲４キロの女人禁制の島。４世紀後半から５００年間、対外交流や航海安全を祈願する国家的祭祀が行われたとされる。沖ノ島の存在価値は、１９５４年から71年にかけて行われた学術調査で鮮明になった。22カ所の遺跡と約８万点の奉納品が確認されたからである。８万点はすべて国宝である。「宗像・沖ノ島と関連遺産群」は、宗像大社と沖ノ島の祭祀を担った宗像(胸形)氏の墳墓群とされる、新原・奴山古墳群などで構成される。これに参考になる「海人」シンポジウムが、かつて福間町(現、福津市)で開催されている。２回目のシンポの内容をまとめたのが川添昭二・網野善彦編『中世の海人と東アジア~宗像シンポジウム２~』

（海鳥社、1994年刊）。北部九州がいかに、中国、朝鮮との関係で重要な地域であったか、一読するとよくわかる。その要衝に沖ノ島があった。沖ノ島は、日中韓を結ぶ「海の十字路」といえる。

○豊前の地名考　豊前の北九州市側には、「高麗江《こまえ》」「百済《くだら》」と、古代朝鮮三国（高句麗・百済・新羅）の国名をそのまま刻んだところがある。さらに田川郡香春町を見ると、ここにも古代南部朝鮮の小国家だった加耶（加羅ともいう。562年に新羅に併呑、支配される）が加わり、それが「唐土《からと》」「唐木《からき》」などとなっている。高句麗のそれからきた「呉」「小呉」「唐」という地名が、香春町内外で27カ所もある。以上は、谷川健一、金達寿対談『地名の古代史　九州篇』からの引用。

○江戸期から続く邪馬台国論争　新井白石が1716（正徳7）年に『古史通或問《こしつうわくもん》』を著し、魏志倭人伝に登場する地名の比定を試み、邪馬台国を大和に比定した。このなかの末盧国が唐津市、伊都国が糸島市、奴国を福岡市、不弥国を糟屋郡宇美町とした説は、現在でも定説となっている。白石は、晩年の『外国之事調書』では、邪馬台国を筑後の国山門郡に比定し、邪馬台国九州説に転じたといわれている。ただ、白石が九州にあった邪馬台国をどのようなものと考えていたかは不明である。白石より少し遅れて登場した本居宣長は、『馭戎概言《ぎょじゅうがいげん》』（1778年）のなかで、卑弥呼を熊襲のたぐいとし、神功皇后の名を騙って魏に朝貢したとした。宣長は、日本書紀などの年代観から離れることはできなかったが、魏志倭人伝の距離・方向の記述に新たな解釈を試み、邪馬台国九州説を唱えたのである。

○元岡《もとおか》・桑原《くわばら》遺跡群　古来、糸島半島が製鉄の大きな拠点だった。出土した50基以上の製鉄・生産遺構が物語る。古墳からは数々の副葬品が出土。勢力をもつ地方豪族の存在を裏付けた。対外交流・交易はもとより、外交上、糸島半島がいかに重要な地域であったかが分かる。同遺跡群は旧石器時代から近世にわたる複合遺跡といわれる。
○志登支石墓群《しとしせきぼぐん》　『魏志倭人伝』によると、糸島半島は伊都国にあたる。水稲や畑作に恵まれた地域であった。それを物語る遺跡や支石墓も多い。志登支石墓群は、副葬品を納める珍しい形態をとる。支石墓10基と甕棺8基が確認された。伊都国歴史博物館は、さらに詳しい歴史を紹介している。
○鴻臚館跡《こうろかんあと》　さすが筑紫はアジアの玄関口である。古来より中国や朝鮮からの使節、アジア西域を含む諸国の商人が訪れた。それを迎え入れる迎賓館であり、交易の拠点が鴻臚館である。平安時代に設置された。福岡城敷地内にある鴻臚館跡展示館には、出土した遺構跡、数々の交易の遺物を展示。古代の海外との交流の様子を知ることができる。
○上陽町に大伴部博麻呂碑　新羅と唐の連合軍によって、滅亡した百済。倭国（日本）は援軍を派遣して、百済復興に乗り出す。しかし、白村江の戦いで、唐軍との海戦に敗れた。敗戦は、不幸を生み出す。唐軍の捕虜になった日本人が多く生まれる。そのなかに、筑後国上陽咩郡（現在の八女地方）の軍丁として出征した大伴部博麻呂がいた。博麻呂は捕虜として長安に連れていかれる。そこで、唐の日本出撃準備を知った彼は、祖国に急変を知らせるため、自分を奴隷として売り、それで得た金で他の仲間4人を帰らすことにした。それから30年。長い歳月を耐えた博麻呂は690年に新羅の送使に連れられて、帰国することができた。それを知った持統天皇は博麻呂の功績を称えるとともに、「勅語」「階位」、布30端、稲1000束、田4町などを与え、三族（三代）に亘り免課（免税）とし、その忠孝を称えた。そう『日本書紀』には記す。その勅語のなかに、『朕喜厥尊朝愛国《そんちょうあいこく》　売己顕忠《ばいしんゆちゅう》』と愛国の言葉が刻まれている。読み下せば、朕（天皇）は、朝廷を尊び、国を愛し、己《おのれ》を売ってまで、忠を顕したことを、喜ばしく思う、という意味となる。八女市上陽町には、大伴部博麻呂碑がある。右の柱には、「尊朝愛国」、左の柱には、「売身輸忠」という文字が刻まれている。

○**高良山神籠石**（久留米市）　久留米にある古代山城。神籠石論争の中心となった遺跡として知られる。663年、白村江の戦いで敗れた倭国（日本）は、防備を固めるため、滅亡した百済の遺民の指導で、北部九州、瀬戸内、中国地方などに山城を築く。高良山城もその一つと目される。城跡は国の史跡に指定されている。高良の起源について、高句麗を古代日本では高麗《こま》といったことから、コウライが「こうら」に転嫁したという説もあるほどである。高良神社は筑後の一の宮。高良は最初、カワラと呼ばれ、コウラになったという説もある。カワラとは頭目をあらわす言葉である。

○**岩戸山古墳**（八女市）　筑紫の磐井の根拠地で、岩戸山古墳は磐井の墓である。親新羅派の磐井は、百済と親しい関係にある大和朝廷とのあいだを割くような挙に出たため、反逆罪に問われて滅ぼされた。

○**生の松原の元寇防塁**　鎌倉時代、博多湾の沿岸一帯に築かれた石による防塁。蒙古襲来（元寇）に備えて築かれた。2度目の侵攻（弘安の役）のとき、防塁が生かされ、元・高麗軍は上陸できなかった。

○**高取焼**　秀吉の朝鮮侵略の折、福岡藩主・黒田長政が連行してきた朝鮮陶工、八山によって始まる。日本名を高取八蔵重貞といった。窯場として、永満寺宅間窯、内ケ磯《うちがそ》窯、山田窯がある。いずれも直方市にあり、「古高取」と呼ばれた。黒田藩窯として茶器や生活雑器を生産。その後、窯場は白旗山窯（飯塚市）に移り、遠州七窯の一つとして茶の湯の世界で高く評価された。

○**興徳寺の扁額「海晏山」**　姪浜（福岡市西区）にある興徳寺は1260年創建の禅寺。臨済宗大徳寺派に属する。中興開山の祖・江月宗玩《そうかん》によって再建された。江月和尚は、1624年に来日した朝鮮通信使の李誠国《イサングク》という写字官と仲がよかった。門に掲げられた扁額「海晏山」は李誠国の書で、その文字の横に「為日本江月和尚進士李城国書」とある。二人の間柄について、「江月和尚の父が、堺の豪商・津田宗及ということもあって、朝鮮と友好的であったからか」など諸説がある。ともあれ、扁額は日朝友好の証しとして貴重なものである。

○**高取静山**　（1907〜1983）。静山は、本名を静という。高取焼宗家の長女。祖父の閉じた高取焼窯を再興するため父10代富基が奮闘するも、大戦中に廃業。戦後、宗家の再興に尽力し、東京で初個展を開いたのを機に、高取焼11代、高取静山が誕生する。初代高取八蔵の生地を探しに韓国に行ったことも。日韓友好に尽くし、ソウル市内で個展を開き、民間外交と評価された。韓国から李圭卓《イギュタク》と崔弘《チェホン》の2人の少年が静山の元に修行に来ている。

○**旧産炭地に立つ徴用犠牲者慰霊碑**　大牟田、飯塚、田川の3市に立つ。それぞれ地元の在日コリアンが建立した。大牟田市の「徴用犠牲者慰霊碑」は徴用者を働かせた三井3グループ企業の名前が刻まれている。強制労働に動員された朝鮮人、外国人が15万人いたとされる筑豊地方。飯塚市の「無《ム》窮花堂《グンファ》」は無縁仏を納め、日韓交流史を刻んだ交流広場も併設する。田川市の「韓国人徴用犠牲者慰霊碑」は土地の提供を市が行っている。碑文には、こうある。「否塞《ひそく》な国運と共に犠牲となった同胞の御霊を末永く慰め、再び不幸な時代を繰り返さぬよう戒めの標《しるし》とするものである」。飯塚、大牟田も慰霊とともに、このような精神に立って建立されている。

○**辛子明太子**　食品卸商店「ふくや」創業の川原俊夫さん（1913〜1980）夫婦が開発した。若い頃に釜山で食べた明太の味が忘れられず、これを作ろうと考え開発に乗り出す。作れど作れど売れず、苦節10年の末、1957年に博多ならではの「味の明太子」が発売された。1975年、山陽新幹線の岡山―博多間が開通すると、全国へ一気に広がった。博多の名産品を作り出した川原は、望むものには誰にでも製法を教えた。これにより多くの明太子業者が生まれ、明太子産業が確立することになる。

佐賀のなかの朝鮮文化

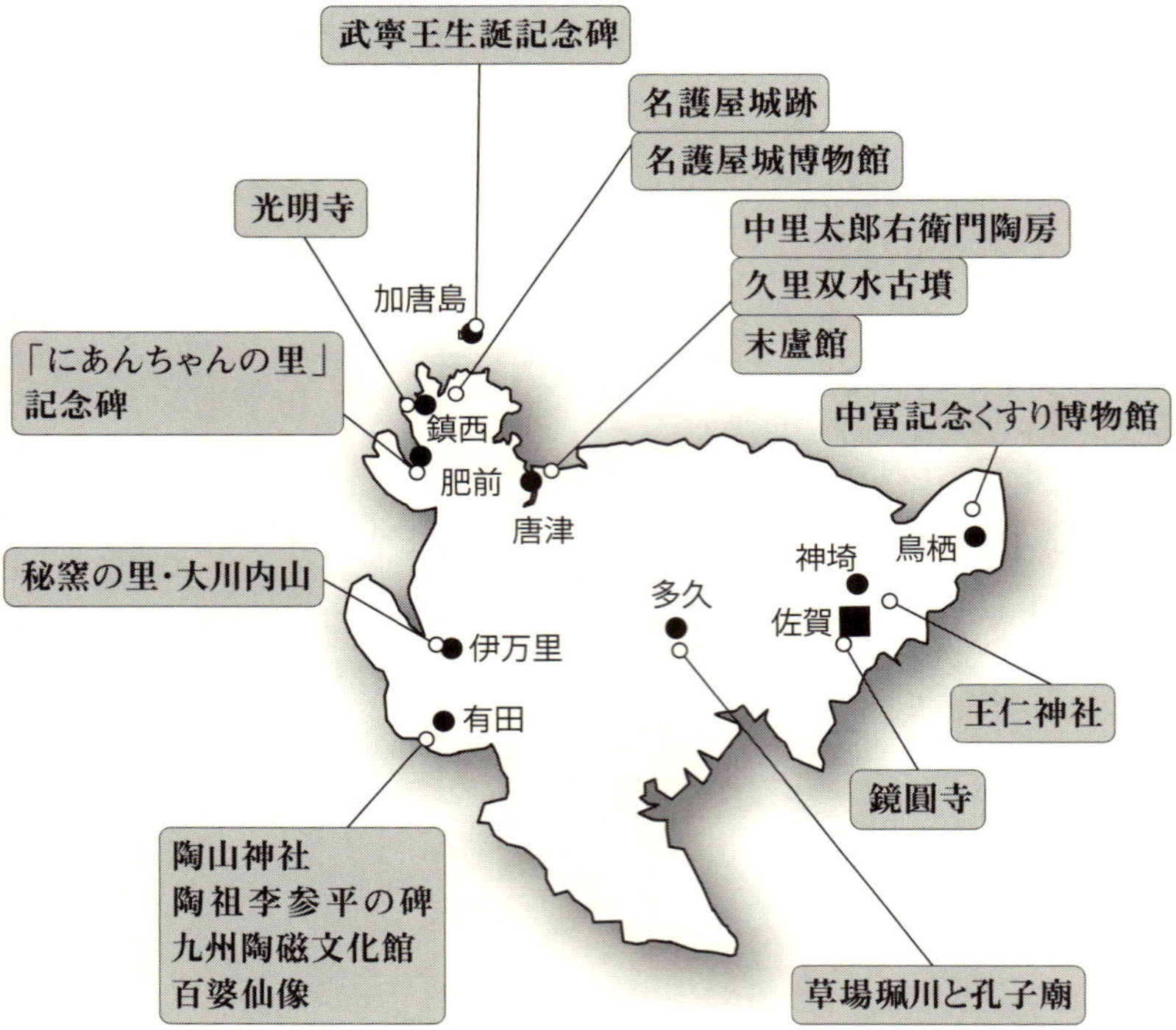

武寧王生誕記念碑
名護屋城跡
名護屋城博物館
光明寺
中里太郎右衛門陶房
久里双水古墳
末盧館
加唐島
「にあんちゃんの里」
記念碑
鎮西
肥前
唐津
中冨記念くすり博物館
鳥栖
神埼
佐賀
多久
秘窯の里・大川内山
伊万里
有田
王仁神社
鏡圓寺
陶山神社
陶祖李参平の碑
九州陶磁文化館
百婆仙像
草場珮川と孔子廟

佐賀紀行

◆少女の日記『にあんちゃん』の地を訪ねて

若い頃、ソウルの梨花女子大学に留学経験のある女性から、ユンボギの話を聞いた。ユンボギの日記『あの空にも悲しみが』がベストセラーになり、映画化もされた。ユンボギの家庭は、体を壊して働けなくなった父親のせいで母親が離れていき、幼い3人の弟妹をユンボギがガムを売ったり、靴磨きをしたり、ご飯をもらい歩いたりして支えた。それを前の担任から聞いていた金東植《キムドンシク》先生が、ユンボギと境遇の似た安本末子さんの日記『にあんちゃん』が日本でベストセラーになったのを知り、ユンボギの日記出版をめざしたことがはじまりだった

ユンボギの日記がベストセラーになると、彼は模範少年全国代表に選ばれたり、青瓦台に招かれて朴正熙《パクチョンヒ》大統領と会う「栄光」にも恵まれた。しかし、後にこの「栄光」が彼を苦しめる。有名になったユンボギの名前を使って、うまく生きようとすればできたはずだが、それをよしとしない彼は、名前を隠して生きた。かつての栄光の重みが、彼を押しつぶすかのようであった。結局、彼は念願だった大学進学の夢を捨てて、職を転々とする。結婚をして妻子にも恵まれたが、苦労が重なって肝炎を患い、38歳で亡くなる。

唐津市肥前町、大鶴鉱業所跡地に「にあんちゃんの里」記念碑

ユンボギと安本末子さん。のちの人生は、まったく異なったのはいうまでもない。ユンボギは、一言の遺言も残さず亡くなった。恨みの多い一生に思えた。

『ユンボギが逝って――青年ユンボギと遺稿集』李潤福《イユンボク》、許《ホ》英燮《ヨンソプ》の共著（白帝社、1993年刊）を読み、さらに『にあんちゃん』を改めて読み、かつて炭鉱があった肥前町（佐賀県唐津市、旧入野村）に行ってきた。にあんちゃんの里である。

肥前町には、呼子、玄海町を抜けて入った。風が気持ちいい。青々と茂る山々、段々畑。車も少なく、すいすいと車は進む。肥前町に入ると、大きく入り組んだ湾を西へ向かって走る。国道に、「にあんちゃんの里」と書いた小さな標識があったのに気づき、行き過ぎた車を引っ返す。なだらかな斜面を下り、しばらく走ると、にあんちゃんの碑が立っていた。碑の両側に、末子さんと、兄・高一《こういち》さんの銅像が立つ。高一さんが、にあんちゃんである。銅像の幼い2人の澄んだ眼。2001年、末子さんの同級生が呼びかけて建てた。

建立の経緯を刻んだ後に、『にあんちゃん』の一節が書いてある。

「春のにおいを、そよかぜがのせて、きょうは、卒業式の日でした。『安本高一』という先生の声に、前を見ると、六年生の列の方から、にあんちゃんが、出てこられました。にあんちゃんは、特別に『努力賞』をもらわれるのです」

さらに続けて、こうある。

「お金があろうと、なかろうと、一日も学校を休まずや、家に帰ってからも、二、三時間はかならず、たとえ十時が過ぎようと、予習、復習をして寝られ、試験は、たいてい百点ばかりで、八十二点が最低というような、りっぱな成績を、持って帰ってくるのです。私は、にあんちゃんの姿を見ているうちに、なみだで目がかすんで、なにを見る元気もなくなり、となりの人にもたれるようにしておりました」

以上、ちくま少年文庫から該当箇所を書き写したが、後半の部分については、碑文では少し文章が省略されているような感じであった。

この日記は、末子さんが小学校3年生から5年生までのあいだに書かれたものである。年代でいうと、1953年1月22日から翌54年9月3日まで。母親を3歳のとき失くし、父まで失う。日記を書き始める49日前に、父は亡くなった。長兄（喜一）のわずかな収入で、残された兄妹4人は生き抜いた。末子さんの日記『にあんちゃん』はもとより、今村昌平監督の映画によって、当時、涙を流した方が多かったことと思う。

大鶴鉱業所が最盛期の頃、4000人が村で暮らしていた。朝鮮人も多くいた。安本家も、その同胞だった。

肥前町に立つ「にあんちゃん」の碑文を、一緒に来た方々のために音読した。それが終わった後、唐津出身者がこういった。「みんな仲良く学校生活を送った。いじめや差別はなかった」。かたわらの女性もうなずき、そういった。自らの学校時代を振り返った証言である。ちくま少年文庫版の『にあ

道路脇の畑のなかに残る旧杵島炭鉱大鶴鉱業所の第２坑口

肥前町が活気づいた、大鶴鉱業所の最盛期の頃の様子

んちゃん』を少し読んで、それは感じていた。

　にあんちゃんの碑が立ったのは、その表れである。かつての級友たちが、自ら立ち上がり、呼びかけて建立した記念碑であるからだ。友情がなければ、記念碑が立つことはなかろう。

　周囲に人家はまばらで、道を行く人もいない。坑道はどこにあったか。近所の家を訪ねて話を聞いてくれた方が、近くに2カ所あると聞き出してきてくれた。帰路、記念碑から少し走ると、田圃の一角にある、坑道の石組みを確認できた。上部を草で覆われているため、注意しないと見逃してしまう。案内板も小さいから、なおさらそうである。

　安本末子さんと同じ年で、唐津で幼少期を過ごした友人が、炭鉱閉山で唐津を離れる同級生のため、送別会が開かれたと当時の話を聞かせてくれた。貴重な証言。安本末子さんは関東に住んでいるということだった。

◆有田に李参平の足跡をたどる

陶祖李参平《イサムピョン》の大きな碑が立つ、小高い山の山頂から、汗を拭きながら、有田の町を見下ろした。山間に東西に広がる町並み。4月29日（2017年）から開かれている有田陶器市（今回で114回目）に、各地から陶器ファンや買い物客が押し寄せている。

毎年5月4日、この山頂に立つ石碑の前で、陶祖祭が開かれている。すでにテントを張り、その下に折り畳み椅子もきれいに並べられている。福岡にある韓国領事館の総領事も式典に参加する。山頂の一角には、陶板に描かれた李参平を紹介する文に、「日本に渡った」李参平という記述があった。秀吉軍に連行された、という表現が史実であるが、そのような歴史の陰部は見せたくないのであろう。

陶器市に来る人たちで、この山頂まで登る人はまれである。日本の陶磁器の発祥の地が、有田であり、その陶祖が誰であるのか。大方、知ってはいることだろう。

今回、上有田駅で下車して、次のコースを歩いて回った。泉山口屋番所跡、泉山磁石場、歴史民俗資料館、李参平像、トンバイ塀（解体した登り窯のレンガを利用して作った塀）、陶山神社、陶祖李参平の碑、九州陶磁文化館。

そのあいだに、香蘭社本社&赤絵町工房、今右衛門古陶磁美術館などをはじめ、店を次々渡り歩き、掘り出し物を探した。品物は安い。一つ100円から500円。大きな笊に、無造作に置かれた器のなかから、これぞという品を見つけ出す。これを繰り返していると自分の嗜好性がはっきりしてくるから面白い。

陶器市会場の皿山通りに、陶祖李参平窯ギャラリーがあり、店先にいた14代に声をかけた、昨年（２０１７）12月、福岡市内のホテルで開催された有田焼４００年祭を記念した講演会で挨拶したので、声をかけやすかった。なかに入ると、意外や、知り合いの女性がいる。韓国観光公社に勤務する日本人女性である。「陶器市には韓国のお客さんも来られるので、応援に来ています」という。汗ばむ陽気のなか、よく歩いたせいか、彼女が出してくれた冷たいお茶がおいしかった。

14代は、初代が使った泉山磁石場の石を原料に、原点に戻った陶芸に打ち込んでいる。そんな講演会の話を思い出しながら、展示された作品を見せてもらった。李参平の白磁は魅力的であり、ファンも多いのであろう。しかし、簡単に手が出ない値段であり、見て楽しんだ。

有田駅から歩いて近い九州陶磁文化館で、「李参平物語」のビデオを見たが、ここにも、知り合いが出ており、懐かしかった。武雄在住の兪華濬《ユファジュン》さん。玄海人倶楽部を主宰し、長崎県立大学で教え、九州のなかの朝鮮渡来文化を掘り起こす文化活動にかかわった韓国人女性である。ビデオはかなり前に製作されたもので、第13代の李参平が登場していた。先祖の墓の前で、「技術を絶やさないように、後継者を育てていきたい」と語る姿が印象的だった。

佐賀編

【概論】

日韓交流の歴史が、一つの地域に色濃く刻まれたところが、唐津である。古代から近代へ、交流史がつながっている。それは、なぜか。韓半島から九州を目指すとき、対馬、壱岐と渡り、次の目印となるのは博多ではなく、唐津だったからだ。

唐津の「唐」は伽耶諸国連合の加羅からきているといわれる。古代、朝鮮渡来の波が唐津に押し寄せた。『魏志倭人伝』にある末盧国の中心と推定される唐津には、水稲農耕の始まりとなった菜畑遺跡がある。韓半島とのかかわりが深い遺跡。また三国時代、百済の武寧王《ムリョンワン》は唐津・呼子沖の加唐島で誕生したとされ、島には生誕記念碑も立っている。

佐賀県内で、ほかに朝鮮文化の足跡を探れる地域はどこか。鳥栖市・田代、佐賀市、多久市ではないか。そう考え、韓流ファンと日帰りツアーに出かけたことがある。田代は江戸時代、幕府から与えられた対馬藩の飛び地であった。その関係から、韓方薬が入り、田代売薬の名で全国的に知られる地域となった。今もその流れの上にある。

佐賀市内には、唐人町があった。秀吉の朝鮮侵略で連行された朝鮮人が多く住んだ町で、鏡圓寺に

加唐島のオビヤ浦の洞。ここで百済の第25代王、武寧王が生まれた

は朝鮮人が眠る。鍋島更紗という染物が、佐賀に伝わる。これは朝鮮侵略で連行された朝鮮人が作り出したもの。今日、特産品となっている。

多久は、孔子廟があることで知られる。１８１１年、対馬止まりの最後の朝鮮通信使で活躍した儒学者・草場《くさば》珮川《はいせん》の出身地。珮川は、多久を象徴する人物である。寛政の三博士の一人、古賀精里（佐賀藩出身）の愛弟子で、儒学者として名を馳せた。絵画の才能があり、１８１１年の対馬行で著した『津島日記』は傑作である。多久は、儒教で領民に活力を吹き込み、蘇生した地域である。

佐賀は各時代、光を放ってきた。葉隠れ発祥の地、明治維新政府の一角を担った薩長土肥、世界遺産登録の「明治日本の産業革命遺産」の一つに入った海軍所跡地「三重津海軍所跡」……。佐賀は学問熱心な土地柄で、日本の近代化を担う佐賀七賢人（鍋島直正、佐野常民、島義勇、副島種臣、大木喬任、江藤新平、大隈重信）のような人材を世に送り出した。

しかし、近代に入ってから、朝鮮との交流は昔のような熱が感じられない。日韓交流を牽引するのは、やはり今も唐津市域のようである。名護屋城博物館と名護屋城跡、武寧王が誕生した加唐島などが輝きを放っている。近年、王仁博士を通して霊岩郡と交流を深める神埼市は注目される存在である。

(1) 邪馬台国への道、末盧国

邪馬台国論争の火種となった『魏志倭人伝』。西晋の陳寿(233〜297)が撰んだ『三国志』の一つ、『魏志』巻30・東夷伝・倭人の条に描かれた短い文章である。帯方郡を出た使者は、狗邪韓国を経て。倭国へと入り、対馬国、一支国、末盧国、伊都国、奴国……ついに邪馬台国に到る。その位置は、伊都国から南水行10日、陸行1月を要する。その道をどう決めるか。ここから邪馬台国論争が生まれた。ながく九州説と畿内説が綱引きを行っているが、いまだ決着していない。すなわち邪馬台国の場所は決定されていない。

『魏志倭人伝』の道をたどる、奥野正男の『邪馬台国紀行』(海鳥社)は、この論争に一石を投じている。これまで、どこまでが明らかになったのか。一支国、末盧国、伊都国、奴国は特定されている。

最近、壱岐を訪ね一支国博物館を見たが、展示手法に優れ、分かりやすかった。一支国の王都・原の辻が日朝交易の拠点であったこと、古代、舟で自由に行き来して交易を行ったこと、朝鮮人が一支国に常駐して交易を盛んにした、などを改めて確認した。

これは末盧国も同じである。1967年、中学生が砂丘で甕棺の破片を見つけたことから大規模な発掘調査が始まり、大友遺跡の存在が明らかになる。この遺跡は呼子港から近い漁村に眠っていた。

出土した副葬品には南海産のイモガイやゴホウラ製の腕輪、など装飾品が大量に出土している。海岸に近い大友遺跡を通して、在地豪族のイメージとして、海上交易を行う航海者が浮かび上がる。

末盧国は、海上交易の拠点として地の利があった。それに日本に稲作が初めて上陸した土地である。稲作は弥生時代からという定説を覆し、縄文晩期にすでに稲作が始まっていたことをあきらかにした（いま、その説を証明する発掘が相次いでいると聞く）。その遺跡が、菜畑遺跡である。ここには中国、朝鮮に見られる支石墓があり、大陸の文化を日本本土で真っ先に受け入れた土地柄であることが分かる。

末盧国は、松浦地方（現、唐津市）である。松浦には、松浦川西岸の砂丘上にある桜馬場遺跡をはじめ、2基の前方後円墳が存在する。久里双水古墳と双水柴山2号墳である。玄界灘沿岸の伊都国、奴国と並ぶ有力支配者が末盧国にいたという証しである。

末盧国は「まつろこく」、「まつらこく」とも読む。末盧国は、音の近い松浦地方の旧肥前国・佐賀県唐津市に菜畑遺跡、桜馬場や宇木汲田《うきくんでん》などの遺跡があるため、これらが中心領域に含まれていた地域と推定する研究者が主流である。末盧国について、『魏志倭人伝』には、次のように書かれている。

「有四千餘戸、濱山海居。草木茂盛、行不見前人。好捕魚鰒、水無深淺、皆沈没取之」。（訓み下し文）「四千余戸あり、山海に浜《そ》いて居り、草木茂盛して行くに前人を見ず、好んで漁鰒《ぎょふく》を捕らえるに、水深浅となく、皆沈没して之を取る」（大意）。先に行く人が見えないほどに生い茂った葦原を掻き分けて進んだ。そして住民は海士《あま》として魚や鰒《あわび》を捕っていた。

（2）稲作伝来の道と支石墓

稲作技術と一緒に伝来したのが、支石墓。巨大な石組である。地上に支石を箱型に並べ、その上に天井石を載せている。天井石の下で葬祀を行えるような形態をとっており、地中には銅剣が副葬されている。かつて韓国・江華島を訪ねた折に見学した支石墓は、その典型的な形態で、威圧するように高々としていた。これも北方式（もしくはテーブル式）というらしい。

支石墓は無文土器時代、いわゆる紀元前５００年ごろ、朝鮮半島に現れる。全羅北道を境界に、南方式と言って、天上石が低く、地表にまで降りて来て、支石は地中に埋まるようになる。その形態から基盤式といわれる。全羅道では、高敞《コチャン》と和順《ファスン》の支石墓が知られる。江華島、高敞、和順の支石墓は世界遺産に登録されている。

韓国でも、古くから穀倉地帯として知られる全羅道。韓流ツアーで訪ねたとき、「５００〜６００基の支石墓が群集してます」とガイドに聞き、支石墓は稲作文化の象徴のように思われた。

支石墓の分布地図をみると、中国東北部、遼東半島、朝鮮半島西側を南下し、九州へと下りてくる。まさに稲作伝播の道である。九州の支石墓は弥生時代初期の頃、北部地域の糸島半島（福岡県）、唐津平野（佐賀県）、長崎県に現われ、弥生時代前期から中期にかけて、熊本県や鹿児島県へと南下する。ということは、稲作技術をもった渡来人、もしくはそれに連なる人々が定着地域を広げて行ったことになる。

日本の支石墓の特徴は、地中に甕棺や屈葬という埋葬方法を採用しているところにある。糸島半島の志登《しと》支石墓群や、唐津の末盧館を訪ねると、支石墓を見ることができる。ただし、巨大な石が横たわるだけ。昔あったように石組の状態に復元していない。ここが江華島など韓国と違うところである。

金達寿《キムダルス》氏の『日本の中の朝鮮文化』(講談社文庫)の11巻、「肥前・肥後・日向・薩摩ほか」を紹介したなかに、支石墓のある船石遺跡(佐賀県上峰町)が出てくる。1986年、甕棺500基が出土して、「密集度と数の規模から全国最大級のカメ棺遺跡とわかった」(2月25日付けの佐賀新聞)と報じられた遺跡である。この本に、船石遺跡の支石墓の写真が掲載されているが、やはり巨大な石が地面に横たわる状態である。

西谷正氏(現、九大名誉教授)の「支石墓は誰がつくったか?」が、同書に引用されていたので紹介する。『日本古代史と遺跡の謎・総解説』として書かれた原稿である。それには、こうある。

「九州の支石墓は、朝鮮でしばしばみられるような大形のものがきわめて少なかったり、また、その埋葬施設において、とくに甕棺や小形石棺など朝鮮のものとは異なってはいるが、その被葬者は渡来人もしくはその系譜を引く人びとと考えるのが自然であろう」。日本の支石墓は、弥生時代前期を過ぎたあたりから、終焉の道をたどる。

(3) 王仁を通し、交流深める神埼市と霊岩郡

佐賀の神埼市に王仁《ワニ》神社がある。JR神埼駅で降り、吉野ケ里歴史公園の北側をめざして歩くこと

約35分。王仁神社に着く。鳥居に掲げられているのは王仁ではなく、「鰐大明神」。鳥居の横に、王仁博士上陸伝承之碑が立っている。すると妥当と思っていた玄界灘ルートとちがって、有明海ルートで上陸したことになる。有明海は広大な干潟で知られるが、6メートルにおよぶ干満の差を利用すれば、大型船も有明海深奥部に入ることが可能であるといわれる。このルートについては、朴光淳《パククワンスン》・全南大学名誉教授が調査研究した。それによると、西海岸の栄山江から上流に遡った上台浦《サンデポ》を出港後、麗水半島の東南端・鳶島から済州島と対馬のあいだを南下して五島列島のほぼ中間点（岐宿町）を突っ切り、五島灘を横切って有明海にはいるコースである。

古代から倭国は、交流のあった朝鮮半島の先進文化を受容して、クニを発展させてきた。その一つに、吉野ケ里遺跡もある。弥生遺跡としては巨大である。卑弥呼の邪馬台国という説もある。ここで朝鮮の渡来人が大きな役割を果たす。渡来人のなかには、栄山江流域の人たちもいたはずである。彼らが、王仁を誘引した可能性は否定できない。

王仁神社の社殿。改修されて新しいがシンプルな造り、祭殿はなく、社殿の後ろに、王仁天満宮と刻んだ石祠があり、これと鰐大明神と熊野社を祭神としている。鰐、熊野は航海の安全を守る神である。

石祠について、神埼市観光協会のパンフレットに興味深い記述があった。

「この石祠には、寛政8丙辰天（1796年）三月吉祥日の建立で、石祠左側面に『天照山現住施主倫誉要海代《りんよようかいだい》』とあり、竹原地区にある天照山浄円寺（浄土宗）の9代住職により建立されている」

石祠は、古代より伝承とともに形づけられたものの、江戸時代に浄円寺住職によって新しく改修されたのだろうか。元来、石祠は現在より北西約100メートルの場所にあったという。王仁神社の隣接地に、王仁博士顕彰公園が昨年（2018）8月にオープンした。韓国・霊岩《ヨンアム》郡の支援を受けて、百済門を建造。門を潜ると王仁がもたらした千字文の石碑（有田焼の陶板）が屏風のように大きく広がって立っている。

王仁は、百済と友好国であった倭国の応神天皇の招聘により渡って来て、論語10巻と千字文1巻を献上した。古事記には和邇吉師《わにきし》、日本書紀には王仁とあり、皇太子・兎道雅郎子《うじのわきのいらつこ》を教え導いた学問の師とされている。生没年は不詳。伝承ながら、墓は大阪府枚方市の王仁公園と大阪市北区大淀中の王仁神社にある。

かつて王仁の出身地・霊岩の遺跡址を訪れ、広大な地に歴史絵巻が再現されるような偉容を見て驚いた。官民をあげて、霊岩郡がいかに熱心に王仁顕彰活動に取り組んでいるかを知った。毎年4月の「王仁文化祭り」が、それを象徴的に物語っている。この祭りに神埼市は友好使節団を派遣するなど、近年、霊岩郡との交流を活発に行っている。

(4) 元寇、松浦党奮戦も行賞に不満……倭寇へ

「弘安四年の夏、閏七月一日の台風で、伊万里湾口、鷹島海上にいた 蒙古軍は全軍全滅した。神風が吹いた！　日本人はみなそう信じてきた。そう信じこまされてきた。はたしてそれは真実か」。通説への疑問を、徹底的に洗い直し、真実の姿に迫ったのが、服部英雄氏（現、九大名誉教授。くまもと文学・歴史館館長）の『蒙古襲来』（山川出版社）である。通説に挑み、日本、韓国と中国の古文書、

絵画史料などを仔細に読み解く作業のなかから、修正を迫った労作。

神風とは、弘安の役（1281年）、蒙古軍を全滅させたといわれる台風による強風のこと。両軍の兵士は、それを意識したか。この役で、主戦場になったのは志賀島と鷹島。志賀島は被害は軽く、蒙古軍の船団沈没はほとんどなかった。それに比べ、被害が大きかった鷹島でも、風浪を防ぐ浦や湾に入った蒙古船は難を逃れている。ただ、日本に押し寄せた軍船が多かった割に、海底から引き揚げられた沈没船、碇石は少なかった。

台風被害を強調し、過半が溺死と誇張して書いたのは、敗戦の蒙古軍統率者。逃げ帰った自分を守るために、でっち上げていた。それを子孫が墓碑に刻んで、正当化した。「百戸張成墓碑銘」がそれである。

文永の役（1274年）でも、そうである。蒙古軍は筥崎宮を焼き、大宰府陥落を目指し7日間も戦うが、冬型気圧配置となり、嵐がふきあれると撤退が始まる。そして、「一日で姿を消した」「翌朝に帰った」。はたしてそうか。しかし、高麗、元の史料には、帰国した話は出てこない。「夜中に筥崎の神が出現して、蒙古兵を散々に痛めつけた」と書いた『八幡愚童訓』に誘導され、研究者はなべてそれを根拠にした。『八幡愚童訓』は文永の役から34～44年後（?）にできた、八幡信仰を広めるための布教用の創作文芸だった。

服部氏は、過去「あたかも一等史料のごとく扱う人が多い」なか、『八幡愚童訓』が記述する矛盾を逐一指摘した、若き頃の中山平次郎・九州帝国大学医学部教授を引きあいに出して、称えている。中山は鴻臚館の発見でも、考古学界に貢献した人物である。

これまで蒙古襲来のなかで、通説とされた事象が、なぜ疑われることなく常識のように語られてきたのか。研究史の巨大な流れに、個人の研究は押し流されて、省みられることがない。この厳しい現実を前にしながらも、果敢に服部氏は挑んだ。「歴史に虚構は付きものかもしれないが、本書では、とりわけ戦争叙述にて、それが顕著となることを主張した」と振り返っている。

世界帝国ともいおうか、領土を西域にまで広げた中国・元のフビライが、はたせなかった夢の一つに、日本攻略・支配がある。いわずと知れた元寇、蒙古襲来。二度にわたる侵攻。元帝国の武力に屈した高麗も、軍船を建造し、兵士を駆り出されて日本攻撃に参加する。弘安の役では、北から高麗軍、西から江南軍が押し寄せ、壮絶な戦いとなる。

ただ、高麗は、日本遠征にしぶしぶ従ったまでである。江華島に難を逃れた高麗政府は元の侵攻に降伏するが、これに不服を唱える崔氏の私兵が乱を起こす。三別抄である。これをせん滅するために兵力をつぎ込んだ高麗政府は、日本遠征をするにしても、軍事力が衰えていた。

日本説得のため派遣された元の使者・張良弼は、皇帝・世祖に打つべきか否か問われたとき、こう答えた。

「臣、日本に居ること歳余、その民俗を見るに狼勇殺を嗜《この》む。父子の親、上下の礼あるを知らず、その地山水多く、耕桑の利なし。その人を得ても役するべからず、その地を得ても富を加えず、況んや舟師海を渡るに、海風期無く、禍害測るなし。是れ有用の民力を以て、無窮の巨壑《きょがく》を填《うず》むと謂うべし。臣謂う、撃つ勿れ」＝井上靖著『風濤』（新潮文庫）より

元寇では、日本は神風に救われる。強烈な風雨である。通説によると、沖合に停泊した蒙古・高麗

（以下、蒙麗）軍の船が、これによって忽ちのうちに飲み込まれ、姿を消したとされた。

元寇で、松浦軍の奮戦には目覚ましいものがあった。主戦場となった、壱岐、博多・志賀島近海、地元の松浦・御厨の海上で、蒙麗軍とわたりあう。弘安の役では、博多湾で奇襲攻撃をかけた。「松浦太郎兄弟（波多兄弟）鎮西の諸将と城壁を博多の沿岸三十余町に築いて屯営す。夜衆を率いて船を賊営の後に進め俄かに撃ちて三万余人を殺す」＝『本国通鑑』より

松浦党の戦いぶり、結束力は賞賛されるものがあった。弘安の役が終わり、その戦功をたたえる論功の認知にいたり、松浦党は忸怩たる思いをする。というのは、戦功の認知・申告には、第三者の証言を付けることが条件になっている。これに関連した面白い話がある。『竹崎季長絵詞《たけざきすえながえことば》』の当事者、季長が賊と戦い、さらに切り込もうとすると、家臣が「しばらく待ち、証人を立てて戦いましょう」といったという。これが『絵詞』に描かれているという。

なんとも、情けないような話である。奮戦した松浦党には行賞も厚くあって当然のはずだが、戦功の証人（第三者）がいなかった。このため、幕府に訴える行動にも出ている。

しかし、戦功の見返りは、思ったほどなく、松浦党に不満がたまる。それで、どうしたか。直接、高麗や元の敵地にのりこみ、沿岸を襲う略奪行為にも走るようになる。これが倭寇《わこう》のはしりであった。

(5) 呼子の「影」――朝鮮を泣かせた倭寇の拠点

高麗時代に何があったか。対外交渉史から見た場合、である。官選の歴史書、『高麗史』『高麗史

節要』を紐解くと、いかに倭寇の被害が甚大であったか知ることになる。第30代王・忠定《チュンジョン》王2年、1350年に100余艘の倭寇船が全羅道を襲ったのが、その始まりといわれ、以来、高麗王朝、さらに李成桂《イソンゲ》が建国した朝鮮王朝は倭寇に悩まされる。

倭寇は、元禄期に松下見林が書いた『異称日本伝』にあるように、海の荒くれものというイメージがある。半裸で裸足、太刀を肩にかついだ姿である。17世紀、中国で描かれた『倭寇図巻』には、長槍、日本刀に、火縄銃まで登場する。船も100人以上乗れるような大型化する。略奪品や連行した現地人まで乗せるわけだから、自然の流れである。

倭寇の根拠地はどこか。対馬、壱岐、松浦といわれる。高麗・元による日本遠征（蒙古襲来）の痛手も影響して、西日本の沿岸民が海賊になっていった。これに日本国内の混乱も加わった。

高麗史に出てくる日本関係の記述をまとめた『高麗史日本伝』上・下巻（岩波文庫）を見ながら、改めて朝鮮に被害をおよぼした倭寇の蛮行に驚く。この書には九州探題や西南雄藩の使節の記述もある。朝鮮の要請を受けて、倭寇懐柔策を行っていることを伝える使者が訪れている。

九州探題になった今川了俊は、松浦党を弾圧よりは懐柔する政策を模索し、宗族会盟や地域会議を行わせて、自ら具体的な規制をもうける方向へと誘引していった。その成果が、契諾状である。一部を紹介したい。

一、公私に於て同心の思いをなし、一所に軍忠を抽《ぬき》んづ可く、聊か思々の儀有るべからず候。

一、夜討・強盗・山賊・海賊・放火・田畠作毛盗刈等にして証拠分明のものは直ちに死罪を行うべし。いささかも嫌疑を以て理不尽の沙汰をいたすべからず、衆中の沙汰となし罪科せらるべし。

この松浦党の一族会盟は1384（至徳元）年に行われた。「新たに任命された九州探題今川了俊の弟仲秋が数多の軍船を率いて松浦党の本拠松浦の津（呼子浦）に上陸してより13年目」に当たっていた＝呼子丈太朗の『倭寇史考』より引用。

しかし、倭寇の跳梁は収まることもなかった。高麗王朝は、その防御のために騎船軍を編制したり、1389年には朴葳《パクイ》に命じて対馬征伐を行わせている。

朝鮮王朝になっても、倭寇の襲来は絶えず、ついに世宗《セジョン》の時代に、2度目の対馬征伐を行った。根拠地の一つ、対馬が襲撃される。1419年、李従茂《イジョンム》が率いる戦艦227隻、1万7000人の兵が押し寄せた。

呼子関係の記述が出てくる、朝鮮王朝実録から、以下のようなものを拾い出せた。

日本呼子遠江守源瑞芳、（中略）披虜人口を還し、礼物を献ず
日本呼子殿客人、来たって土物を献ず
日本志佐殿・呼子殿、使を遣わして礼物を献ず
遠州太守源瑞芳（中略）各使人、土物を献ず

呼子に限らず、各地の大名は朝鮮に食い込む行為を盛んに行った。倭寇に拉致された朝鮮人を救い、彼らの送還を兼ねた国王使を偽る大名も現われる。彼らは、その見返りに高麗大蔵経や高麗鐘をもとめた。これらの文化財が現在、日本各地に伝わるのは、当時の日朝交流の証しである。

呼子は漁業が盛んな街である、古くは捕鯨の基地であり、朝鮮・中国の沿岸を荒らし回った倭寇の一つの拠点であったことも知っておくべきであろう。

(6)「唐人町」の由来

豊臣秀吉の朝鮮侵略で連れてこられた朝鮮人が、集落を形成して起こったのが「唐人町」である。佐賀市の唐人町に代表される。

JR佐賀駅から南に延びる大きな街路を南下すると、唐人町、唐人新町でぶつかる。長崎街道の北側にある街並みである。

この唐人町は、筑前黒崎に漂着した高麗人の李《イ》宗歓《ジョンファン》を居住させたことに始まる。李宗歓は1587(天正15)年、舟遊びが禍し、朝鮮から九州北部(現北九州市)に流れ着いた。1591(天正19)年、大宰府にて鍋島藩家臣龍造寺家晴と成富兵庫茂安と出会い、これをきっかけに佐賀城下へ赴いたところ、藩主鍋島直茂にその才を見込まれ、重用されることとなった。

李宗歓は唐人町で貿易にあたった。宗歓一族は朝鮮侵略にも参加し、荒物の取引を行った。宗歓の孫、御用荒物問屋・勘四郎が由緒書に書き残している。

唐人町には宗歓が「文を学び武を練る」と評したように、朝鮮の技術者、学者、職人などが居住した。

(7) 対馬藩領、薬のまち田代

長崎街道の宿の一つ、田代（鳥栖市）は対馬藩の飛び地で、藩から派遣された代官が治めていた。米の穫れない対馬にとって、田代は貴重な土地であり、代官の勤めも重視された。そのなかで、副官として赴任した賀島恕軒《かしまじょけん》（兵介）は領民から称えられる治世者として、名前を残した。

田代売薬《たしろばいやく》という言葉が伝わる。江戸時代、富山売薬と競ったほどの勢力を築いた。その種をまいたのは対馬藩である。朝鮮外交を徳川幕府から一任された対馬藩は、貿易にも力を入れた。他藩が介入できない独占貿易で、これを生かして朝鮮人参をはじめ韓方薬を輸入して、日本で売りさばいた。飛ぶように売れたから、対馬藩にとって打ち出の小づちのような存在だった。

対馬藩では18世紀半ば、農業の妨げになると売薬の禁令を出し、田代の居住者のみに限って売薬を容認した。彼らは、西国一帯に販路を拡げたことから、田代売薬は対馬藩の財政を支える大きな切札となる。ついには、売薬を登録制にして、富山売薬と競い合う。

その歴史は現在、久光製薬が開設した「中冨記念くすり博物館」で知ることができる。製薬や行商の道具など、3000点以上の資料が展示されている。

(8) 唐人町と鏡圓寺

JR佐賀駅を南に下っていくと、鏡圓寺に出る。しかし、入り口が分かりにくい。「見佛山」「鏡圓寺」と刻まれた石門が目印。これを潜り、狭い道を抜けると、広がりのある寺の敷地に出る。町名は唐人町。1626（寛永3）年、鍋島勝茂の姫付老女、秀島源右衛門の母の願いで建てられた鏡圓寺の『鏡圓寺縁起』には、当時、ここに数十人の朝鮮人（高麗人）が居住していたとある。

墓石群の中に、御用荒物商人の李宗歓、鍋島更紗の始祖・九山道清の墓石が立つ。2人は鍋島藩の経済を支えた功労者である。

宗歓は先述したので省く。直茂が連行した道清は、漢字医の家柄。本人は本草学に明るかった。これが鍋島更紗開発に生かされる。宗歓が扱う輸入材料から染料を入手し、更紗創始へとつながった。

唐人町の形成には秘話がある。秀吉の朝鮮侵略の折、李宗歓は通詞役として鍋島軍に帯同。撤兵の際、祖国に弓を引いた罪意識から、再び佐賀に戻る。そこで、直茂は佐嘉（佐賀）城下の十間堀川以北、愛敬嶋村に宗歓ら朝鮮人を居住させた。

鏡圓寺の住職からいただいた冊子『唐人町物語』をめくると、宗歓は望郷の念、抑えがたく、「毎日、霊峰天山の彼方遥か故国高麗に思いをはせ、合掌したという」とある。96歳で亡くなった宗歓を偲んで宗歓碑ができ、昭和30年、移転に伴い唐人神社とし、祭りも行なっている。

(9) 佐賀で生涯終えた書家、洪浩然

最後（12回目）の朝鮮通信使は易地聘礼といって、江戸までは行かずに対馬で国書を交換した。このとき、日本の使節には昌平黌の教授、古賀精里（佐賀藩出身）と書記官・草場佩川《はいせん》（佐賀藩多久領出身、珮川とも書く）も加わった。両国使節のあいだには今までになく、とげとげしい空気が漂ったが、

この二人は、今は亡き対馬藩の外交官、雨森芳洲《あめのもりほうしゅう》の流れを受け、友好的な交流を重ね、朝鮮側から好感をもたれた。

古賀精里は、通信使のトップ、正使の金履喬《キムリキョ》に、自らが書いた『洪浩然伝《ホンホヨン》』を差し出し、序跋《じょばつ》を求めた。書記・金善臣《キムソンジン》には、「私の妹はあなたの国の出身者に嫁いでいます」と親し気に打ち明けている。精里の妹は洪浩然の子孫の五世、安常の妻になっていた。

洪浩然は、1593年5月、晋州城を落城させた戦いに参加した鍋島軍に捕えられた。そのとき、両親を失った彼は、城付近の山の洞窟にいた。大きな筆を背負った12歳。鍋島直茂は多くの陶工たちと一緒に彼を連れ帰った。

直茂は、洪浩然の賢さを生かそうと、京都五山に遊学させ、佐賀に戻ると藩の儒学者として優遇した。洪浩然は2歳年上の藩主の嫡男、勝茂の学友となり、多久家の家臣の娘と結婚した。

年老いた洪浩然は、帰郷の念を起こし、帰国を勝茂に願い出て、いったんは許される。しかし、唐津近くにさしかかったとき、藩主に呼び戻され、帰国は夢と消えた。

勝茂が亡くなると、妻や子どもたちに「忍」、その下に注書きとして、「忍則ち心の宝」「忍ばざるは身の殃《わざわい》」と記した。この遺書を残して、洪浩然は殉死の場所、阿弥陀寺へと向かい、在日64年の幕を自ら閉じた。

古賀精里の妹は、五世安常に嫁いだが、子どもに恵まれず、精里の二男の煒《あきら》が養子になっている。

古賀精里にとって、朝鮮通信使との出会いは千載一遇の機会。そこで彼は正使・金履喬に洪浩然の生涯を話し、自著『洪浩然伝』への序跋を求めたのであった。

⑽ 有田に、百婆仙の像が

韓国の利川《イチョン》といえば、焼き物の里である。ここを韓国の通信社・聯合ニュースの記者が取材に訪れ、韓国陶芸協会などから入手した話として、百婆仙《ペクパソン》を称える像が有田焼の里に除幕する記事を流している。除幕式は、有田陶器市開幕にあわせ、2018年4月29日に開催されるという。この像の製作のために、京畿道も約1億3000万ウォン（約1300万円）の支援金を出している、日韓で進めてきた百婆仙に関する記念事業の一環。像は、チマ・チョゴリを着た百婆仙が茶碗を手にしている姿を刻んでおり、高さ1・8メートルの作品である。この製作にかかわった関係者の話として、「日本の陶磁の発展は朝鮮侵略によって成された」「国民が当時の歴史を振り返る契機に」と発言していた。

九州を訪れる韓国人観光客は近年、増加傾向にあり、そのなかの多くの人が有田観光を楽しんでいる。百婆仙は、日韓の懸け橋といえる。ただし、これには歴史の「影」（秀吉の朝鮮侵略）もあることはいうまでもない。

百婆仙は、深海宗伝《ふかうみそうでん》（本名不明）の妻。ムン・グニョン主演の韓流ドラマ『火の女神チョンイ』でも、その生涯が描かれている。芥川賞作家・村田喜代子氏の小説にも、百婆仙を描いた『龍秘御天歌』『百年佳約』がある。秋田の「わらび座」はミュージカル化している。ただし、日本では百婆仙の知名度は低い。「有田焼の母」といわれる代名詞もあるほどだが……。

宗伝は李参平と並ぶ有田焼の始祖の一人。武雄の領主・後藤家信によって連行され、武雄で陶磁器をつくり、藩に貢献した。宗伝亡き後、その妻・百婆仙が子の平左衛門（宗海）らとともに夫の遺志をついで、技術を継承した。のちに百婆仙は弟子を連れて有田の稗古場《ひえこば》に移った。そこが上質な陶磁器の原料に恵まれていたからである。有田の報恩寺には、百婆仙の法塔が立っている。

有田焼は李参平が有名だが、深海宗伝とその妻・百婆仙も大きく輝いている。李参平の子孫は第14代目。始祖の時代に帰り、泉山磁石場の陶石にこだわった製作を始めている。深海宗伝、百婆仙の子孫は、子の平左衛門を経て、どうなっているのだろうか。その技法の継承を知りたいものだが…。百婆仙は名前にあるように長命の人で、96歳まで生きたといわれる。技術力はもちろん、弟子を育てる指導者としての才能にも恵まれていたそうである。

⑾ 蓮池藩主に連行された朝鮮人医師、鄭竹塢

地域学が各地で、ブームになった頃がある。佐賀学もその一つ。佐賀大学・佐賀学創成プロジェクトが編集した本に、『佐賀学　佐賀の歴史・文化・環境』がある。めくってみたが、むずかしい。地域学に関心を向けさせる、興味を起こさせることが第一に必要なのだろう。とすると、分かりやすい記述を心掛けるべきだろう。

めくっていて、「朝鮮出身医師　鄭竹塢」にでくわした。鄭竹塢について、ルビもついていない。不親切である。何と読むのか。普通に読めばテイチクウ、韓国語の読みでは「チョン・チュクオ」となろうか。韓国・朝鮮とあると、つい目がいくので、しっかり読んだ。

秀吉の朝鮮侵略で、初代蓮池藩主・鍋島直純に連行されてきた朝鮮人である。蓮池藩は佐賀藩の支藩の一つで、嬉野領を治めていた。鄭竹塢について、「来日の経緯と時期は不明」とあり、どこ出身

の男なのか、それさえ不明という。幕府の儒者、林羅山と筆談を通して8回、詩の唱和を行い、その漢詩文集が残っている。

鄭竹塢は医師だが、そのかたわらで陶業を指導し、嬉野吉田焼を興している。創業の祖となる。それ以外に、嬉野茶の製法を指導したともいう。ただし、嬉野茶の歴史では、1400年代に中国・明の人が製法を伝え、江戸時代に吉村新平衛が茶樹の栽培と製茶に尽力したことから、彼が嬉野茶の創始者と称えられている。

鄭竹塢は、蓮池藩主の菩提寺・宗眼寺（佐賀市蓮池町）に埋葬されたが、現在、墓は不明である。鄭家は蓮池藩で、藩医として代々務めていたが三代目の頃、住居を五町田（現、塩田町）に移している。それまでは、吉田（現、嬉野町）に住んでいた。

⑿ 多久と草場珮川

1811（文化8）年、日朝の事情によって、対馬での易地聘礼となった朝鮮通信使迎接。最後の通信使である。草場珮川は、古賀精里に随行して対馬に渡った。24歳の若さ。独身の身にあまるほどの沢山の餞別をもらっていた。彼が残した「津島日記」、同年5月1日、壱岐勝本浦の出発から書き起こし、7月4日、対馬府中（厳原）を発船するところで終わる。その中身は、通信使聘礼、饗応、漢詩文応酬をはじめ、朝鮮人の風俗や態様など細かく書かれている。2カ月間の対馬滞在で、島の風土、人情も丹念に記録している。絵の才能に恵まれた彼ならではの貴重なスケッチを挿入していることが特徴でもある。

通使信一行の行列はスケッチにしているが、その観察は鋭い。

「韓人ハ総テ寛裕ノ風アリテ拘束ノ意少ナシ」

「タダ両使（正使・副使）ノミ威容端厳ニシテ恰モ泥塑人ノ如シ」

このほか、小童に両脇をささえられて進む上々官の歩行の様子、歌舞に興じる八幡宮での有様、船神まつりなどを記す。

珮川の絵画、漢詩文の才能は、すでに朝鮮側にも伝わっていた。通信使一行のなかには正絹を用意して、「絵を描いてください」「書をかいてください」と請う人もいた。

さすが珮川、使節の高官と詩文を応酬して高い評価を得ている。

草場珮川（1787〜1867）は儒学者であり、詩人。はじめは珮川と号し、のちに佩川と改めた。肥前国小城郡多久（佐賀県多久市）生まれ。『国史大辞典』には、こう記している。

「草場家は代々、佐賀藩の支藩多久侯に仕えていたが、佩川は23歳のとき江戸に出て、古賀精里に学んだ。1811年、通信使の接待役として対馬に渡る。後、多久侯に仕えるとともに、儒官として本藩の佐賀侯にも仕えた。（中略）著書には「珮川詩鈔」4巻があるほか、『草場珮川日記』が刊行されている」

聖廟で知られる多久は、草場佩川をはじめ多くの優秀な儒学者を輩出した。その文教的風土は、4代領主、茂文によって確立された。そもそも、茂文は宝永年間に聖廟と東原庠舎を建て、儒学を拠り所にして、経済的な困窮で疲弊していた領民たちの精神的状況を打開することに成功した。その美風を継承したのが草場佩川らであった。

佩川は藩校・弘道館教諭・教授にもなった。明治政府で活躍した大隈重信・副島種臣・大木喬任・江藤新平などの人材を育てた。佩川は学問だけでなく、武芸・詩歌・絵画などにも優れた才能を持ち、作品は1万点とも2万点ともいわれている。

⒀ 光明寺に「韓国人傷病没者之霊位」

旧産炭地の筑豊。大戦中、亡くなった朝鮮人の遺骨が多くの寺に安置されている。この調査に尽力した友人、金光烈《キムグァンリョル》さんの著作を読むにつけ、肥前町（唐津市）の寺との扱いの違いに驚く。温かい人情が肥前町には感じられるからだ。

ある入り江の小さな町、肥前町に、かつて炭鉱があった。最盛期には約4000人が住んでいた。そのなかには、韓国・全羅道から来た朝鮮人が多くいたという。昭和30年代、ベストセラーになった『にあんちゃん』（1958年刊）の作者、安本末子さんが住んでいた町である。安本さんの父親の故郷も全羅道、それもお茶の名産地・宝城《ポソン》である。意外に思ったのは、九州のかつての産炭地では、大概が慶尚道出身であったからである。

肥前町のお寺でいただいた冊子に載っている安本さんの紹介文に、こう書かれてあった。

「先祖代々、朝鮮の名家『ヤンバン』の中でも、由緒正しい豪農であったが、大正の末期、祖父の代に親友の借金の証文一枚の保証人になったばかりに、破産、没落したという。昭和2年、兄妹の父母は、新天地を求めて北九州に渡ってきたが、けっきょく入野村の大鶴《おおづる》鉱業所という小さな炭坑で臨時雇いの炭坑夫となり、逆境のうちに一生を送った」

借金の保証人にならなければ、安本さんの父親の一生は大きくちがったと思うが、親友の依頼に応じたことが運命を狂わせた。

1601（慶長6）年に創建されたという光明寺の墓地に、「大鶴礦業所殉職者之碑」が立っており、その右隣に、御影石に刻まれた「韓国人傷病没者之霊位」がある。亡くなった2歳から63歳までの韓国人51名の、戒名、没年、名前、年齢が刻まれている。

刻まれた名前には、朴や金といった韓国の姓、創氏改名で日本の姓になったものが混じる。どちらかといえば、日本の姓が多い。これが身元を特定する上で障害となった。韓国の身内が遺骨を持ち帰った例はあるが、それさえできないようにした最大の要因は、創氏改名であった。

この石碑は、1990（平成2）年4月の建立で、発起人として3人の名前が刻まれていた。そのなかに、大韓民国金海《キメ》市文化院院長の名前がある。日韓合同で建てられている。

韓国にも、この旧産炭地に関心を寄せる人はいる。唐津に来る韓国人観光客のなかには、にあんちゃんの里を訪れ、その足で、光明寺の「韓国人傷病没者之霊位」に手を合わせる人がいることを、住職の話から知った。名護屋城博物館を訪ねる、韓国人観光客は多い。そのなかに、肥前町の旧産炭地まで足を伸ばす方がいるのであろう。

【佐賀と朝鮮メモ】

○菜畑遺跡《なばたけいせき》　日本最古の水稲稲作遺跡である。1979（昭和54）年に発見され、1983（昭和58）年に史跡に指定された。この遺跡を紹介する末盧館が建てられた。『魏志倭人伝』に出てくる末盧に因んで命名された。出土した炭化米や石包丁、鍬、鎌などの農業用具ほか、発掘に関連した資料を展示。竪穴式住居や水田跡も復元されている。遺跡は、海抜10メートル前後の谷底平野に面した、緩やかな丘陵斜面に立地している。

日本列島には、イネの原生種は存在しない、といわれる。今まで考えられてきた水田稲作の日本列島への伝来ルートを整理すると、以下のようになる。

（1）華北から渤海の北をまわり、朝鮮半島を南下して伝来したとする「北周りルート」

（2）華中から朝鮮半島を経由して伝来したとする「半島ルート」。それにも3説がある。

A　山東～遼東半島から朝鮮半島北部を経由するルート

B　山東半島から朝鮮半島中部西岸を経由するルート

C　長江下流域から黄海を越え、朝鮮半島南部西岸を経由するルート

（3）長江下流域から東海を越えての「直接伝来ルート」

（4）華南地方から南島経由で伝来したとする「海上の道ルート」

縄文晩期後葉、玄界灘沿岸地域に最初に伝来した水田稲作が、おもに朝鮮半島南部から渡来した人

びとによってもたらされたことはまちがいない。つまり（2）のルートである。

１９９９年、韓国忠清南道の遺跡と慶尚南・蔚山の遺跡で、日本列島の縄文晩期後半の水田の直前にあたる水田が発掘された。（2）ルートの決定的な証拠となった。

菜畑遺跡で見られる磨製石包丁、磨製石鎌、太形蛤《はまぐり》刃《ば》石斧《せきふ》などの、いわゆる大陸系磨製石器といわれるものは、驚くほど朝鮮半島南部の無文土器文化前・中期の磨製石器群と似ている。

菜畑遺跡は縄文前期～中期の貝塚と、縄文晩期～弥生中期の集落遺跡で、石包丁、木製鍬や朝鮮半島系の磨製石器類も多数出土している。

○**加唐島**《かからじま》　百済中興の祖、武寧王（名前は斯麻、または隆）が生まれた島。唐津市域にあり、呼子港から約17分で着く。『日本書紀』には、「嶋君《せまきし》」と記述があり、武寧王陵の墓誌に刻まれた生没年から、日本書紀の記述が正しいと評価された。生まれたのはオビヤ浦。産湯に使われたとされる井戸もある。日韓の研究者の学術討論会を踏まえ、日韓合同で加唐港付近に武寧王生誕地記念碑を建立。かつての百済の都・公州の友好団体を迎えて、毎年6月に生誕祭が開かれている。

○**松浦党**《まつらとう》　平安時代から戦国時代に肥前松浦地方で組織された松浦氏の武士団の連合。一族は48に分かれており、松浦四十八党とも呼ばれた。水軍として有名。一族は、それぞれの拠点地の地名を苗字とし、一族の結合体を松浦党という。これら松浦一族は、その居住した地域が多島海沿岸であったことと、朝鮮半島、中国大陸に海を隔てて近接していたことから、船を利用して日宋貿易に従事する機会も多かったと思われる。また、船に頼る生活から、水軍として、さらには海賊常習者のイメージが中央貴族をはじめ一般にも定着し、松浦党の呼称が与えられることになった。

○名護屋城跡《なごやじょうせき》　「夏草や　兵《つわもの》どもが夢の跡」。この芭蕉の俳句が蘇る城跡である。秀吉の死を以って終わった朝鮮侵略。その前線基地だった名護屋城も、荒廃していく。その建築資材は、唐津城築城に再利用されたという。さらに石垣も取り壊される。天草の乱の後、一揆などの立て籠もりを防ぐ目的で。そもそも、名護屋城は城づくりの名人・加藤清正、浅野長政に設計・監督を命じ、たったの5カ月で完成した城だった。総面積17万平方メートル。大坂城に次ぐ規模。原型をとどめていれば、と思う人も多いのでは。

当時、小さな漁村が激変し、城の周辺には全国から集まった大名の陣屋が120カ所にもおよんだ。まさに軍事景気。10万人以上が移り住んだ。玄界灘を見渡す天守閣に居座り、戦況をみつめた秀吉。「太閤が睨みし海の霞かな」と俳人、青木月斗は詠んだ。名護屋から出陣した兵は、文禄・慶長の役を合わせて、30万人を超えたが、帰還したのはその半分以下だった。　名護屋城博物館で、当時の様子は克明に再現されている。

○唐津焼《からつやき》　唐津焼の起源には諸説がある。室町時代末から桃山時代にかけて、岸岳城城主・波多氏の領地で焼かれたことが始まりという説がある。その後、秀吉の朝鮮侵略で、朝鮮陶工を連行し、彼らが各地で窯場をつくり、焼き始めた。これに伴い、唐津焼の生産量は拡大。登り窯や蹴ロクロ、釉薬法など、朝鮮渡来の技術の導入によって、作風や種類も豊富になった。これが全国に流通したことで、唐津焼は日本を代表する焼き物となった。西日本では焼き物を「からつもの」と呼ぶほどまでになる。

古くから茶の世界では、「一楽、二萩、三唐津」という茶碗の格付けがあるように、唐津焼は茶の湯の名品として茶人に愛された。江戸時代には、唐津藩の御用窯として発展。その後、藩の庇護を失い、唐津焼は衰退する。近年、人間国宝の中里無庵（1895〜1985、12代中里太郎右衛門）が古唐津の技法を復活させ、勢いを取り戻した。

○秘窯の里・大川内山《おおかわちやま》　佐賀鍋島藩は有田の岩谷川内《いわやごうち》に設けていた御用窯を延宝年間（1673〜81）、伊万里の大川内山に移し、磁器の生産を始めた。皿山代官直轄のもと、皇室、将軍家などへの献上品、諸大名への贈答品を製作した。色鍋島、鍋島染付、鍋島青磁など数々の伊万里焼の名品を産み出した。里の眺めは絶景で、技術を伝承した高麗人の墓、ピラミッド型の「陶工無縁塔」が先人の面影を伝える。

○『にあんちゃん』と、その舞台・杵島炭鉱大鶴鉱業所跡　佐賀県東松浦郡入野村（肥前町から、唐津市に合併）にあった。現在、国道204号から鶴の牧に入る場所に、看板が立っている。杵島《きしま》・大鶴鉱業所は1936〜1957年まで、約4000人が住む大集落だった。どん底の貧しい生活のなかで明るく生き抜いた「にあんちゃん」の日記の一部と「大鶴炭鉱の足跡」を刻む、地元有志によって建てられた記念碑も立っている。杵島炭鉱大鶴鉱業所は、明治期に開鉱。1934（昭和9）年に香春鉱業の経営となり、1936（昭和11）年に杵島炭鉱が近隣の唐津炭鉱とともに買収、杵島炭鉱大鶴鉱業所として採炭を始める。1957（昭和32）年に閉山した。

○吉島家緞通ミュージアム　鍋島緞通《なべしまだんつう》本家の織元として、吉島家は大正元年、佐賀市赤松町に創業した。歴史ある吉島家は現在、鍋島緞通ミュージアムを構える。所在地は、佐賀市唐人町にある。かつて秀吉軍に連行された朝鮮人が住んでいた町である。江戸時代、鍋島直茂が家臣として重用した朝鮮人を居住させた。長崎街道に近い土地柄も幸いし、多くの商家が軒を並べ、佐賀の文化振興に大きな役割を果たした。鍋島緞通ミュージアムで、伝統工芸品を鑑賞し、四季折々の風情を感じる庭園を、周囲の街並みと合わせて鑑賞したい。

長崎のなかの朝鮮文化

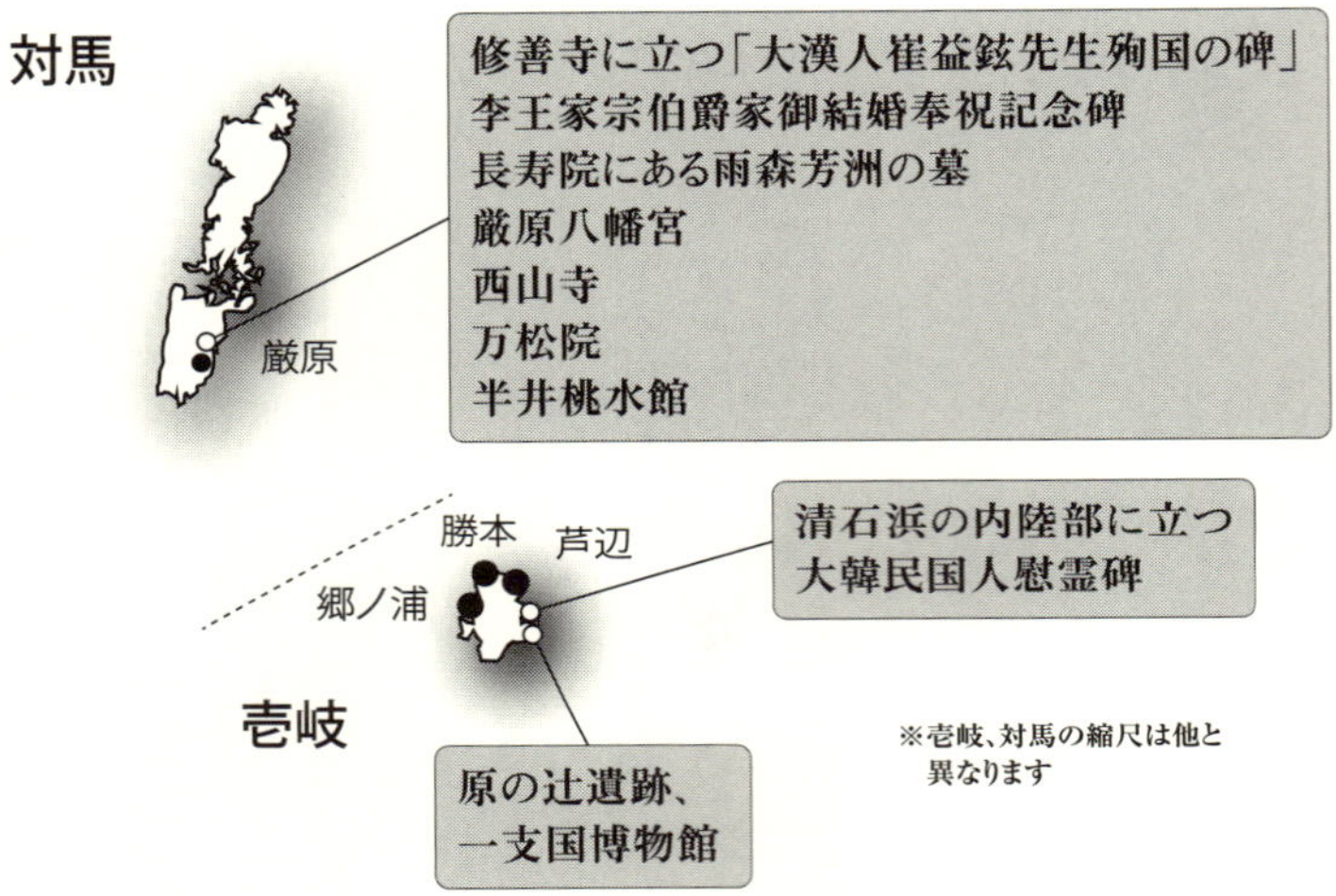
対馬
修善寺に立つ「大漢人崔益鉉先生殉国の碑」
李王家宗伯爵家御結婚奉祝記念碑
長寿院にある雨森芳洲の墓
厳原八幡宮
西山寺
万松院
半井桃水館
厳原
勝本
芦辺
郷ノ浦
清石浜の内陸部に立つ
大韓民国人慰霊碑
壱岐
原の辻遺跡、
一支国博物館
※壱岐、対馬の縮尺は他と
異なります

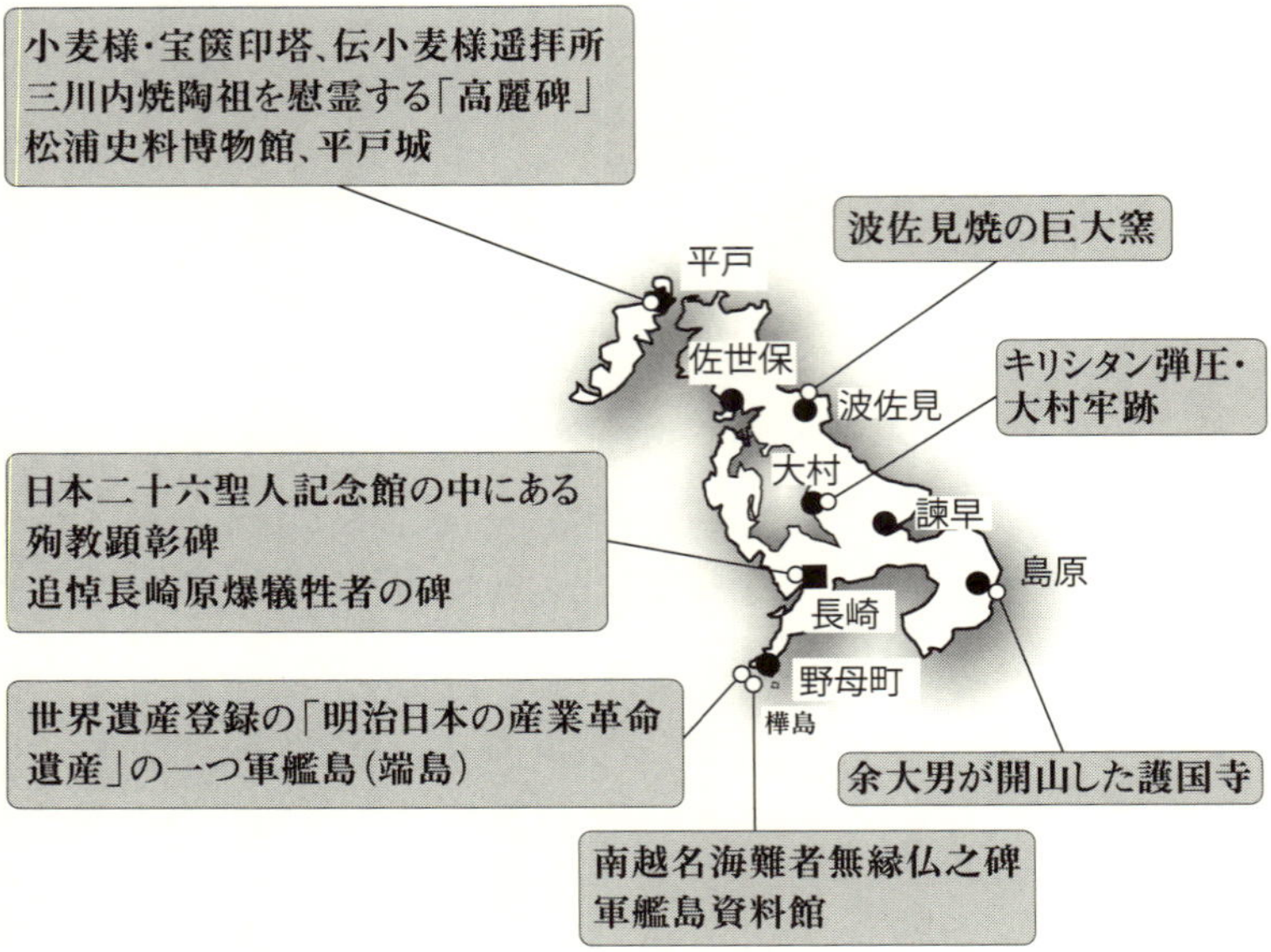
小麦様・宝篋印塔、伝小麦様遥拝所
三川内焼陶祖を慰霊する「高麗碑」
松浦史料博物館、平戸城
波佐見焼の巨大窯
平戸
佐世保
波佐見
キリシタン弾圧・
大村牢跡
大村
諫早
日本二十六聖人記念館の中にある
殉教顕彰碑
追悼長崎原爆犠牲者の碑
島原
長崎
野母町
樺島
世界遺産登録の「明治日本の産業革命
遺産」の一つ軍艦島（端島）
余大男が開山した護国寺
南越名海難者無縁仏之碑
軍艦島資料館

長崎紀行

◆平戸と朝鮮。小麦様、三川内焼……

平戸は、島である。本土側の田平から、赤塗りの大きな吊り橋（665メートル）を通って渡る。あっというまである。橋が架かる昭和52（1977）年以前は、渡船で狭い海を越えていた。橋を渡る前から、平戸城の雄姿が目に入る。海のそばにそそり立つ城の景色は、何とも印象的である。車のハンドルを手にする、福岡に住む韓国人も、「美しいですね」と歓声をあげる。「平戸は豊かな島よ」と、わが町といわんばかりに自慢する、中津出身の友人。彼はキャンプでたびたび、平戸に来ている。しかし、意外なことに平戸市街地をほとんど歩いていない。美しい自然と新鮮な魚介類の恩恵にあずかるだけである。

橋を渡り、数分で平戸市街地に入る。離島行きの渡船が発着する港に着くと、観光案内所で地図をもらった。広げた一枚の紙。その表裏に、びっしり観光名所が記されている。「小麦様の墓はどこにありますか」「根獅子《ねしこ》というところ。ここから車で40分ほどかかります」「何か資料ありますか」「平戸検定本に説明がありましてね」と係りの女性は本を見せてくれた。

福岡都市圏から平戸まで、約3時間30分。日帰りで来ているので、平戸を見て歩く時間はかぎられ

伝小麦様遥拝所

最教寺にある小麦様の宝篋印塔

る。根獅子まで行こうかどうか迷う。結局、そこまで行かずに平戸市街地で旅の目的は成就する。というのは、歴史を感じさせる、風情のある街並みを通り、藩主松浦氏の居宅を生かした松浦史料博物館を訪ねたところ、同館の学芸員から、小麦様の宝篋印塔《ほうきょういんとう》（墓塔・供養塔などに使われる仏塔の一種）、遥拝所、さらには高麗町の存在を教えてもらったからである。

平戸市街地は、歩いて楽しめるまちである。時間がない関係で、車で3カ所を探訪した。探訪という言葉がピタリと来る。探しあぐねて、道行く人に尋ねても、その存在を知らないのである。

市街地の山の手にあった遥拝所。正式名称は「伝小麦様遥拝所」（出家後は「清岳麦妙芳禅定尼」と呼ばれている）。由来を刻んだ石碑を読んで、小麦様が「女官」「松浦家の重臣となる子どもが生まれています」ということを知る。墓は、最教寺と根獅子町にあるとも記している。

この後、最教寺に行き、松浦鎮信の墓の背後にある、小麦様の宝篋印塔を見た。そこまでの道は、

平戸三川内焼の陶工を供養するため建立された「高麗碑」

最教寺の境内を走る道だが、韓国のオルレに指定されていることに驚いた。平戸を訪れた韓国人観光客が歩く道ながら、400余年前に平戸に連行され、藩主の側室になり、子どもも産み、ここで生涯を終えた韓国人女性がいたことを、特殊な歴史探訪をする方々を除き、多くの韓国人観光客は知らないであろう。というのも、「法印鎮信の墓」と記した案内板に、小麦様の説明がないからである。

学芸員が話してくれた高麗町の朝鮮人の墓。これを探すのが一苦労だった。車を停める場所をやっと探し、小さな道を上るが、初めは行先をまちがえ、2回目は行き過ぎてしまい、道を尋ねた家に声をかけると、飼い犬数匹に吠えられる始末。挙句の果てに「お尋ねの道、全然見当がつきません」といわれてしまった。帰路、もう一度地図を確認して、人家の表札を見ると、何とその周辺にあるのである。数件かたまっている人家のわきに、繁みに覆われる感じで、石塔「高麗碑」が立っていた。横幅2メートル、縦80センチ、高さ50センチぐらいの基壇の上に、「高麗碑」と記した横長の石碑が立っている。その裏には、大きな石が散乱していた。石碑は「平成六年四月吉日建立」された。「発起人　景泉謹書」という文字もある。石碑は「三川内焼陶祖之慰霊」碑である。次のような、説明書きが記されている。長い文である。冒頭のところを紹介したい。

「1598年（慶長3年）平戸藩主松浦鎮信公が朝鮮出兵の際熊川（鎮海市）より陶工巨関《こせき》ら一行100余名を連れ帰り此の地

「高麗碑」が立つ一帯には、高麗と名の付く公民館も。昔、朝鮮陶工が住んでいた地域であった

高麗町に帰化居住させ中野山中町紙漉を適地として開窯し陶器類の製作に従事させ白磁の焼成を試みた。これ即ち中野窯であり平戸三川内焼の端緒をなした」

これを見て、いま立っている辺り一帯で、かつて陶磁器（白磁）が作りだされていたことを知り、動けなくなってしまった。当時の光景が、走馬灯のように駆けめぐったからである。車を離れ、ここを探そうと踏みこんだ真っ先に、「高麗町公民館」という平屋の建物に出会っていた。高麗とは、まさに朝鮮の別称である。

平戸。離島でありながら、経済的に豊かな島である。松浦氏は、海外交易に熱心な藩主。かつては倭寇として朝鮮や中国で恐れられた倭寇の巨魁でもあった。松浦党である。貿易王として、経済的な繁栄を得るために、中国の海商・王直を薩摩・坊津から誘致し、それに成功している。市街地の地図に、王直屋敷・天門寺跡がある。松浦氏は、王直に豪邸を与え、優遇策をとったはずである。

中国人として、鄭成功（日本名は福松）という大物も、平戸から出た。鄭芝龍と日本人妻・田川マツとのあいだに生まれた軍人であり、政治家である。台湾を拠点に抗清復明運動を展開した。

松浦史料博物館は、城壁のような造り。市街地を見下ろす高台にあり、敷地も広い。陳列された松浦家の所蔵品を見て、財力を感じた。調度品、輿、陶器、屏風絵、雛人形、絢爛な衣装、舶来品……

次々と現れる豪華な品々に、思わずうなってしまった。なかには、平戸から江戸までの参勤交代で行く道中を描いた絵地図まで描かせている。

平戸城を訪ね、中山愛子像を見た。彼女は、明治天皇の生母・中山慶子の母。藩主・松浦清（静山）の11女にあたる。松浦家は、天皇家ともつながっていた。

平戸に行く前に、司馬遼太郎の『街道をゆく　肥前諸街道』を読んだが、朝鮮関係の記述は、ほとんどなかった。この本は、もっぱら欧州と中国と兵学などに終始している。人物でいえば、松浦氏はもとより、王直、三浦按針、吉田松陰などの話に終始した感がある。朝鮮は希薄であった。

小麦様は誰か。すでに、それを調べた方がいた。成《ソン》律《ユル》子《チャ》さんである。『朝鮮女人曼荼羅』（筑摩書房、1997年刊）で、紹介されている。大学講師だった成さんは、朝鮮女性史研究の草分け的存在。朝鮮通信使仲間の奈良県王寺町在住の友人のお母さまが、なんと成さんだった。

成さんは、小麦様の出自について、こう記す。

「当時の記録では、彼女のことを『清岳夫人』と記しているようだが、もちろん本名の方はいまだに明らかではない。また一説では、彼女が李朝第十四世・昭《ソ》敬《ギョン》王の姫君である『郭《クアク》清《チョン》姫《ヒ》』だったと言われているが、それを客観的に裏付ける史料は、いまのところ発見されていない」

平戸では藩主・鎮信の人物評価を耳にしていない。『佐賀県の歴史散歩』には、こうある。「朝鮮から陶工を多数連行したり城や寺院を焼きはらうなど、ちょうど当時のヨーロッパの絶対君主を思わせる暴君だった」。これは朝鮮に出兵した将軍すべてに当てはまるのではないか。彼らは朝鮮を我が物顔に蹂躙する、残酷な振る舞いを進軍する先々で起こしている。

捕らえられた小麦様を、鎮信は気に入り、手元に置き寵愛した。秀吉の死に伴い、日本軍は朝鮮から撤退するが、そのころ小麦様は身重になっており、玄界灘を渡る船のなかで男児を出産した。鎮信とのあいだにできた子。これを鎮信は快く思わず、外聞をはばかって、壱岐寄港の折、海辺に捨てさせた。

この一件が、小麦様に悪夢のようにずっとついて回る。生きているのだろうか、死んでしまったのだろうか。真実を知りたくなって、消息を探させたが、発見できなかった。

それが10数年後、明らかになる。筑前の大島（津屋崎の沖合の島？）で、船頭が育てていることを知る。「そこで彼女は自分の身元を証明する証拠の品々をたずさえた懐かしいわが子と、ついに涙の再会をとげたというのである」（『朝鮮女人曼荼羅』より）。

平戸の観光地図に載っていない小麦様について、平戸史料博物館の学芸員に聞いた話をもとに、歴史探訪したのは２０１９年1月下旬だった。学芸員の話では、地元には郷土史を研究する史談会があり、定期的に集まりを持っており、その事務局が同館という話だった。

長崎編

【概論】

海外とつながる窓。それが長崎ではなかろうか。海外交易・交流の拠点といってもいい。歴史を振り返ると、五島列島は遣唐使の道、対馬は朝鮮への道、長崎・出島は中国、欧州貿易の中心地となる。

海外の文化に触れるため、外国語（阿蘭陀語、中国語）を学ぶため、歴史に名を残す人たちがこの地を次々と訪れたのは、江戸時代である。近代の幕開けとともに、東京・横浜に、その賑わいは移って行く。しかし、海外航路の要として、長崎から上海、釜山、ウラジオストクなどの定期航路が設置されていた。石炭がエネルギー資源になっていた時代、端島（軍艦島）、松島、池島など海底炭鉱を通して、長崎は浮上する。

長崎に、朝鮮文化の痕跡は？　日朝外交を家役とし、その懸け橋となった対馬を除くと「負の遺産」が多いことが分かる。古い時代から主だったものをあげると、倭寇、元寇、秀吉の朝鮮侵略、朝鮮陶工、炭鉱での強制労働、長崎原爆で被爆した朝鮮人などが思い浮かぶ。

古代、魏志倭人伝の世界を紐解くと、海を越えての交流が遺跡に残されている。国境のない時代、盛んに舟で海を渡っていた。壱岐の原の辻遺跡からは交易のため、朝鮮半島との行き来が盛んだったことが分かる。島に長期滞在する半島の人もいた。一方、朝鮮半島に一番近い対馬は、米の穫れない島である。朝鮮と関係を保つことが、命綱になっていた。

長崎には、世界遺産が三つある。文化遺産として、潜伏キリシタン、明治日本の産業革命遺産があり、記憶遺産（正式には「世界の記憶」）として朝鮮通信使がある。

朝鮮人は、この二つには確実に関係している。明治日本の産業革命遺産の一つ、軍艦島。ここでは強制労働はなかったと国や長崎県・市はいうが、朝鮮人が働いていたのは事実である。韓国には、証言者もいる。当時、朝鮮人の強制労働はあったか、なかったか、両国の外交レベルで依然、応酬が続いている。

朝鮮通信使は江戸時代、朝鮮王朝が12回にわたって派遣した外交使節である。日本の民衆はこれを歓迎し、来る度に朝鮮ブームが巻き起こった。日朝を結んだ対馬藩が国書改ざんまでして、両国を結んだ。

潜伏キリシタンだが、秀吉のバテレン追放令、徳川幕府の禁教令で処刑された朝鮮人がいるので、隠れキリシタンとなった朝鮮人もいたのではないだろうか。これは推測の域を出ないが……。

(1) 対馬の古代から近世まで

対馬は、大陸文化を導入する橋梁であり、古来から朝鮮と交流が盛んな国境の島である。中世、朝鮮から米を下賜され、官職までもらっていた。だから、朝鮮の歴史書に「本と是れ我国の地」（世宗実録)、「即ち日本国対馬州なり、旧我が鶏林(慶州の雅名)に隷す、未だ何時に倭人の拠る所と為りしかを知らず」(地誌「新増東国輿地勝覧」)という記述まで残っている。古代から中世まで、「対馬の中の朝鮮」に関する資料や史跡をメモ書き風にまとめてみた。

○金達寿《キムダルス》の『日本の中の朝鮮文化』全12巻。在日朝鮮人作家として知られる。著作は『玄海灘』『対馬まで』『朴達の裁判』など多数。

○加藤海底遺跡(豊玉町、浅茅湾の一角)から朝鮮の櫛目式土器が出土。

○うつろ船。女連《うなつら》には朝鮮国の王女が埋葬されたという墓がある。

○在日朝鮮人の少年、金広和君が発見した箱式石棺(弥生後期、比田勝)。

○金田城跡＝663年、白村江の戦いで唐・新羅連合軍に大敗した後、大和朝廷が防衛のために築いた朝鮮式山城である。

○小船越の梅林寺には、高麗版の大蔵経、高麗仏、釈迦の誕生仏(統一新羅時代)が現存。この寺には遣新羅使、阿倍継麻呂の墓も伝わる

※遣新羅使の歌↓　百船の泊まる対馬の浅茅山　時雨の雨も黄変《もみだ》ひにけり

○黒瀬の銅造如来坐像＝国の重要文化財。統一新羅時代の銅造りで、一度火を浴びた仏像として知られる。

○円通寺(峰町)の本尊＝朝鮮渡来の高麗仏(薬師仏)。

※朝鮮渡来仏研究者　鄭永鎬《チョンヨンホ》＝檀国大学校博物館館長

○高麗青磁　木坂海神神社。
○蔚山《ウルサン》出身の外交官、李藝《イイェ》。峰町・円通寺に「通信使李藝功績碑」が立つ。
○元寇　宗助国　＝１２７４年10月５日、９００艘の艦船に分乗した３万人の元軍が佐須浦に襲来し、守護代宗助国以下主従80騎で防戦したが、全員討ち死にした。小茂田浜神社は、宗助国ほか戦死した将士の霊を祀る。毎年11月12日に、同神社の大祭が行われている。
○豊臣秀吉の朝鮮侵略。博多の三傑の一人、神屋宗湛の活躍。対馬に泉佐野（大阪）の鰯網漁法が伝わる。
○かつて朝鮮通信使の客館だった、西山寺に立つ金誠一《キムソンイル》の詩碑。
○宗家文書。とりわけ、釜山の草梁倭館での記録「毎日記」は貴重。
○幕末の対馬藩士、中川延良の聞き書き『楽郊紀聞』（東洋文庫、平凡社）。
○縄文遺跡／弥生遺跡／魏志倭人伝の世界／千俵蒔山／司馬遼太郎、李進熙《イジンヒ》、永留久恵

(2) 中世の日朝関係

中世、対馬は倭寇の巣窟となったため、高麗王朝は対馬島主、宗貞盛にしばしば倭寇を抑えるよう要請をした。何しろ、１３７４～１３８９年が倭寇の全盛期。朝鮮半島への侵入も、１年に40～50回にわたる。３０００人にのぼる大集団をなし、武装して馬にも乗った。李成桂《イソンゲ》が朝鮮王朝を樹立した頃、倭寇も下火になった。

朝鮮半島には、どれほどの倭人が住んでいたか。「太宗実録」（世宗実録）に１４１０年代当時のデー

タが記録されている。

１４１０年の時点で慶尚一道に住む倭人の数は２０００人に近いといわれる。１４１６年にはソウルに百余人の倭人が住んでいた。また１４１９年の対馬征伐にさきだって、朝鮮は国内に滞在中の倭人を、九州探題の使送をのぞいて、ことごとく拘束した。そのうち慶尚道の各浦で捕獲された到泊倭人および販売倭人の数は５９１名にのぼり、それ以外に殺されたり投水自殺した者が１３６名いた。

この間、高麗、朝鮮王朝から足利幕府に通信使が6回派遣された（韓国では16回と王朝実録に記録されている）。江戸時代の通信使の雛形は、このときすでにあった。高麗王朝では仏教文化が隆盛した時代で、北部九州や周防の大名は、それに惹かれて、朝鮮鐘や高麗大蔵経を下賜してもらおうと倭寇対策に熱をあげた。

１４１９（応永26）年、朝鮮王朝が行った対馬征伐の後始末のため、派遣された朝鮮通信使を案内して京都まで帯同した宗金（博多の富商で代官）がいる。彼は足利義教の進貢船の派遣計画にも参加している。朝鮮に赴く者のうちで、九州で最も多かったのは博多の者だった。当時、博多は商人の町として賑わっていた。

【逸話】対馬の中国人＝倭寇によって、対馬にも連行された中国人がいた。「世宗実録」によると、１４１９年応永の外寇のさい、対馬で朝鮮軍に保護された「遼東・浙江・広東等の処の男婦」の数は１４２名だった。朝鮮はとくに使者を遣わして、彼らを遼東に送還させた。

【参考】図書貿易、文引制度＝朝鮮は貿易の全面禁止を行わず、統制貿易（図書貿易、文引制度）で日本との修好を図った。図書貿易の図書とは、貿易する日本人に対して与えた銅印で、これを与えられた人を「受図書人」という。受図書人は対馬、壱岐、五島、平戸の住民で占められた。一方、文引制度の文引とは対馬宗氏が発行する朝鮮渡航の証明書。宗氏は、この発行権で利益を得た。朝鮮は、この二重規制で賊を抑えることができた。

(3) 波佐見焼の陶祖に〝会う〟

波佐見町（長崎県）まで行ってきた。友人の窯元が声をかけてくれた。有田焼で知られる元町職員も来ていた。有田焼同様に波佐見焼も、秀吉の朝鮮侵略とつながる。出兵した大村藩主の大村喜前が朝鮮陶工の李祐慶《イウギョン》を連行して、帰って来た。李祐慶は大村の村内に登り窯を築き、焼き物を始める。釉薬を施した陶器が出発点となったが、良質の陶土発見によって磁器生産が盛んになる。

フリー事典・ウィキペディアによると、当初は三股郷の陶石を原料とし、青磁が主力であったが、天草の石が白磁原料に向いていることから、天草砥石を使った磁器生産が本格化する。

波佐見焼のシンボル、全長160メートルもあるという巨大窯（1929年に廃業）。1600年代半ばにあった中尾上登窯である。巨大な連房式の登り窯で多量に焼いてきた。波佐見焼の特徴は、大衆向け陶磁器にあり、大量生産に特化してきたこと。丈夫な日用品が多いという。

日本民芸運動を興した柳宗悦は、「用の美」という言葉をつくりだしたが、それが波佐見焼にはふさわしい。その柳宗悦について、友人の窯元は、もう聞き飽きたという風情である。伝統と革新。焼き物産地も、時代の波に押されて浮き沈みを繰り返して来た。いまは沈みがちであるのだろうか。

(4) 対馬藩の外交官、雨森芳洲

雨森芳洲（1668～1755）は対馬藩の対朝鮮外交で活躍した儒者である。「誠信交隣」、現代の言葉でいえば「誠信の交《まじわり》」という言葉を残した。芳洲が広く知られるきっかけは、1990年に来日した韓国の盧泰愚《ノテウ》大統領が宮中晩餐会の答礼で行った雨森芳洲を称える演説だった。

芳洲の出生地、滋賀県高月町（現、長浜市）のまち起こしは活気づき、対馬でも芳洲を顕彰する運動が盛んとなり、対馬が提唱する朝鮮通信使ゆかりのまちをつなぐ縁地連絡協議会結成へと動いていった。このように盧泰愚大統領演説は、大きな波動となった。

雨森芳洲は、寛文8（1668）年、雨森村の医者の家に生まれた。初めは医者を志し、伊勢で修業したが、能筆家が紙を仕損じるように、医者は一人前になるために人の命を粗末にしてしまうことは仕方がない、といった話を聞き、儒学へと転向した。17歳のとき、江戸に出て、木下順庵の門下に入った。順庵の門は多くの有能な人材を輩出したが、なかでも6代将軍、家宣の指南役になった新井白石らとともに、芳洲は「木門五先生」の一人に数えられている。芳洲22歳のとき、順庵の薦めで、対馬藩に出仕した。ときの対馬藩主は宗義真。対馬が政治的にも、文化的にも最も栄えた時期だった。

芳洲31歳から外交実務を担当する朝鮮方佐役に就き、数々の業績をあげていく。当時、対朝鮮外交は「筆談外交」だったが、それを芳洲は「ことばを知らで如何に善隣ずや」と言って、釜山に3年間留学し、朝鮮のことばを習得するために学んだ。

44歳（1711年）と51歳（1719年）のとき、朝鮮通信使の真文役（外交文書を扱い、使節応接の役）として対馬から江戸までの往復の旅に随行した。61歳で、藩主に上申した『交隣提醒』に、「誠信の交」という現代にも通じる外交上の心構えを説いた。

語学の重要性を深く認識した芳洲は、藩主に説いて韓語司（朝鮮語通訳養成所）を開設している。晩年になっても向学心は衰えず、1万首の和歌づくりを目指し、88歳の生涯を終えるまでに和歌2万首を詠んでいる。

江戸末期、中川延良が書いた『楽郊紀聞』によると、芳洲の辞世の句は

油尽きともし火消ゆる時迄も忘れぬものは大学の道

墓は対馬・厳原町の長寿院にある。

釜山の草梁倭館で、芳洲と交遊のあった玄徳潤《ヒョンドギュン》。1711（正徳元）年、通信使の玄徳潤は、このとき真文役の芳洲と知遇を得た。清見寺（静岡県・興津）の扁額「東海名区」は玄徳潤の筆。その2人が19年後、釜山で再会した。芳洲は裁判として草梁倭館に赴任。玄徳潤は釜山訓導に就任していた。

2人の交遊、人物像を探索した、信原修氏の『雨森芳洲と玄徳潤』（明石書店）は興味深い。芳洲については、泉澄一著『対馬藩藩儒　雨森芳洲の基礎的研究』（関西大学出版部）があるが、これと異なる視点で描かれている。両班《ヤンバン》出身でないこともあって韓国では玄徳潤研究は皆無といわれる。信原氏の著作は労作で、韓国でも注目された。

玄徳潤は1676年、川寧（現、京畿道驪州郡）を本貫とする家に生まれる。科挙試験雑科（倭学）に合格し、それ以来、倭学訳官として活躍した。没年は1737年。玄徳潤は老朽化した誠信堂（訓

導所住）を改修し、当時、裁判として倭館に勤務していた芳洲は『誠信堂記』を書いて、その美挙を称えた。

芳洲は釜山に発つ前、朝鮮外交の心得を説いた『交隣提醒』を仕上げて、藩主に差し出した。ここに奇しくも、「誠信之交」という言葉が出てくる。「誠信」の2文字を、日本人の芳洲と朝鮮人の玄徳潤が、使っている。日朝外交に係わった2人にとって、お互いの国と国、人と人が良好な関係を保つ上で、この2文字はキーワードだったことが理解できる。

対馬・厳原町を歩くだけで、多くの朝鮮通信使の関係史跡に出合える。宗家の菩提寺・万松院、通信使の客館となった西山寺、長寿院にある雨森芳洲の墓……。これに加え、見落としてはならない史料がある。厳原八幡宮の三十六歌仙蒔絵である。家光の時代、国書改ざん事件（柳川一件）が発覚した。朝鮮外交を幕府から一任された対馬藩は、交渉をスムーズに進めるため、国書を改ざんしていた。江戸詰めの対馬藩家老格であった柳川調興《しげおき》が訴え、表面化する。お家断絶の危機に揺れるなか、安泰を祈って三十六歌仙蒔絵が奉納された。この事件の裁きで、追い詰められながらも対馬藩は、安泰の身となった。

(5) 大村に、朝鮮人殉教者

大村には、キリシタン弾圧の痕跡が色濃く刻まれているというと福岡に住む、知り合いの韓国人が「わが国の殉教者もいます」と教えてくれた。ハングルで書かれた「日本での韓国人（注：朝鮮人）殉教者」というリストもくれた。ヤコブジュアン、マリア、タケヤアネスなど26人の信者名を記している。江戸時代、1613～1643年の間に殉死している。欄外には「記録によれば、1594年当時、約2000名の韓国人信者がいた」とある。

これはイエズス会日本副管区長パシオ神父の書簡に書かれていたという。秀吉の朝鮮侵略で連行されて来た朝鮮人であろう。殉教者がいたことは、彼らが日本でキリスト教の信者になっていたことを物語る。

朝鮮には、8世紀、中国・唐から景教が伝わる。ネストリウス派のキリスト教である。次に秀吉の朝鮮侵略で、スペイン人のセスペデス神父が従軍した。この二つとも、朝鮮社会に与えた影響は皆無といわれる。

大村は、キリシタン史を語る上で、光と影が交錯する。何しろ、領主の大村純忠はキリシタン大名で、臣下も領民たちも、領主にならいキリスト教に入信した。領内で6万人もの信者が誕生。しかし、純忠亡き後、息子の喜前《よしあき》は日蓮宗に改宗。その後、徳川幕府の禁教令、弾圧と嵐が吹き荒れる。

禁教令にかかわらず大村で布教していた外国人宣教師の処刑があった。1622年、長崎の西坂でキリシタン55名が処刑された「元和の大殉教」の後、大村では「郡崩れ」（1657年）という事件が発生した。「島原の乱」の再来を恐れた長崎奉行の黒川与兵衛が大村藩に命じて、キリシタンを摘発、処刑したのである。犠牲者は数百人にのぼるという。首塚、胴塚が存在するように、斬首は残酷さを極めている。

友人の韓国人は、大村のその遺跡を訪ねている。その一つに、大村牢跡がある。1648年、外国人の囚人などを収容する牢だった。「いま、その痕跡はありません。案内板があるだけです」という。

先日、訪ねた平戸の松浦史料博物館でのこと。同館は藩主松浦氏の豪邸である。建物の作りを愛でながら、陳列品を見ていると、「元和8年　長崎大殉教図」に出合った。秀吉の禁教令を引き継いだ徳川幕府の弾圧事件で、キリスト教徒55名が処刑された。

同館の油絵は、処刑の様子を見ていた修道士がスケッチし、マカオで完成させたもの。イエズス会の本部があるローマのジェズ教会で保管され、今日に伝わる。同館の展示品はその複製だが、説明書きを読んでいると、「この絵の下部左端には、平戸松浦家の船と考えられる三星の家紋が描かれた船が描かれている」とある。

平戸が隠れキリシタンの地であることを知る。世界文化遺産に登録された潜伏キリシタン関連遺産でも知られている。平戸の聖地と集落として、①春日集落と安満岳、②中江ノ島が入っている。平戸市切支丹資料館には、島内で吹き荒れたキリシタン禁教、弾圧の経過が松浦家文書にもとづき、再現されているという。平戸島の北側に浮かぶ度島は隠れキリシタンの島だったが、壊滅してしまう。信者の最大の庇護者、籠手田一族（600人）が長崎に追放になる。

大村純忠はキリシタン大名として知られるが、その娘メンシア（松東院）が松浦鎮信の子、久信に嫁いでいる。彼女は平戸キリシタンの庇護者となる。のちの藩主・隆信を産み、洗礼も受けさせている。しかし、彼女の力では、幕府の禁教令と弾圧を防ぐには限界があった。

(6) 日本の大きな画期、日本海海戦

1905（明治38）年5月27日から翌28日にわたる日本海海戦（対馬沖海戦）で、ロシアのバルチッ

ク艦隊を破った日本の壮挙は、日本の運命を変えた。大国の無敵艦隊を完膚なきまでに撃破した自信が、朝鮮を植民地支配し、中国侵略へと暴走する起点となった。

バルチック艦隊を日本海軍が破った日本海海戦。ロシアの南下エネルギーが朝鮮半島を食い、さらには日本にもその牙はおよび、対馬、北海道を支配されてしまうのでないかと官僚は危惧した。日本政府が対露開戦を決意したのは、1904（明治37）年2月4日の御前会議であった。枢密院議長の伊藤博文は司法大臣、金子堅太郎（福岡県出身）と話すなかで、「事ここにいたれば、国家の存亡を賭して戦うほか道はない。もはや成功・不成功を論じているような余裕はない」といっている。

日本海海戦での日本の勝利は、たしかにアジア人に自信を与えたのは事実である。ロシアにも衝撃が走り、ロマノフ王朝が存亡の危機に追い込まれた。米国・ルーズヴェルト大統領の調停で、10月に日露講和条約が批准され、日本は東アジアにおける覇権主義へと走っていく。

2009年11月、NHKで放映された司馬遼太郎原作の歴史ドラマ「坂の上の雲」で分かるように、日本海海戦（対馬沖海戦）の戦術は、秋山真之（松山出身）がこの一戦に備えて、過去の様々な戦術をひたすら研究した上で生み出したもので、それに基づいてバルチック艦隊を完膚なきまでに撃破することができた。いわゆる丁字戦法というもの。敵前でUターンを始める敵前回頭という戦法で、ロシア側は「東郷は狂ったか」と高笑いし、巨弾を炸裂させた。しかし、この日本海軍が自軍の腹をさらして敵前を横切ると戦況は一変、日本海軍に有利になる。進んでくる敵と丁字形をなし、敵の先頭の旗艦に集注放火できる。神風ならぬ天候も味方となったが、下瀬火薬、伊集院信管の開発、兵士の高い練度なども勝利に寄与した。後々、東郷平八郎が軍神化されるような状況ではなかった。しかし、様々な要因は排除され、軍神が指揮した「敵前回頭・丁字戦法」が海戦談として広まっていく。

Ｈ・Ｗ・ウィルソンという英国の海軍研究家は、日露双方の発表によって事情が明快になったとき、「なんと偉大な勝利であろう。自分は陸戦においても海戦においても歴史上このような完全な勝利というものをみたことがない」と書き、さらに、「この海戦は、白人優勢の時代がすでにおわったことについて歴史上の一新紀元を劃したというべきである。将来は白色人種も黄色人種も同一の基盤に立たざるをえなくなるだろう」とし、この海戦が世界史を変えたことを指摘している。

秀吉の朝鮮侵略の折、日本海軍を撃破した李舜臣《イスンシン》将軍を慕っていた東郷提督は、対馬海戦で「丁」の字形の布陣を展開した。李舜臣の編み出した「鶴翼の陣」を模倣したのだといわれる。後になって東郷はネルソンに次ぐ軍神だとあがめられると「海軍史上、軍神はただ李舜臣将軍だけだ。私を李舜臣と比較するのは彼への冒とくだ」と謙虚に言ったといわれる。

(7) 崔益鉉は、対馬で断食死した？

時代が人をつくるといわれるが、それはまちがいない。泰平の時代よりも、激動の時代に、憂国の情に駆られた義士がたびたび見られる。鎖国か開国かで揺れた朝鮮王朝末期。崔益鉉《チェイッキョン》（１８３３〜１９０６）という文官、儒者がいた。科挙に及第して、宮中に出仕した。よく知られているのは、興《フン》宣大院君《ソンデウォングン》の施策、書院撤廃に反対して済州島に島流しに遭ったこと。日朝修好条規に対して、「開国通商は亡国」と斧を担いで上訴し、これまた全羅道に流罪の身となる。反日運動にも義勇兵を率いて参戦したものの、日本軍に捕らえられて、対馬に護送され、断食して果てたとされる。

終焉の地、対馬・厳原の修善寺に、「大漢人崔益鉉先生殉国之碑」が立つ。日韓合同で建立された。彼の故郷はソウルよりは江原道の春川《チュンチョン》の方に近い。山間部の町である。40代半ば、全羅道への配流の後、抱川《ポチョン》に帰郷して隠とんした。

しかし、日本傀儡の金弘集政権が成立し、日本が内政干渉に乗り出すと、また立ち上がり、反日・抵抗運動に乗り出した。

韓国では衛正斥邪論者として知られる儒者で、民族主義者が崇めるなかの一人である。

対馬の歴史民俗資料館に所蔵される宗家文書を読み解くことを日課のようにしていた方がいた。地域史研究者と知られた、厳原町の長郷嘉寿《ながさとかず》氏である。すでに鬼籍の人だが、生前、崔益鉉が断食死したという定説を覆した。護送され、牢獄生活する彼を粗末にしなかった島民の心根を明らかにした。崔益鉉の死は老衰のためだった。これが長郷氏の結論である。

おそらく、子孫にもこの説は伝わったものと思う。「対馬憎し」の心があれば、対馬に殉国の碑を建てることはなかったのではないか。

修善寺には、今日も韓国人観光客が石碑の前で額ずく姿がある。

この修善寺には、イノシシ狩りで知られる陶山訥庵《すやまとつあん》が眠る。江戸時代の農政学者で、当時イノシシが繁殖して、農作物に甚大な被害を与えていた。徳川将軍綱吉が出した「生類憐みの令」の最中、訥庵は全島あげてのイノシシ狩りを行った。綱吉の耳には、これは届かなかったのであろう。処罰されることはなかった。

(8) 新聞小説家、半井桃水

明治時代、作家で朝鮮に詳しかったのは対馬出身、半井桃水《なからいとうすい》(1860~1926)である。樋口一葉に小説作法を教えたことで知られる。対馬・厳原町には、生家跡に立つ半井桃水館がある。以前は、住む人もいない、朽ちかけた、見るに堪えない佇まいだったが、立派な日本風家屋に変身して、島の観光名所になっている。瓦葺きの二階建て家屋。展示資料を通じて、半井桃水の生涯、業績を知ることができる。

桃水は、釜山の草梁倭館(在外公館)に赴任する医師の父親に伴われ、幼少期に釜山に住んだ。朝鮮語を覚え、それが後に朝日新聞特派員として釜山、京城(現ソウル)で取材する上で役立つ。

桃水は新聞小説家として活躍。約300の作品を残している。朝日新聞に連載した『胡砂吹く風』は評判となった。日朝混血児が腐敗した朝鮮政府の立て直しに尽力する物語。朝鮮の風俗・人情などが詳細に描かれており、実体験に基づく桃水ならではの世界である。

「日本は父の国　朝鮮は母の国、母の国に生まれ父の国に育ちし正元(主人公の名前)　恩に愛に固より厚薄の別　あることなく父母両国共に栄え行かんこと」(『胡砂吹く風』より)

桃水は、朝鮮物を書いては、彼の右に出る者はいない立場にあった。しかし、朝鮮支配へと向かう時勢が、彼からそれを奪う。桃水の全作品のうち、朝鮮物は一桁に過ぎないのである。

明治時代の作家として、朝鮮物を描いた作品に森鴎外の『佐橋甚五郎』がある。朝鮮通信使の一員として、かつて家康に仕えた家来が来日、駿府城で使節にまぎれて家康と会う。家康は、彼が逐電した家来だったことを見破る。小説は、数奇な運命をたどった男の物語である。

朝鮮通信使を、森鴎外が書いたこと自体が驚きである。本来、桃水が書くにふさわしい作家だったと思うが、桃水に朝鮮通信使を扱った作品はない。ここが悔しいところである。

対馬・厳原の半井桃水館を訪ねる韓国人観光客は、そこに足を踏み入れるまで、もしかしたら桃水の名前を知らなかったのではないだろうか。韓国人には桃水は親しみを感じられる作家と思うが、その印象を聞いてみたい。

一葉との関係について。死後に発表された「日記」には桃水に対する愛慕の情がこまやかに綴られていた。一葉が入門したとき、桃水は33歳で初婚の妻に死なれたままの独身だった。桃水が一葉の「日記」を読んだときは、再婚していた。

(9) 朝鮮王朝最後の王女、徳恵翁主

近年、対馬では日韓交流史跡の顕彰碑をつくる運動が広がり、かつての植民地時代の負の遺産、朝鮮王朝最後の王女・徳恵翁主《トッケオンジュ》と、宗家の嫡男で伯爵・武志《たけゆき》の御結婚を記念した奉祝記念碑も、厳原町の金石城跡に復元された。

その石碑には、次のように記されている。

「1931（昭和6）年、新婚の宗武志と徳恵翁主はそろって対馬を訪れ、島民の盛んな歓迎を受けた。徳恵翁主は朝鮮王朝第26代高宗の王女である。この碑は結婚を祝って当時対馬に住む韓国（朝

鮮）の人々によって建てられた。また清水山城には対馬の人々による慶祝のツツジ植栽の記念碑が遺されている」

その結婚は25年間にわたり、多くの困難にもかかわらず、一女正恵と共に信頼と愛情の絆で結ばれていた。しかし両民族の関係はまことに厳しく、時代の激流の中で１９５５年やむなく離別に至った。

２０１５年6月中旬、突然、東京新聞の記者から電話があった。朝鮮王朝最後の王女・徳恵翁主が愛用した衣装を東京の文化学園服飾博物館が所蔵しているが、それを韓国に寄贈するという話である。日韓国交正常化50年の節目、その意義について聞きたいといった内容であった。

朝鮮王朝最後の皇太子で、徳恵姫の異母兄・李垠《イウン》（英親王）殿下から、文化女子短大（文化学園大の前身）の関係者に寄贈された品とか言っていた。なぜ、東京の新聞社が私に、と思っていたら、以前出版した『日韓あわせ鏡の世界』（梓書院）に、徳恵姫の話を書いていることをネットで知ったらしい。

韓国で数年前、ベストセラーになった小説『徳恵翁主』という本がある。高宗がとても可愛がられた娘ながら、数奇な運命が関心を呼んだようである。

徳恵姫は小学生のときに日本に連れてこられ、19歳で旧対馬藩の宗武志と強制結婚させられた。背後には、「日鮮融和の象徴」という名目があった。

日本へ発つ前、内定していた婚約者とのあいだを引き裂かれ、日本に来て3年後、生母も亡くなった。このため、徳恵姫は精神を病んでいた。

金石城跡の一角に立つ「李王家宗伯爵家御結婚奉祝記念碑」

結婚して、長女・正恵が生まれたが、戦後、山で消息を絶った。さらに武志との離婚。精神病を再発した徳恵姫は監房のような病院の一室で過ごしていた。それを、かつての婚約相手の男が訪ね、あまりの処遇に憤った。その様子がマスコミにも流れたと思う。

のちに徳恵姫は病んだ体で帰国し、ソウルにある昌徳宮の楽善斎で、李垠《イグン》殿下の夫人、李方子《イバンジャ》（日本の皇族・梨本宮方子）とともに過ごした（１９８９年４月死去）。

近年の日韓関係は険悪で、首脳会談も開かれていない。それを反映して、国交正常化50年を祝う記念行事さえも、ほとんどない状態である。そんな折、文化学園服飾博物館の行為は、心温まる思いがする。

東京新聞の記事は、16日付けの夕刊に掲載されている。見出しには、「朝鮮最後の王女遺品、韓国に寄贈」「国交50年　民間交流を」。写真には、徳恵姫の鮮やかな韓服が添えられている。執筆したのは、辻渕智之記者。

対馬・厳原町の金石城跡の一角に復元された「李王家宗伯爵家御結婚奉祝記念碑」。これは、かつて対馬在住の朝鮮人の寄付で、完成した記念碑である。２人は結婚のお披露目のため、対馬にやってきた。博多から船が着いたのは夜。「わが国の王女が結婚された」と、詰めかけた朝鮮人は提灯行列をして喜んだ。

この記念碑は、戦後長く対馬藩主・宗家の菩提寺、万松院の文庫の軒下になぎ倒されて、放置されていた。植民地時代の負の遺産として。これを知った日韓の有志が声をあげて、復元にこぎつけた。思い出深い記念碑である。

この復元を長く訴え続けていた、対馬・旧家出身の梅野初平さん（福岡市在住）は、夢が現実となり大変喜んでいた。その梅野さんも、鬼籍の人となって久しい。

⑽「殉教顕彰碑」と高麗橋

禁教下にあった江戸時代初期、１６２４年に、長崎で処刑された２人のキリシタン、日本人・小市ディエゴと朝鮮人カイヨを顕彰する「殉教顕彰碑」が最近、長崎市の日本二十六聖人記念館に建立された。フランス人レオン・パジェス著『日本切支丹宗門史』に残された記録によると、２人が火あぶりによる殉教を遂げたのは１６２４年11月15日で、出合ったのは牢獄のなかであった。カイヨは、イエズス会の神父を家に招き、キリシタン囚徒を慰問していたために投獄されることになったという。

これには前史がある。それは、長崎市の中島川の上流にある高麗橋《こうらい》に関係している。この橋の由来は、次のようなものである。16世紀末、豊臣秀吉の朝鮮出兵の際、九州の大名たちは朝鮮陶工とともに、奴隷として朝鮮人を長崎に連れて来た。しかし、秀吉軍の、いわゆる〝奴隷狩り〟にイエズス会の宣教師たちが強く反発したため、朝鮮の人々は解放され、高麗町と呼ばれる現在の鍛冶屋町付近に住むようになった。彼らは自分たちを救ってくれた宣教師たちに感謝し、洗礼を受けて教会をつくった。その後、まちの拡大とともに高麗町は現在の伊勢町付近に移転したが、朝鮮の人びとの多くがキリスト教の熱心な信者となり、厳しい弾圧のなかで信仰を守り通し、殉教したり、追放されたりした。

⑾ 軍艦島、強制労働はなかった？

地元の図書館で借りた、長崎県にある軍艦島（端島炭鉱）に関する本を読んでいる。4冊、まとめて借りた。そのなかの1冊、黒沢永紀著『軍艦島入門』（実業之日本社）をめくっていると、「2ページでわかる軍艦島」が出て来た。ここだけ読めば、軍艦島の全体像が分かるといったもの。一部、紹介したい。

○軍艦島の外観が戦艦に酷似しているから、そう呼ばれた
○長崎半島の海岸から約4キロの海上に浮かぶ
○長尺480メートル、短尺160メートル、周囲1・2キロ、島高47・5メートル
○1810年に石炭発見・採炭、1974年閉炭。無人島に
○最盛期の昭和30年代には島民5300人が住む（世界最大の人口密度、当時東京の約9倍の密度）
○閉山時の生活を伝える、昭和のタイムカプセル

2ページながら、いろいろな情報が詰まっている。しかし、本質的なところが抜け落ちていた。軍

艦島は炭鉱、それも海底炭鉱である。5300人のうち、炭鉱労働者は何人なのか。5300人は炭鉱労働者とその家族を含む数字なのか。

さらには、炭鉱労働者といっても、日本人だけではないはず。朝鮮人や中国人は何人いたのか。さらに諸外国人もいたのか。

ざっと眼を通したが、その数字はなかった。ただ、気になる一文があった。第5章の5に、「強制連行はあったのか?」という項目があり、そのなかの一文にこう記してあった。

野母町から眺めた、海上に浮かぶ軍艦島

「軍艦島が見える野母半島の南部寄りに、『南越名《なんごしみょう》海難者無縁仏之碑』という慰霊碑がひっそり立っている。過酷な労働に堪えかねて『島抜け』をし、海を泳いで対岸の野母半島をめざしながら、あえなく亡くなった人々の慰霊碑だという」

軍艦島の「光と影」。長崎を訪ねたとき、この石碑の前に立つことも大切であろう。

ドイツ・ボンで開催された世界文化遺産登録をめぐる審査で、「明治日本の産業革命遺産」が、韓国の反発で宙に浮いた。産業革命遺産のなかの一つ、端島（軍艦島）で戦時中、朝鮮人が強制労働していた実態があったと、朴槿恵《パククネ》・前韓国大統領が日本の世界遺産登録申請を批判し、反対を唱えたことに始まる。「日本よ歴史を直

「南越名海難者無縁仏之碑」。野母町の軍艦島資料館の手前、県道の脇に立つ

視せよ」という指摘である。以後、日韓の軋轢となり、両国協議をくり返し、それを盛り込む方向で政治決着していた。

歴史認識をめぐり、日韓の懸案となった産業革命遺産。世界遺産登録後、軍艦島を海上に望める野母崎にある軍艦島資料館を見て回ったが、強制労働の歴史は案内板に記されず、現地ガイドも触れていない。これはどうしたことだろうか、と思った。

⑿ 壱岐・芦辺湾で起きた朝鮮帰国船遭難事故

1945年10月。大型台風が大隅半島に上陸し、九州各地は風水害に見舞われた。床上浸水が相次ぎ、電話は不通、交通機関はマヒした。この台風は気象学上、珍しい分裂台風。熊本上空で分裂して、周防灘にもう一つの台風を発生、被害を広めた。台風襲来を事前にキャッチしていた航路は欠航。関釜連絡船は下関、釜山で待機し、小型船も続々と避難していた。当時、日本から帰国を急ぐ小型船が玄界灘を走っていた。風雨が増し、海が時化だしたため、慌てて最寄りの港へ緊急避難した。

台風による被害は相次いだが、10月11日、壱岐の芦辺港で168人が水死した海難事故について、一行も報道されていない。港の南側、清石《くよし》浜の斜面に、「大韓民国人慰霊碑」が立ち、曹洞宗天徳寺には位牌が安置され、10月「お十夜」の先祖供養のときに、水死した朝鮮人も供養されている。

台風を避け、一隻の機帆船が芦辺港に近づいて来た。当時、人口5万人を超す壱岐のなかで、最も活気のある芦辺港には、台風を避ける漁船がずらりと停泊していた。船はいったん、外海をさえぎる防波堤の外側に停泊し、そこから曳航されて港に入った。港の南側、芦辺地区に接岸した船から女性、子ども、老人が上陸し、地元住民から水をもらい、野菜を買って船に引き上げた。しかし、台風の勢力は強く、風にあおられて船のとも綱が切れ、船は港のなかで強風と風雨にもて遊ばれた後、芦辺地区の内陸寄りの岩場に激突、大破して沈没した。船内から悲鳴が上がったものの、強風と風雨にかき消されてしまった。夜明けとともに、砂浜には死体が散乱した。

翌11日早朝、島民が見たのは砂浜に流れ着いた夥しい朝鮮人の死体であった。

一方、１９４５年9月15日、広島を出発した三菱徴用工２４１人と家族5人の一行も、同17日、北九州市の戸畑港から民間の引揚げ船に乗った。しかし、まもなく九州を襲った枕崎台風に遭い、消息を絶った。一行を広島駅で見送った同社元社員の深川宗俊さんの元には、その後、韓国の徴用工の家族から、「息子が戻らない」との声が相次いだ。深川さんは行方調査に乗り出し、終戦直後に壱岐島付近で朝鮮人の乗った船が遭難、同島の浜辺で漂着した遺体が埋葬されていることを知った。

発生とその後の経緯（要約）については、以下の通り。ただし、部分的に補足を加えた。

壱岐・芦辺町の清石浜の内陸部に立つ「大韓民国人慰霊碑」

1967年3月19日

坂本金敏氏（大和屋電気社長）が友人2名の協力を得て、埋葬地から遺骨約160体を発掘し、茶毘に付し、「大韓民国人慰霊碑」を建立。慰霊碑の除幕式には福岡の韓国の総領事、壱岐・対馬のロータリークラブの会員、韓国・釜山の放送局記者などが参加。その後、坂本氏家族が1995年の50周忌まで継続して5年に1度の慰霊祭を行っていた。

※呼子（佐賀県）から漁船の電気機器販売のため、芦辺に渡った坂本氏は、遺骨の埋葬地の様子を見て、供養しなければならないという思いに至った。

1973年10月

広島の元三菱徴用工であり、朝鮮人徴用工の補償運動を行っていた歌人の深川宗俊氏が壱岐を現地調査。芦辺港で遭難・死亡した朝鮮人の遺骨を、三菱徴用工のものと推定。

※1945年9月に三菱重工徴用工241名を乗せ祖国に向かっていた、遭難者の遺骨を探すため、壱岐を訪れた。

1976年8月

広島・支援する会、壱岐・芦辺町で遺骨発掘と調査を行う。86体を発掘。その86体の遺骨は、広島に持ち帰られ、広島の善教寺に一時預かりとして安置された。

1977年5月

参議院社会労働委員会で、浜本万三議員が質問する。

・三菱徴用工241名死亡の責任を外務省、厚生省に質す。
・遠藤哲也外務省職員は、壱岐の遺骨を三菱徴用工のものと認めて答弁。
1983〜84年
厚生・外務両省による発掘調査が行われる。調査報告では「旧三菱重工広島機械製作所の徴用工のものであることを裏付ける資料は発見していない」と結論づけている。
2003年
壱岐・芦辺町で発掘された遺骨は、広島の善教寺に一時預けられた後、正木氏宅、広島市善教寺、沼隈町・福泉坊、本願寺広島別院を経て、厚労省を通じ、埼玉県所沢市の金乗院《こんじょういん》に安置される。
2003年
韓国の「太平洋戦争韓国人犠牲者遺族会」より、壱岐・芦辺町の遺骨返還のための活動依頼を受けて、福岡市に「壱岐朝鮮人遺骨問題を考える会」が結成される。
2004年12月
韓国の盧武鉉《ノムヒョン》大統領は日韓首脳会談で「戦時中の民間徴用者の遺骨収集に協力してほしい」と発言。厚労省も「返還に向けて努力を続けたい」としている。
2007年11月
芦辺湾遭難事故犠牲者の供養祭が壱岐・天徳寺にて開かれる。
以上、「離島における記憶の伝承と日韓海上交流史――壱岐朝鮮人海難事故をめぐって」

研究成果報告書＝平成20年6月、研究代表者・亘明志＝から抜粋した。

2018年5月末、埼玉県の金乗院に保管されていた遺骨131人分が、厚生労働省を通じて天徳寺に移された。「祖国に少しでも近い場所に」との訴えがやっとかなった。

【長崎と朝鮮メモ】

○壱岐・原の辻遺跡　『魏志倭人伝』に出てくる一支国《いきこく》の首都とされる。三重環濠をめぐらした大規模な集落を形成。出土した大量の遺物から、水田耕作、漁労、南や北との交易が読み取れる。朝鮮の土器、中国の貨幣も出土。青銅製品には遼寧地域の腕輪の一部が見つかった。海を駆けた交流の広がりは、壱岐市立一支国博物館の展示で、再現されている。

○三川内焼の里に釜山神社　「有田焼は百婆仙（白磁の始祖、深海宗伝の妻）、三川内焼は高麗媼《コウライババ》。この2人は陶芸界の女傑です」。そう長崎市の友人は話す。三川内焼の里には、釜山神社があるというのである。「カマヤマ」と読む。三川内焼の祖の一人、高麗媼を祭神として祭る神社。1672（寛文12）年、百歳の天寿を全うした高麗媼の遺言に、こうあった。棺を燃やした煙が地を這えば、この地に埋葬する。もし、煙が天に上ったら朝鮮半島に埋める。これが本人の希望だったが、前者のようになったので、この地に埋葬された。友人の話では、いまも子孫がいるという。

○鷹島に元寇の記憶刻む地名　鷹島（長崎県松浦市）では、蒙古襲来の爪痕を地名に見ることができる。「血崎」「死浦」「首除《くびのき》」「地獄谷」など悍《おぞ》ましい地名である。蒙古襲来の悲劇を、忘れないように地名に刻み、語り継いでいったのであろう。これは呼子（佐賀県唐津市）の友人から聞いた話である。二度目の蒙古襲来となる１２８１年の弘安の役で、中国から押し寄せた江南軍は、松浦半島でも殺戮をくり返した。朝鮮半島の合浦を発った高麗の東路軍の一部も、これに加わった。国境の島、対馬・厳原町の西海岸、小茂田浜周辺には蒙古軍と戦って惨殺された武将・宗助国の胴塚、首塚があり、その社に入ると不気味である。沿岸に立つ小茂田浜神社は11月の大祭で、武者行列など蒙古襲来の記憶を継承する行事を続けている。鷹島には、松浦市立歴史民俗史料館があり、その開設に協力した茂在寅男氏（東京商船大学名誉教授）から水中考古学の成果として、海底に沈んだ碇石や元寇船が発見されたり、世上をにぎわした成果を聞いた。これは２００３年ごろだったか、カナダのバンクーバー博物館の戦争遺跡取材チームを案内して、福岡入りしたときだった。案内人として同行されていた。鷹島は今日、テーマパークのようなモンゴル村で知られる。鷹島を車で走っていたとき、地名として「遠矢の原」、「前生死岩」とか「後生死岩」とかがあるのに、気づいた方はいないだろうか。これも蒙古襲来に関する地名である。

○島原の護国寺と日遥上人　島原市にある護国寺は、１６５１（慶安４）年に、島原藩主、高力忠房公により創建された。開山は、余大男《ヨデナム》。のちの清正公の菩提寺である本妙寺第三世住職、日遥上人である。日遥上人は13歳のとき、秀吉の朝鮮侵略で慶尚南道河東《ハドン》に攻め込んだ加藤清正配下に捕らえられ、熊本に連行された。預けられた本妙寺では、余大男の才智を見込んで京都の五山に送り、修行させた。余大男29歳のとき、呼び戻されて本妙寺３代目の住職を継いでいる。

○長崎市中の対馬藩蔵屋敷　江戸時代、対馬藩蔵屋敷が十八銀行本店の一角にあった。対馬藩は自藩の周辺海域の警備と長崎に護送された他国（主に朝鮮半島）の漂流民の世話を命じられたほか、朝鮮との交易を行っており長崎奉行との関係が深かった。この説明板は、十八銀行本店の正面、〃俵物役所跡碑〃と〃長崎商工会議所発祥の地碑〃のあいだにある。

○追悼長崎原爆朝鮮人犠牲者の碑　長崎市・平和公園の外れに立つ碑文には、以下のように刻まれる。「1910(明治43)年8月22日、日本政府は『日韓併合条約』を公布し、朝鮮を完全に日本の植民地支配下に置いたため、自由も人権も、さらに貴重な土地も奪われ、生活の手段を失った朝鮮人たちは日本に流入した。その後、日本に強制連行され強制労働させられた朝鮮人は、1945(昭和20)年8月15日の日本敗戦当時は、実に236万5263人、長崎県全体に在住していた朝鮮人は約7万人という多数に上った(内務省警保局発表)。そして長崎市周辺には約3万数千人が在住し、三菱系列の造船所、製鋼所、電機、兵器工場などの事業所や周辺地区の道路、防空壕、埋立て等の作業に強制労働させられ、1945(昭和20)年8月9日のアメリカ軍による原爆攻撃で約2万人が被爆し、約1万人が爆死した(以下、省略)。1979年8月9日　長崎在日朝鮮人の人権を守る会」。

○激動の対馬近代史　日露戦争でマラリアに罹り対馬に移送後、亡くなった犠牲者の墓(島内に2カ所あり)/要塞の島・対馬。島内各地に残る砲台跡地/李王家宗伯爵家御結婚奉祝記念碑。朝鮮王朝最後の王女、徳恵翁主と宗武志の御結婚を祝い建立/済州島4・3事件(1948年)。対馬にも死体漂着/朝鮮戦争　釜山〃橋頭堡〃。対馬に避難する朝鮮人。日本100万人移住計画/厳原町の海岸寺。漂着した朝鮮人の死体を埋葬。無縁仏多数あり/李承晩《イスンマン》ライン。

熊本のなかの朝鮮文化

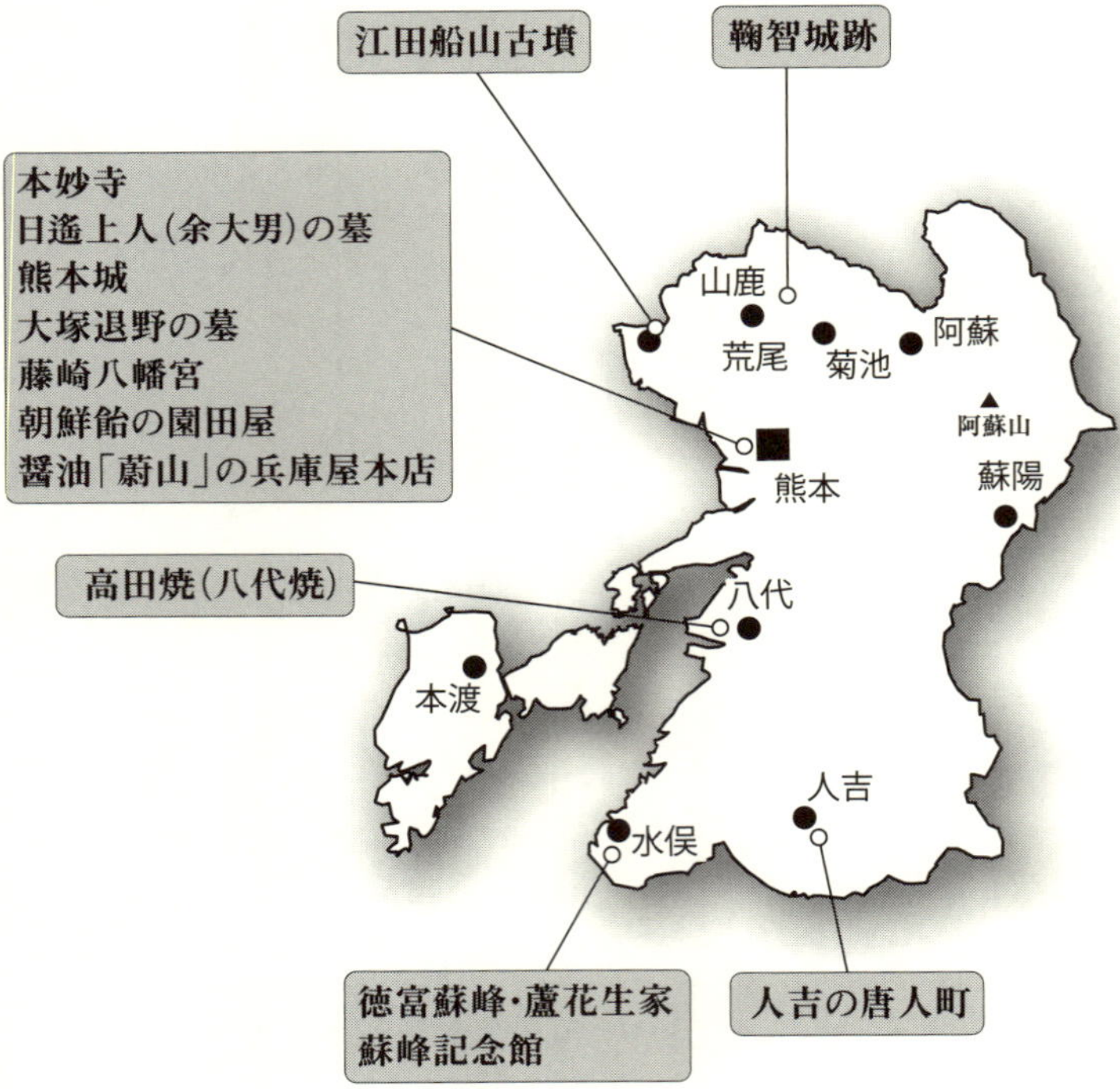

江田船山古墳
鞠智城跡
本妙寺
日遙上人（余大男）の墓
熊本城
大塚退野の墓
藤崎八幡宮
朝鮮飴の園田屋
醤油「蔚山」の兵庫屋本店
高田焼（八代焼）
山鹿
荒尾
菊池
阿蘇
阿蘇山
熊本
蘇陽
八代
本渡
人吉
水俣
徳富蘇峰・蘆花生家
蘇峰記念館
人吉の唐人町

熊本紀行

◆輝け！　熊本と韓国の「懸け橋」、大塚退野

恐らく熊本城があるからだろう、熊本市街地は道が入り組んでいて迷路のようである。醤油「蔚《ウル》山《サン》」製造元の兵庫屋本店、朝鮮飴の園田屋を訪ね、そう感じた。城に至る道は、敵の攻撃に備えて、わざわざ分かりにくく作っている。敵が道に迷っている間隙を突いて攻撃する。虚を突くといったように。一筋縄でいかないのが、城下の道である。そのため、2軒の店を探すのに、相当、無駄足を食った。

それに比べ、JR熊本駅の裏側（西側）にある市立春日小学校は、周辺道路も広く分かりやすい。同校を訪ねたのは、グラウンドをはさみ、校舎と向き合うような山（万日山）の中腹に存在する肥後藩儒者、朱学者である大塚退野《おおつかたいや》（1677〜1750）の墓を見るためだった。月日は流れ、20年ぶりの再訪。当時より、同校周辺は整備され、こぎれいになった感じがした。

熊本と韓国の「懸け橋」になる人物。それは徳川将軍・綱吉の頃、肥後の国で輝いた朱子学者、大塚退野である。退野は、朝鮮の朱子学者・李退渓《イテゲ》（韓国の1000ウォン札の肖像画でお馴染み）の『自省録《じせいろく》』に触れて、陽明学から朱子学に転向した学者である。さらに李退渓の『朱子書節要』を読

み、学問を深めていく。その修練を経て生まれた退野の学問の特色は、「知行合一《ちこうごういつ》（意味するところは知ることだけでなく、それを実行すること）」「深奥精錬（行きつくところまで徹底的に研究する）」。退野は肥後実学の基礎をつくり、その学風は横井小楠《よこいしょうなん》、明治天皇の侍講となった元田永孚《もとだながざね》に影響を与えたといえば、その偉大さ、器の大きさが伝わるだろうか。

退野は、熊本城に近い山崎生まれ。家は役人の家。幼名は又十郎、元服して久成と名乗った。武士の子として文武両道に励み、26歳で城の役人となるが、33歳でその役を投げだし、学問の道に専心した。

なぜ、熊本と韓国の懸け橋となった人物なのか。儒教のなかでも陽明学を学んだ久成だが、研鑽を重ねるなかで陽明学に疑問をもつようになる。陽明学の根本には、「良知に致《いた》る」という教えがある。かみくだいていえば、何をするにも良知に従い、行いを正しくすることが大切ということ。陽明学を広めたのは、近江の聖人と呼ばれた中江藤樹。彼は「知行合一」を説いた。知ることと行うことが、まったく一つになることを理想とした。

陽明学から朱子学に移った久成は、役人を退いた後、玉名を学問研鑽の場所とする。藩校の時習館は、荻生徂徠《おぎゅうそらい》の古学派を専らにしていたが、久成は朝鮮朱子学を深め、退渓の説く「実践躬行」「深奥精錬」を自らの学問の特色にした。68歳のとき、「我輩よろしく経をいだきて野に退べし」として引退し、退野と号した。玉名の退野の学舎には、熊本各地から学びに来た門人が多かった。その中に、藩校・時習館の二代目教授となった藪孤山もおり、彼が主導して退野の朱子学を時習館に取り入れる改革を行っている。

大塚退野の墓は、JR熊本駅に近い春日小学校の体育館西側、万日山の中腹にある。退野の墓のある場所は、およそ見当がついていたが、生い茂る草、薮にはばまれて、見通しがきかない。掃除はおろか、草を刈ることもできていない。薮を踏み分け、たどり着いた墓苑も、なんと、枯葉でうずまるような状態で、墓石に枯れ枝が伸びてきているお粗末さである。すぐさま、枝を折ったりして、見栄えよくした。

この後、郷土読本をつくった春日小学校を訪ねた。同校では地区の誇りとして大塚退野を広く顕彰しようと、2010年に『郷土読本　大塚退野先生』を製作している。子どもたちにも親しんでもらえるように、平易な文章で綴っている。校長に面会し、墓に至る道筋の草刈り、墓苑の清掃をお願いした。校長も、それは気になっていたと話し、善処したいと答えてくれた。

同校の児童たちの履きもの入れがある壁面には、退野の歌（竹馬歌という）が貼り出されていた。

大塚退野の墓。JR熊本駅近く、小高い万日山の中腹に眠る

その中に、こんな歌がある。

わかき時　身をやすくのみ　おく人は　老いてくるしむ　たねとこそきけ（若いときに楽ばかりしている人は、きっと年をとってから苦しむことになるでしょう）

竹馬歌は、子どもたちが遊びのなかで口ずさんで学べる、そんな類の歌である。子どもはもちろん、大人にもいい教訓になる歌である。

民団熊本県地方本部の事務局長より電話があった。2019年1月、「海を駆けた人びと――東アジア交流、その精神に学ぶ」と題して、同本部で講話した折、大塚退野の慰霊祭を、行ってほしいと私は訴えた。大儒と仰がれる李退渓に惹かれ、朝鮮朱子学を深く研究した肥後藩の大塚退野。彼の墓を校区にかかえる春日小学校に出向いて、伝えたようである。

事務局長の話は意外だった。韓国から退野の墓に、慰霊のため訪れる市民団体があるというのである。それは、どのような人たちか。電話で、即座に浮かばなかったが、後で考えて見ると、恐らく国際李退渓学会のメンバーではないかと推測した。

釜山の李炳壽《イビョンス》さんから、2011年に『短い人生　永い学徳』と題した韓日対訳のエッセイ集が突然、送られて来た。李退渓の顕彰碑が立つ春日市（福岡県）の正行寺ホールで、国際学会が行われた。釜山の一行を迎え、学術研究の成果を披露した。そのとき参加したのが縁で、わざわざエッセイ集を送ってくれた。表紙に「第九随筆集」とあるのを見て驚いた。李炳壽氏は長年、教職に携わった人だが、その間、文筆業にも励んでいる。受賞歴がすごい。韓国随筆文学会随筆文学賞、釜山文学賞、許筠文学賞、実相文学賞……。ほかにも受賞している。

この釜山の李退渓学会の方々が、今年も4月ごろ熊本にくるのではないか、という話を事務局長は伝えてくれた。74歳で逝った大塚退野の命日は、3月5日（玉名村で亡くなる）。この日に慰霊祭を行い、4月に日韓合同でお祈りを捧げる、というシナリオが描ける。

熊本で、大塚退野を縁にして、日韓の市民交流が始まれば、草葉の陰で退野先生もきっと喜んでくれると思う。

熊本編

【概論】

熊本と韓国は、陰に陽に歴史上、因縁のある間柄である。それは、沙也可《さやか》と余大男《ヨンデナン》、加藤清正に象徴される。

沙也可は、秀吉の朝鮮出兵の折、加藤清正配下の鉄砲隊長として朝鮮に渡ったが、投降して朝鮮軍に加わり、火縄銃の技術を伝えて日本軍と戦ったとされる。朝鮮では武勲をあげて、金忠善《キムチュンソン》という名前をもらった。字は善之、慕夏堂と号した。

加藤清正軍に慶尚南道河東で捕らえられ、熊本に来た余大男という13歳の男の子がいた。出家して本妙寺で仏門に入った。才智を見込まれ、京都・五山をはじめ、甲州・総州の各寺で修行を経た後、熊本に戻り、本妙寺の第3代住職となった。

熊本城を築城し、熊本の観光資源をつくった加藤清正は、朝鮮で恐れられた武将だった。1593年6月、和平提議の過程で加藤清正と小西行長の対立が表面化する。中国は沈惟敬を通じて、小西行長と講和条約の交渉を行う。朝鮮は交渉の経過さえ知らされない、蚊帳の外に置かれ、焦りをみせる。朝鮮の朝廷は、松雲大師《ソンウンテサ》（四溟堂惟政《サミョンダンユジョン》ともいう）を外交僧に立てて、清正との講和交渉に当たらせた。清正は、松雲大師と交渉する一方、1595年3月3日には明使、章応龍との会談も西生浦倭城で行った。この席で、清正は行長、沈惟敬らの交渉を否定して、逆に明使に秀吉の七条件（明の皇帝の王女を日本の天皇の妃とする、中日間の朝貢貿易を恢復する、朝鮮の領土割譲など）を示し、その承認を迫った。

西生浦倭城での清正と松雲大師との会談で、有名な逸話が伝わる。清正が貴国にはどんな宝があるかと尋ねたところ松雲大師は別に宝というものはないが、あなたの首が宝になるでしょうと答えた。なぜか、と清正が尋ねると、あなたの首は金千斤に値する、それをもって村の家万軒を購うことができるから、これが宝でなくて何でしょうかと答えたという。

九州には、各地に唐人町がある。これが平安時代、唐房《とうぼう》といわれた。現在、地名としての「トウボウ」は宗像郡（福岡県）、唐津市（佐賀県）、松浦市（長崎県）、川内市、加世田市（以上、鹿児島県）などに見られる。いずれも交易のまちで、中国系商人が多かった。博多の豪商を生み出した交易都市・博多には聖福寺の周辺に宋人街・唐房があった。日宋貿易の拠点として、賑わいをつくりだした。鎌倉中期の貿易商人、謝国明（南宋人）は博多綱首として、よく知られている。

(1) 鞠智城、百済滅亡後の防備に

鞠智城《きくち》（山鹿市菊鹿町）のシンボル、温故創生之碑は、この城ができた当時の雰囲気を漂わせている。白村江の戦で、百済救援に兵を出した倭国は、新羅と唐の連合軍に敗退したがために逆に攻め込まれる危機感を募らせ、鞠智城を築いた。百済の遺臣が指導にあたった。5体の彫像が立つ温故創生

之碑は、それを象徴しているようである。

同時期に築城された大野城、基肄城の後方支援基地として、兵や武器、食糧を補充する役割を担ったのが、鞠智城である。有明海からの侵攻にも備えたという見方も。さらには、大和政権に好意的でない隼人などの地方勢力へのにらみを兼ねた山城という説もある。

城域は約55ヘクタールと広い。発掘で72棟の建物跡が確認され、米蔵、兵舎、板倉、八角形鼓楼などが復元されている。1998年7月、ここで九州考古学会と韓国・嶺南考古学会の交流会が行われた。植民地史観が尾を引き、戦後、日韓の考古学・古代史学会には溝ができていたが、それを埋め合わせ、学術交流に弾みをつける記念すべき集いとなった。

鞠智城跡。復元された八角形鼓楼

(2) 人吉「唐人町」の由来

交易の流れをくむ唐房に、新しい解釈が加わる。豊臣秀吉の朝鮮侵略で連れてこられた朝鮮人が、集落を形成して起こった「唐人町」である。

徳川政権になって、日朝交流の懸け橋となる朝鮮通信使が来日し、日本にいる母国人に帰国を呼び掛ける。しかし、日本に根をはやし、定着した朝鮮人たちは、それに応じず、当地に残って技術者として肥後藩の基礎を支えた。

熊本では人吉の唐人町が知られる。城主は相良《さがら》氏。朝鮮侵略の折、相良長毎《ながつね》（第13代当主）は加藤清正を主将とする二番隊に編入。文禄の役では蔚山《ウルサン》城を守備し、晋州《チンジュ》城攻めにも参加した。その後、都の漢城《ハンソン》占領に加わった。1594年、人吉城を建設し、唐人町が生まれる。別名、七日町。町名の由来は、「一唐人町、朝鮮陣の時、御連帰りの朝鮮人を此所に被召置、依て唐人町と云」（『熊風土記』より）文禄の役の勃発直後から、朝鮮人を連行し、唐人町に居住させた。蔚山近辺の人びとでないかといわれる。連れ帰った朝鮮人には、農民や陶工、儒学者など、身分は問わず、なんらかの技能をもつ民間人が多かった。

(3) 熊本に連行された朝鮮人

文禄、慶長の役で、それぞれ15万人超（韓国では20万人と推定）が出兵したが、帰還したのはその半数以下だった。その労働力減少を補う意味で、朝鮮人連行（拉致）が盛んとなった。陶工をはじめ、日本に連行された朝鮮人は、一説に20万人ともいわれる。

秀吉軍のなかで、加藤清正は朝鮮側に最も恐れられた人物だった。虎退治、朝鮮の王子拘束、松雲《ソンウン》大師《テサ》（四溟堂惟政）との会談、講和交渉への介入など、あげればきりがない。清正は慶長の役で、蔚山（慶尚南道）に二つの倭城を築くが、朝鮮と明軍に包囲されて籠城を迫られた。味方の援軍が包囲網を壊し、かろうじて脱出した。

九州雄藩の大名と同じように、清正も朝鮮人を連行してくるが、彼の場合は職種も広い。紙漉きや焼き物の職人はともかく、連れ帰った後、その人の能力を生かし、京都で修行させて僧侶にもならせ

日遥上人墓（右側）。加藤清正の菩提寺・本妙寺にある

るほどだった。清正を中心に、連行された朝鮮人の動向を探ってみたい。

▼八代焼（高田《こうだ》焼）＝清正が連れ帰った尊楷（上野喜蔵高国）は豊前小倉藩主・細川忠興（三斎）に招かれ、豊前国で上野《あがの》焼《や》きを始めた。1633年、忠興の息子・忠利の肥後転封に伴って八代城に入ったが、尊楷の長男・忠兵衛も従った。高田郷に移って窯を築いた。これが高田焼の始まりで、その後は代々、熊本藩の御用窯として保護された。

▼和紙＝成田潔英氏の『九州の製紙業』（丸善書店）によると、「加藤清正は高麗から紙漉工の道慶、慶春の兄弟を連れて来た。そして清正は、道慶を玉名郡木葉村の浦田谷に、慶春を鹿本郡廣見村の川原谷に配置して製紙に従事させた」とある。

▼本妙寺の住職＝余大男《ヨンデナン》という。13歳のとき慶尚南道河東で加藤清正の配下に捕らえられ、熊本に押送。預けられた本妙寺では、余大男の才智を見込んで京都の五山に送り修行させた。余大男29歳のとき、呼び戻されて本妙寺3代目の住職を継いだ。のちの日遥上人である。被虜人がこうした巨刹の高僧になるということ自体異例なことであった。

(4) 熊本銘菓「朝鮮飴」、醤油「蔚山」

清正にとって怨念の場所が、朝鮮の蔚山である。この記憶からだろう、熊本にはかつて蔚山《ウルサン》という町名があった。熊本城のすぐ下にある、新町1丁目と3丁目付近が該当する。1965年の住居表示改正で「蔚山」は消えた。しかし、市電の停留所に「蔚山町」が今も伝わる。「蔚山」という銘柄の醤油もつくられている。

蔚山という名の由来には、二説ある。「清正が、連れ帰った朝鮮人を住まわせた」「倭城を築いた蔚山への思い入れ」というものである。

日本には老舗が多い。各地にある。熊本で長い伝統を誇る老舗は、天正年間（1573〜1592）創業の園田屋である。ここは、銘菓「朝鮮飴」で知られる。原料は餅米と水飴と砂糖。これを練り合わせ、片栗粉をまぶした飴である。餅に似たような触感で、かみしめていると旨味が広がる。

熊本から出兵した加藤清正軍は、この飴が籠城中の保存食として役立つということで携帯した。最初は長生飴といっていた。作ったのは、園田屋の開祖、園田武衛門である。当初は、黒砂糖と玄米を使った黒飴しかなかった。長生飴は、実際、籠城で役立ち、菓子の名も「朝鮮飴」といわれるようになった。

ただし、蔚山倭城《ウルサン》での籠城は、地獄絵図のような惨状を呈した。数万の朝鮮と明の大軍が城を取り巻き、抜け出そうにも抜け出せず往生する。

豊後（現、大分県）の臼杵藩主に伴って従軍した安養寺の慶念が、その様子を記した『朝鮮日々記』を残している。蔚山倭城で長い籠城を余儀なくされて、食糧は尽き、水にも困る惨状を呈した。追い詰められた兵士は食べられるものは何でも食べ、それが尽きると、兵馬の肉、さらには恐れ多いことに人肉までも食べているのである。この籠城に、朝鮮飴が持ち込まれたかどうか知らない。

戦後、肥後藩の買い上げ商品となり、さらには幕府や朝廷への献上品として重宝された。

熊本市内には「蔚山」という銘柄の醤油を製造・販売する老舗メーカー、兵庫屋本店がある。電停「蔚山町」停留場のすぐそばにある、白壁の大きな蔵が店舗。なぜ、蔚山かといえば、この地域が蔚山町と呼ばれていたからである。しかし、その地名が消えた今、銘柄「蔚山」（さしみ醤油）を通して在りし日を偲ぶことができる。店舗に入ると、奥はミニ資料館になっており、街の賑わいを貴重な資料で再現している。

消えた町名「蔚山」は、醤油の銘柄と、電停の「蔚山町」にかろうじて残されている。

朝鮮飴で知られる、熊本市の老舗・園田屋

兵庫屋本店（熊本市）が製造・販売している醤油「蔚山」。この地域は昔「蔚山町」という地名だった

(5)「清正公」の威光まぶしく

熊本といえば加藤清正。「清正公《せいしょこう》」と呼ばれ、英雄視されている。

清正は藤堂高虎と並び、城づくりの名人。熊本城を築くため、朝鮮渡来系とされる近江の穴生衆を呼び寄せた。彼らは城壁の基礎となる石垣積みに秀でた集団だった。阿蘇の積み石技術も習わせて、堅牢な城を目指す。さらに、朝鮮侵略で知り得た、扇勾配、「武者返し」の技法を加えて、熊本城が完成した。熊本城は、熊本のシンボルとして存在感を誇っている。清正時代の石垣は堅固で熊本地震にも耐えて原型を保っている。

なお、熊本市には市域の総鎮守として信仰を集める藤崎八幡宮がある。例大祭は勇ましく、鎧、兜で身を固めた武者行列が行われる。1990年まで「ぼした」祭りといわれた。清正の勇壮さをたたえ、朝鮮を「滅ぼした」といったのが、明治期の富国強兵策と呼応して、「ぼした」が定着し、「ぼした」祭りとなった。在日コリアンから「民族差別につながる」という抗議で、当時の宮司が英断、これを改めて例大祭となった。

(6) 肥後国学の祖、高本紫溟

江戸時代、朝鮮人の家に養子にいった男がいる。肥後国学の祖といわれる高本紫溟《しめい》である。高本家は元来、朝鮮の出である。これを紫溟は知っていたのだろうか。

高本家の祖は、朝鮮の王族・李宗閑という。宗閑は秀吉の朝鮮侵略の折、肥後に連行された。宗閑の子・慶宅は細川忠利に仕えたが、このとき忠利は彼の姓をつけている。高麗と日本の国名を一字ずつとって「高本」という姓にした。そして、医業を学ばせた。王族の子孫がなぜ？　と思うが、生きるためには仕方なかったのであろうか。医業は、朝鮮でいえば中人《チュンイン》階級である。身分としては両班の下に格付けされる。世襲で家業を継げる専門職という立場である。

それ以来、高本家は藩医として医を生業とした。しかし、4代にして男子の系統が絶えたため、同じ藩医の原田宗昆《そうこん》の6男の敬蔵が養子に入ることになった。彼が、高本紫溟である。

紫溟は詩人的性格が強く、家業の医よりも、漢籍、神典国書に興味があった。阿蘇山中に庵を結び、万松廬と名付けて、隠棲するような生活を送った。その奇行が知られ、藩庁から声がかかり、藩学「時習館」の訓導に抜擢された。晴れて教授になったとき、国学科の設置を建議するが叶わなかった。それにくじけず、彼は希望者を募り、館内や自宅で教えている。

紫溟の名は、弟子を通じて、京都の朝廷、さらには天皇にも伝わる。江戸上りの弟子に贈った送別の辞「送りの言草」が弟子を通じて、朝廷の針医に渡り、広まった。これを見た天皇は「田舎には珍しい者よ」と評価された。

(7) 靖国神社内に、かつて「北関大捷碑」が

東京・靖国神社内に、かつて「北関大捷《しょう》碑」があった。加藤清正軍を打ち破った義兵団（民間義勇軍）が、大勝利した様子を記録した石碑である。表裏両面に、1500字余りの漢字がびっしり刻まれている。官軍敗走にもめげず、義兵将・鄭文孚《チョンムンブ》が約7000人の民兵を組織し、清正軍を撃破

したのである。敗戦の悲報が続くなか、朝鮮国王と官僚は雄叫びを上げたかもしれない。

このとき、清正軍は朝鮮の2王子を捕らえていたため、機動性に欠けていたといわれる。清正は釜山上陸後、小西行長とどちらが早く都を攻め落とせるか競った。双方とも鉄砲が威力を発揮し、20日間で、都に入っている。都を制圧した後、清正は咸鏡北道へと攻め上った。吉州郡の戦いで、朝鮮官軍を打ち砕いたものの、うかつにも義兵団に敗れてしまった。

その義兵団が大勝利した様子を刻んだ石碑は、粛宗《シュクチョン》（在位1674～1720年）の時代に、現地に建立された。北関大捷碑の「北関」は咸鏡道北部を指し、「大捷」は大勝利を意味する。

朝鮮の咸鏡北道にあった石碑がなぜ、日本に移されて存在していたのか。実は、日露戦争当時、現地を訪れた池田正介《しょうすけ》陸軍少将（山口県防府市出身）が1905年、戦利品として日本に持ち帰った。「北関大捷碑」は高さ187センチ、幅66センチ、厚さ13センチ。民族的な誇りの象徴が、無残にも靖国神社境内北側の鳩舎わきに置かれ、ハトの糞にまみれていた。これを実際に見た韓国の関係者は、涙が止まらなかったという。

鄭文孚の子孫や歴史研究者らが韓国大使館を通じて返還要請を訴え続け、1990年に始まった独立紀念館の署名運動も奏功し、2005年、韓国側に返還された。

(8) 小西行長と「おたあ・ジュリア」

堺の商人出身の武将、小西行長。キリシタン大名であり、肥後・宇土の城主にもなった。娘を対馬藩主・宗家に嫁がせていたこともあり、朝鮮貿易を生命線とする対馬を思い、秀吉の朝鮮侵略では、和戦派で戦闘を嫌った。しかし、不本意にも開戦となり、先陣を切る第1軍として、宗義智とともに朝鮮の都に向けて攻め上がった。他の武将が多くの朝鮮人を連行したのに比べ、行長にはそのような荒々しさは薄い。平壌で一人取り残された幼女を、帰国に際して連れ帰ったことが特筆される。彼女は行長の妻ジュスタの寵愛を受け、洗礼も受けた。名前を「おたあ・ジュリア」という。信仰心厚く、美人であり、賢くもあった。

彼女の運命は、関ケ原の戦いで敗れた西軍についた行長が処刑されたことから暗転する。家康の目につき、大奥の身となる。浮薄な大奥にあって、その風に染まらず、よく己を守って、信仰も貫いた。そこに、幕府の切支丹弾圧が襲いかかる。彼女も改宗を執拗に迫られるが、それを拒絶する。怒った家康は、島流しの刑に処した。伊豆の網代から大島、新島、さらには人家7軒であった神津島へと流された。

それでも信仰心は衰えず、布教に努める女性だった。流罪生活約40年で世を去った。60歳を過ぎていたか。神津島港から南東約1キロの村落に入ると、その中央に流人墓地がある。おたあ・ジュリアの墓は朝鮮風の二重塔。島内に朝鮮式の墓があることが不思議である。島に彼女以外に朝鮮人はいない。朝鮮の知識を持ちあわせている人がいるわけでもない。すると、生前、彼女が墓の造り方を描いて、作ってもらったと考えるのが妥当であろう。

「もしそうだとしたら、彼女は幼くして異国に連れ去られ、キリスト教を信じる身になっても、故国朝鮮のことを忘れなかったと言えるのではないだろうか」。このように朝鮮女性史研究家の成律子さんは、『朝鮮史の女たち』のなかに書いている。

神津島では毎年5月ごろ、墓前で「おたあ・ジュリア」の供養祭が開かれている。

(9) 渡瀬常吉、植民地時代の朝鮮で布教活動

日本の仏教宗派の朝鮮布教は、秀吉の頃にさかのぼるといわれるが、本格化するのは韓国併合の1910年以降である。宗派のなかでも浄土真宗は熱心であった。唐津市（佐賀県）に釜山海興徳寺がある。同寺の圓心、五百子《いおこ》の兄妹は朝鮮布教に乗り出す。五百子は後に、戦時下の婦人の使命に目覚め、愛国婦人会を組織したことで知られる。

熊本には、教育者として、基督教の伝道師として朝鮮に入った渡瀬常吉がいる。八代出身の士族の子。明治維新後に没落し、生活苦に陥る、それにもめげず、徳富蘇峰の大江義塾に学び、海老名弾正が校長を務める熊本英学校で、国語教師をしている。18歳で改宗。海老名との縁で、基督教の牧師となるが、教師を務めた職歴を買われ、大日本海外教育会を経営するようになる。

これが渡瀬にとって、朝鮮進出の契機となった。京城学堂の堂長に就任し、近代的な教育を行うが、それが日鮮融和の一翼をも担った。京城学堂は後に、実業家の大倉喜八郎の手に渡った。

渡瀬は朝鮮で何をやったか。伝道教活動に力を入れ、京城と平壌に教会を設立している。伝道の資金は、朝鮮総督から出ていたといわれる。著書の中には、韓国併合を正当化し、「東洋の平和を永遠に保証するため」日本が世界の大勢に順応した結果だと言い切っている。

同じ頃、朝鮮伝道に励んだ乗松雅休《のりまつまさやす》がいた。松山藩士の子。下宿の老婦人の勧めと父親の死が重なって洗礼を受ける。大学退学、国内伝道を経て、朝鮮へ渡った。妻を伴って京城、後に水原で活

動。朝鮮語も学び、朝鮮服を着て教えを伝えた。その姿に朝鮮の人達も、彼を「愛と善意の人」であることを理解するに至る。韓国併合から数年後、結核を患った乗松は帰国。1921年、57歳で亡くなる。遺言には、水原埋葬をと記されており、遺骨は海を渡って行った。

渡瀬の朝鮮伝道は、朝鮮人にどう評価されたか知らないが、乗松と比べれば、雲泥の差があったものと思われる。渡瀬は、朝鮮で亡くなったといわれる。

⑽ ぶれる徳富蘇峰、一貫した蘆花。対照的な兄弟

ぶれることの激しい男、変節者として非難された男。時代が、そうさせたのか、そもそも山師だったのか。こういわれるのは、徳富蘇峰である。水俣市には、蘇峰・蘆花の記念館がある。ずいぶん前に訪ねたため、もう記憶が薄い。

国民新聞を創刊して、日清戦争前には弱腰な政府攻撃をし、戦後の三国干渉を契機に、国家主義者に転じ、欧州視察で日英同盟の橋渡しまで行った行動派である。それが帰国後、声が掛かって内閣ポストに就くや、迎合主義者に。このとき田岡嶺雲をはじめとする思想家に変節者呼ばわりされた。司馬遼太郎も、徳富蘇峰にふれている。「一生のうちに何遍思想が変わったかわからない」横井小楠と同じ類の男として論じている。

「徳富蘇峰ってのは、若いときは開明主義者、そしてやがて帝国主義者になっていきます。国権主義者よりも、帝国主義者になっていく。ということは、ずいぶん変貌を遂げていくことでしょう。それで、若いときの作品である『吉田松陰』というのは、革命家としての、つまり危険思想家としての

吉田松陰を書いてやっぱり彼の傑作なんですが、後になってちょっと手直ししている、というようなところがあります」＝鼎談『歴史の交差路にて』

日清戦争の導火線となる、甲午農民革命（東学党の乱）を鎮圧に乗り出す日本軍。漢城（現ソウル）で、「日本人は敵か、味方か」という声を聞いた英国女性探検家イザベラ・バードの『朝鮮奥地紀行』を読み、徳富蘇峰が俎上に載ってきた。

弟の蘆花は小説家で、信念の人。トルストイに惹かれている。兄とは「告別の辞」を発表するほど、不仲になった。

思想的にぶれて、変節者呼ばわりされた蘇峰、一貫した思想の持ち主・蘆花。対照的な兄弟であった。

【熊本と朝鮮メモ】

○熊本は装飾古墳王国　装飾古墳は全国に約660基あり、九州には約340基が存在する。九州のなかでも、熊本県に約200基が集中する。山鹿市のチブサン古墳は有名である。熊本に次いで福岡県が多く、王塚古墳（嘉穂郡桂川町）が知られる。1972（昭和47）年に発見された高松塚古墳からは、飛鳥美人と呼ばれる女人群像を描いた極彩色壁画が、後に発見されたキトラ古墳からは四神が発見された。朱雀の線刻と色調に関心が集まり、さらには獣頭人身像の出現で話題を呼んだ。高松塚古墳、キトラ古墳のルーツはどこか。いうまでもなく高句麗である。北朝鮮にある古墳群63基が2004年、ユネスコ世界遺産に登録された。壁画があるのは16基。高松塚古墳の壁画について、「女性像は高句麗調だが、男子像は中国の影響が強い。（中略）黄文《きぶみの》連《むらじ》本実《ほんじつ》という高句麗系の絵師集団のリーダーをとってみても、唐と高句麗の両方に関係している」と上田正昭・京都大名誉教授は指摘していた（キトラ古墳壁画　緊急座談会＝２００１年４月５日付の朝日新聞掲載）。装飾古墳を訪ね知りたいのは、絵師は誰か、どこ出身の人物かということである。

○地名の白木と八代妙見　日本に白木という地名は多い。白木は、朝鮮三国の新羅につながっていく。地名は、その由来を追求していくと、思わぬ世界が開けてくる。熊本の八代は、妙見で知られる。白木山に妙見神社がある。その白木妙見について、地名学者の吉田東伍は『大日本地名辞典』でこう説明している。「白木妙見と号するもの今に至りて多し、……白木は新羅に同じ、新羅国より其修法を伝えし義にや、八代の白木妙見記には百済国と云う、亦ほぼ其義理を同じくす」とある。この話は金達寿、谷川健一両氏の対談『地名の古代史　九州篇』（河出書房新書）に出てくる。

○江田船山古墳の太刀銘　４世紀末ごろ、百済の王仁博士が千字文や論語を伝えたおかげで、漢字の表記能力が巧みになった倭国は、当時の中国・魏王朝にしっかりした外交文書を持ち込むことができた。蕃国扱いされた倭国もメンツが立ったのは、文書による外交力がついたからだった。それを知らしめるのが江田船山古墳（玉名郡和水町）の大刀銘である。銘文は銀象嵌で75字。後に発見された稲荷山古墳出土鉄剣銘により、「獲□□□鹵大王」は「ワカタケル大王」と読まれるようになり雄略天皇とされる。５世紀後半の雄略天皇のころには、九州までヤマト政権の影響がおよんでいたことが分かった。巨大王陵の築造も含めて考えるとき、記録をとり、計算を行う「書記」がどうしても必要となる。応神王朝がたつと、その要請が友好国の百済にもたらされ、派遣されたのが王仁博士であった。

○朝鮮外交に活躍した雨森芳洲の三男、人吉へ　対馬藩の儒者として、朝鮮外交に長年かかわった雨森芳洲（１６６８～１７５５）は、中国語と朝鮮語を習得した語学の達人でもあった。釜山にあった草梁倭館で業務に励み、朝鮮の友人にも恵まれた。朝鮮通信使に帯同して2度、江戸まで行き、見識と漢詩文の才能を高く評価された。芳洲の三男、俊之允は京都に出て医者の修行を積み、名を玄徹と改め、人吉城主・相良志摩守に仕えた。当初、父が志望していた医術の道を、三男が実現した。

○本成寺の高麗門　八代市の本成寺にある、市指定有形文化財の高麗門は朝鮮伝来の門か。高麗門の高麗という文字から、朝鮮をイメージする。その門が造られ始めたのが秀吉の朝鮮侵略の時期（文禄の役）であることから、朝鮮伝来かと考えがちだが、日本固有の門とされる。

○熊本実学党と大塚退野　１８４３（天保14）年、藩校・時習館のあり方に満足できない横井小楠らが、藩政改革を求めて集まり、研鑽した。これが熊本実学党である。実学党には、時習館の人びとの批判的な意味もこめられる。実学党は大塚退野（１６７８～１７５０）の学風を慕い、朝鮮儒学の大家、李退渓を範として治国安民・利用厚生・実践躬行を学問の本旨とした。官学の林家とは相当異なっていた。その流れは幕末の元田永孚らにまで影響をおよぼし、明治の教育に結実した。

○明成皇后を考える会　２０１４年10月上旬、熊本県の元、現職教師でつくる「明成皇后を考える会」が、ソウルの南東にある驪州《ヨジュ》の生家を訪問している。「歴史を知らずして（忘れたままで）、真の平和はない」と、今年で10回目の訪問。明成皇后は、日本の公使が画策して、これに呼応した壮士に殺害された。「乙未事変」という。この事変には48名中、熊本出身者が21名加わったといわれる。その痛ましい歴史を直視して、訪問を重ねる同会は、「慰霊碑を建てたい」といっている。

大分のなかの朝鮮文化

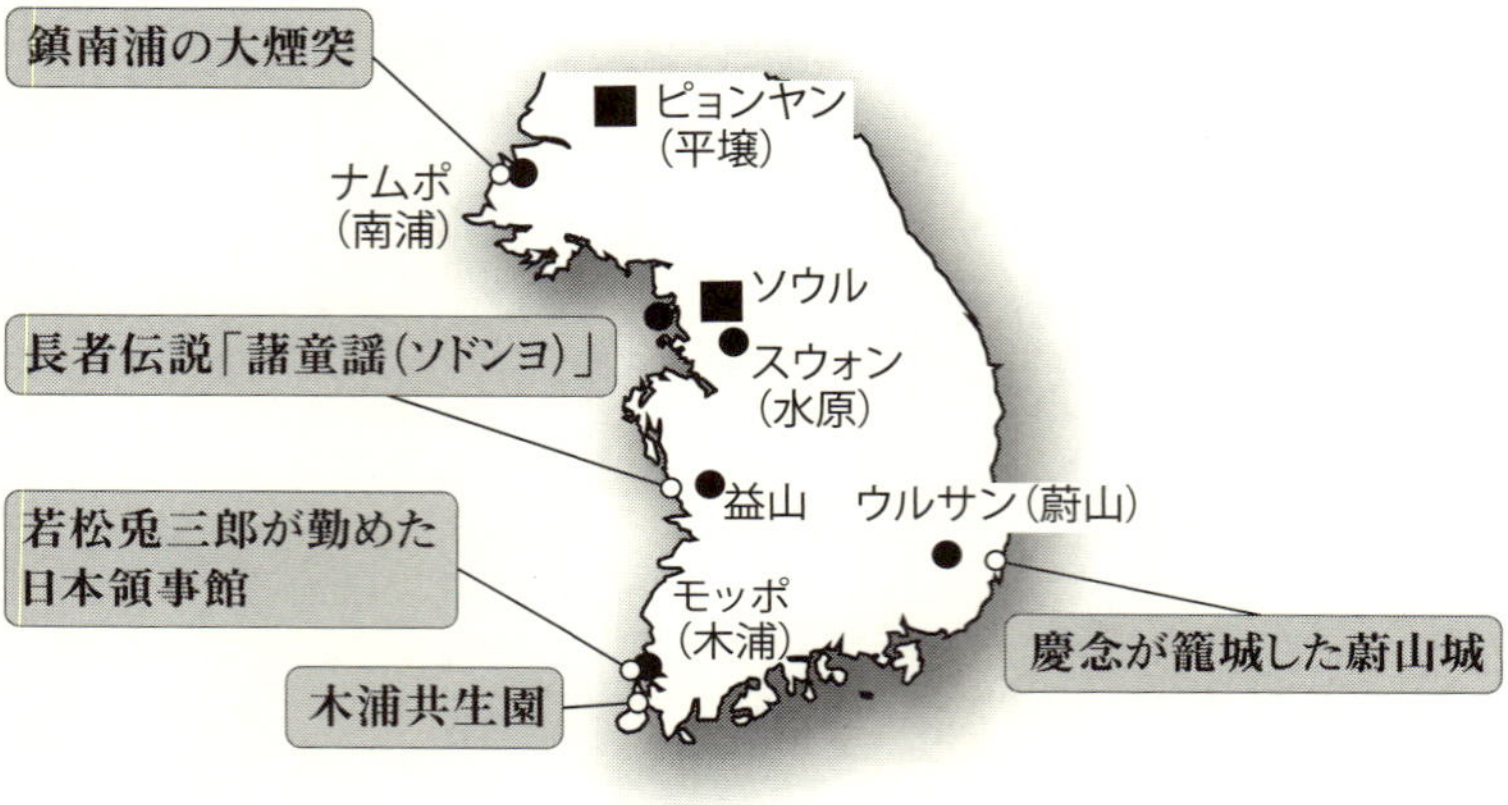
鎮南浦の大煙突
ピョンヤン
(平壌)
ナムポ
(南浦)
ソウル
長者伝説「諸童謡(ソドンヨ)」
スウォン
(水原)
益山
ウルサン(蔚山)
若松兎三郎が勤めた
日本領事館
モッポ
(木浦)
慶念が籠城した蔚山城
木浦共生園

福澤諭吉旧宅と福澤記念館
宇佐八幡宮
比売語曾神社
姫島
毛谷村六助の墓
大井憲太郎の出身地
小鹿田焼
中津
宇佐
耶馬渓
杵築
澤正彦の生家
廣瀬資料館
院内
日田
玖珠
佐賀関
大煙突の町
由布岳
別府
大分
由布院
安養寺、慶念の
『朝鮮日々記』
臼杵
竹田
三重
佐伯
若松兎三郎の出身地
碧雲寺、英雄寺のボタン
佐伯城主・毛利高政
真名野長者伝説

大分紀行

◆「豊の国」と朝鮮。宇佐八幡宮と朝鮮鐘

古代、伽耶と新羅からの渡来人でつくられた秦氏族による「秦王国」の足跡を訪ね、苅田町から中津、宇佐へ、帰路には耶馬渓《やばけい》の自然美を堪能した。

宇佐神宮は、全国に約4万4000社ある八幡宮の総本社である。石清水八幡宮、筥崎宮、鶴岡八幡宮などとともに有名な八幡宮の一つ。古くは八幡宇佐宮、または八幡菩薩宇佐宮などと呼ばれた。また明治時代の神仏分離以前は、神宮寺の弥勒寺と一体のものとして、正式には宇佐八幡宮弥勒寺と称していた。現在、通称として宇佐八幡とも呼ばれる。

豊前一の宮。祭神は誉田別命《ほんだわけのみこと》＝応神天皇、大帯姫命《おおたらしひめのみこと》＝神功皇后、比売神《ひめかみ》。奈良時代から朝廷の崇敬があつく、中世以降は武士の信仰をも受けた。

宇佐八幡宮には、特殊神事という珍しい神事が二つある。一つ目は、香春岳の銅を鋳銅して作った鏡を奉祭しながら宇佐八幡宮まで納める。ちょうど、放生会のとき行われる。二つ目は、中津の東南にある三角《みすみ》の池に生える真菰を刈り取って、それで枕を作り、これをご神体として納める神事である。

宇佐神宮（八幡宮）の南中楼閣

宇佐八幡宮のご神体は、真菰と銅鏡であるとされている。これから分かるように、宇佐八幡宮は、金属精錬に関係がある神社である。その要因として、国東半島が非常に砂鉄が多い点からもいえる。

○宇佐八幡宮は本来、「秦王国」の社で、香春の母子神が移ったものである。香春の神が「秦王国」の神である。

○584年、豊国法師が大和へ参内し、用明天皇の病を治癒。中央政権への介在始まる。

○663年、白村江の戦いに、辛島氏も出陣。720年、辛島氏は大隅隼人の反乱鎮圧へ。これ以来、大隅国に約5000人の秦王国の人びとが移り住む。同地にある韓国宇豆峯神社、鹿児島神社（正八幡宮）の祭祀者は、秦王国の人びとだった。鹿児は朝鮮語で銅を意味する「カゴ」。

○八幡神の信託で、東大寺大仏はつくられた。745年に製作開始、7年後に完成。

○宇佐八幡宮神職団のあいだで、争いごとあり。このとき（774年）、豊前国国司だった和気清麻呂がこれを治め、大神・宇佐・辛島の3氏の立場を規定した。辛島氏は禰宜世襲を約束される。八幡の祭祀の中心に、辛島氏が就く。辛島氏は鍛冶技術を有する氏族だった。辛島の「辛」は、韓または伽羅である。

○もとは秦王国の神であった八幡神は、日本の神へと変貌する（八幡神の官制化）。八幡神が辛島郷

↓馬城峯（御許山）麓の小山田↓小倉山へと遷座したことが、その証し。

宇佐八幡宮の宝物館に、朝鮮鐘がある。日本で二番目に古い朝鮮鐘という。以前、考古学者の李進《イジン》熙《ヒ》氏が書いた日本に伝来する朝鮮鐘は、多くは秀吉の朝鮮侵略で略奪された鐘であるという記事を見た。司馬遼太郎の『街道をゆく　砂鉄のみち』でも紹介されていた。宇佐八幡宮の朝鮮鐘の由来はいかに。

同館のパンフレットには、朝鮮半島で９０４年に作られた鐘で、「鐘身には両手で長鼓を叩いている飛天の像が陽刻されている」とある。

９０４年といえば、統一新羅の半島における地位が揺らぎ、覇権を争う後高句麗と後百済の戦闘が激しさを増していた時代である。この年、後高句麗が尚州など30州県を占領し、国号を摩震《マジン》と改めている。

宇佐神宮宝物館に展示されている朝鮮鐘

このとき、神仏習合によって宇佐八幡宮には神宮寺弥勒寺があった。朝鮮鐘は、同寺に寄進されている。寄進したのは誰か。ヒントは短冊型の銘文にある。それには「天復四年甲子二月廿日　松山村大寺鐘成内文節本和上能与本村連箪一合入金五千八十方会儒成」と刻印されているが、朝鮮に関する記述はない。

鐘は朝鮮で鋳造されたものであっても、当時の戦国時代のような朝鮮半島情勢を考えると、普通ならば倭寇が略奪したものを、寄進したのではないかという考えも生まれる。真実は、いかに。

◆廣瀬久兵衛、最後の朝鮮通信使で接待

日田の豆田。碁盤目状の街並みに、商家を中心に江戸時代の風情が息づく。車が往来する大通りを避けて、横道の路地に入ると、現代のせわしない時を忘れる空間が広がる。梅雨の最中、初夏の日差しのなか、日田を歩いた。真っ先に行ったのが、豆田町のなかにある廣瀬資料館である。江戸後期、諸国に、その名をとどろかせた咸宜園の廣瀬淡窓（儒学者、1782～1856）の生家である。

廣瀬資料館で、廣瀬家が元来、商家であったことが分かる。初代五左衛門は延宝年間（1670年代）、博多から豆田に移住してきた商人である。屋号を堺屋、のちに博多屋に改めた。4代目のときに、経営規模を拡大したとして、その功労者平八（月化）が名を残す。6代目・久兵衛が、商人としてそれに続く傑出した男である。朝鮮王朝が、日本に派遣した朝鮮通信使は1811（文化8）年、対馬聘礼でもって終焉する。この最後の通信使に、久兵衛は商人として随行しているのである。

これも日田が幕府の直轄地、天領であったからである。天領は全国51カ国と1地域（蝦夷地）におよび、幕府の財源となった。天領には、年貢収取の対象となる田畑以外に、交通の要衝、商業地、港湾、鉱山、山林地帯などが含まれていた。

対馬で朝鮮通信使をもてなすため、日本側は3000人近い人員を派遣する。このとき日田を含む天領にも任務が与えられ、それに応じた一員が加わった。22歳の久兵衛も、その一人であった。役目

は賄い奉行配下の仕事。久兵衛は対馬に半年間滞在して接待業務にあたった。その様子を伝えるのが『久兵衛日記』である。全4冊あり、1811年1月から6月まで記録されている。まさに通信使接待記録である。対馬で朝鮮の使節と会うにあたり、朝鮮語を勉強していることが、日記から分かる。「朝鮮言」と表題を打った後、単語を書いて朝鮮読みを振っている。たとえば、火《プリ》、女《チエチビ》、烟草《タンバ》、主人《タイシャリワン》、舩《ヒエ》、我《イサロク》、小性《シャウトング》、男子《アトル》、女子《スタル》など。数字の、1から10までも、朝鮮読みを振っている。

対馬での記録以外に、祖父の月化にも対馬から手紙を送り、通信使接待の進捗状況を報告している。

廣瀬資料館で開かれた「祝世界記憶遺産　朝鮮通信使展」

この当時、朝鮮は純祖《チュンソ》（第23代王）の治世下にあったが、食糧事情が悪く、禁酒令が敷かれていた。対馬に渡った通信使も、これに合わせ国書伝命式で空の徳利と空の杯で儀礼を済ませた。賄い奉行は、酒の工面からは逃れたことになる。

たまたま訪れた廣瀬資料館で、『祝世界記憶遺産　朝鮮通信使展』が開催中だった（2018年6月）。展示史料は、久兵衛日記（4冊）、朝鮮団扇（3点）、久兵衛宛月化手紙（一通）。これを企画した廣瀬資料館の学芸員と会うことができた。「世界遺産登録が近い長崎の教会群に展示替えする前でした」というので、通信使展を見る幸運を得た。日田に、かつて朝鮮と交わりのあった先人がいたとは予想もしていなかった。1811年の朝鮮通信使の三使（正使、副使、従事官）の肖像画が陳列されていたが、それである。正使の金履喬《キムリキョ》の肖像画は忠南歴史文化院所蔵、副使の李勉求《イミョング》は釜山の国立海洋博物館所蔵で、いずれもミニサイズのレプリカである。忠南とは忠清南道のこと。

最後の通信使は、１７６４（宝暦14）年以来、実に47年ぶりだった。それも、対馬止まり。日本と朝鮮の中間地、対馬での聘礼となった理由は、両国の財政問題にあった。朝鮮では穀倉地帯の全羅道でも餓えた民が40万人を超え、農村経済は瓦解寸前。日本では１７８７（天明7）年の大飢饉による百姓一揆が各地で起こっていた。

朝鮮側の使節は、正使・金履喬、副使・李勉求を筆頭に３２８人で製述官、写字官、画員、良医、楽工、旗手、吹手らが加わった。ただし、従事官はおらず、使行員の数も大幅に縮小された。朝鮮側は３月29日、府中（厳原）に到着した。日本側は、上使・小倉藩主小笠原忠固、副使・竜野藩主脇坂安董《やすただ》、大目付井上利泰、勘定奉行柳生久道、目付遠山景晋ほか２７９９人。４月25日に来島した。浮世絵師、歌麿の弟子である二代歌麿も来島し、通信使を力強く描き、人名、役職まで書き入れた。

易地聘礼は、対馬が釜山から近かったため、利点はあった。面倒なことが起これば飛船便を送って朝廷からの訓令を早く受け取ることができる。江戸往復の長旅の負担がないので、心身とも軽やかであったと思われる。

大分編

【概論】

外洋性志向とでもいえようか、海外への関心が高かったのは豊後の国の特徴ではなかろうか。その代表が戦国大名の大友宗麟。戦国時代、九州6カ国を支配するほどの武力と、経済力をもっていた。九州の大名のなかで、大村純忠（初のキリシタン大名）に劣らずキリスト教に理解を示し、宣教師を優遇した。自ら洗礼を受けてキリシタン大名（洗礼名＝ドン・フランシスコ）になるとともに、府内に聖堂や教育機関の修練院、診療所を設置した。日本に初めてキリスト教を伝えた、フランシスコ・ザビエルも宗麟が居城としていた臼杵を拠点にして、日本での布教に足を進めた。

江戸時代には、ウィリアム・アダムスが乗ったオランダ船、リーフデ号が臼杵の黒島に漂着し、彼に興味を示した家康が外交顧問として迎えいれている。日本名を三浦按針と名乗り、幕府の対外交渉を牽引している。その前、秀吉の朝鮮侵略では、臼杵・安養寺の慶念が城主・太田一吉の軍に加わり、戦火の朝鮮半島を転戦している。

幕末から明治期にかけては、中津藩士の福沢諭吉が啓蒙思想家として活躍し、近代国家を目指す日本改革を導く一翼を担い、人材養成のための教育機関、慶應義塾を創設した。ただ、西洋列強のアジア進出に対抗するため、朝鮮・中国にエールを送ったものの、守旧勢力に阻まれ、期待を裏切られたことから、「脱亜入欧」を打ち出す。このため、アジア蔑視というイメージが、福沢にはつきまとう。外洋志向という点では、明治期から漁民の朝鮮半島進出が相次いだ。九州、中国地域の漁民は、朝鮮半島の沿岸や島しょ部に漁業基地をつくり、経済的に潤った。大分の漁民は慶尚道と全羅道に進出している。

日韓併合。朝鮮を植民地統治した時代を迎えると、朝鮮半島に乗り込む経済人が多くなる。各地に日本人会を旗揚げし、朝鮮社会に経済的な足場を築いていった。ただ、朝鮮に利益をもたらすよりは、自分たちの利益のために走り、日本敗戦後、その仕返しを受けることになる。そのなかで、異色なのが、併合前の大韓帝国の時代、全羅道・木浦《モッポ》の領事に着任した若松兎三郎（玖珠町出身）である。彼は外交官ながら、陸地綿栽培と塩田開発の研究に手を染め、成果をあげる。ここでとどまらずに、そのノウハウを朝鮮人に伝授した。当時、外交官で、ここまで踏み込んだ人物はいなかったのではなかろうか。

大分県は温泉県である。豊富な泉源に恵まれ、別府、由布院、天ヶ瀬など名前が広く知られた温泉街を擁している。温泉好きな韓国人には、知名度が浸透している。なかでも、別府は海外から多くの学生が留学する立命館アジア太平洋大学（ＡＰＵ）が進出した後、国際的な都市へと変貌している。

(1) 秦王国の一角占める

新羅、伽耶（加羅）から渡来した天日槍集団からは、いろいろな氏族が出ている。その最たるものが日本全土に分布していた秦氏族であった。

※天日槍＝「新羅の王子」となっているが、そういった人物の名ではなく、「矛や剣で神を祭る」新羅・伽耶から渡来した天日槍集団の象徴となっていたもの

秦氏となると、秦河勝に代表される京都におけるそれが有名である。それを中央秦氏とすれば、九州のそれは原・秦氏とも云うべきものだった。産鉄氏族の彼らは、もとは豊後とともに豊国となっていた豊前の田川郡（福岡県）香春岳《かわら》で銅を発見して栄えた。そして、そこに、『豊前国風土記』（逸文）には新羅からの女神とある天日槍集団の守護神だった比売《ひめ》神の香春神社を祭った。

ついで彼らは、東南方の京都《みやこ》平野へ広がって、「秦王国」をつくっていった。

豊前は新羅・伽耶系渡来人である秦氏族の集住地だった。702（大宝2）年の『戸籍台帳』によると、彼らが人口の93％以上を占めていた。犀川町（福岡県）には古代式朝鮮式山城である御所ケ谷山城跡があり、苅田町（同）には「秦王」だった豊国の首長の墳墓とみられている石塚山古墳などがある。

※石塚山古墳（京都郡苅田町の富久町地区）＝苅田町役場のすぐとなりにある石塚山古墳は、全長130メートルある前方後円墳である。当時、畿内型のものでは九州最大・最古という、全国的にも有名な史跡（国指定）。後円部の石室からは銅鏡をはじめ剣や矛、やじりなどが出土した。なかでも現存する三角縁神獣鏡（現在は宇原神社にて保管）は「魏志倭人伝」に記された女王・卑弥呼が魏の国から譲り受けたものとする説もある。国の重要文化財に指定されている。

伽耶、新羅から来たのが、「秦の民」である。香春の神は、新羅国の神である。『隋書』倭国伝によると、608年、隋使に秦王国の存在が知られるが、それ以前から、大和朝廷は秦王国に注目。政権の管理下に置いた。

そこからさらに南下した彼らは、宇佐に「八幡神《やはた》」である比売大神の宇佐八幡宮を祭った。応神天皇、神功皇后はのちの併祭である。

(2) 豊国と香春。その名の由来は？

司馬遼太郎の『街道をゆく』34に収録する「中津・宇佐のみち」のなかに、こうある。

「もともとの八幡神は、古代、豊《とよ》の国（豊前と豊後。いまの大分県）から興った。豊の国のなかでも、豊前にあり、いまの中津市とそのとなりの宇佐市がこの神の故郷である。古代、この地方で水田をひらいた秦氏（3、4世紀ごろ、朝鮮半島から渡来した大族で、遠祖は秦の始皇帝であると称していた）が奉じていた農業神で、奈良朝時代は活々《いきいき》と信託をくだす神として天皇の宮廷に入り、そのはるかなのち、源氏が氏神にしてからは、武神になった」「本居宣長も秦氏に関心があったらしく、秦がふるくは波陀とも表記されたから、〝ハダ〟とよむべきだ、といい、また新井白石が、波陀は韓国《からくに》の語である、というのに同意している」

梅原治夫氏の『豊国と宇佐神社』には、豊国とは韓国《からくに》（加羅国）であるという狩谷棭斎の言葉を引いている。その注解に、豊国とは「豊かに富んでる国、すなわち朝鮮の国」とある。

『続日本後紀』に、香春の三つの嶺に三柱がいたとある。
一の嶺…辛国息長大姫大目命《からくにおきながおほひめおほめのみこと》
二の嶺…忍骨命《おしぼねのみこと》＝天忍穂耳命《あまのおしほみみのみこと》
三の嶺…豊比売命《とよひめのみこと》〈※この山の銅で八幡神のご神体である鏡を鋳造。別称は鏡山〉
辛国とは、韓国のこと。ひいては新羅国のことと考えられる。香春神社の祭神（比売神）は、秦氏族からの出である赤染氏が祭ったとされる。
香春という地名は、『豊前国風土記』（逸文）によると、清い河原というのが訛って香春になる、その河原に新羅の神が住んだから香春という地名がついた、とある。
香春岳の採銅・製銅に成功した秦氏族は、香春神社だけでなく、宇佐八幡宮まで祭った。その力が強大になった、証しとして。香春岳の産銅で宇佐八幡宮のご神体の鏡などをつくっていた。

(3) 比売語曾神社のある姫島

国東半島の北側に、姫島があり、そこに比売語曾神社が立つ。これに関して、『摂津国風土記』（逸文）に興味深い記述がある。

「比売島の松原…」とあって、新羅の国の女神が筑紫の国の伊波比《いわい》の比売島（姫島のこと）に住んでいたが、そこにいると、自分の主人が訪ねて来る可能性があると、また逃げて、とうとう摂津の比売島に移り留まったという。

比売許曾、赤留比売は同じもの。新羅の王子とされる天日槍（天之日矛とも書く）の嫡妻で、夫から逃れて日本にやってくる。その足跡は、西から順々に赤留比売神社の社を数えていくと、よく分かる。

①筑前怡土郡の高祖神社、②豊前国田川郡の香春神社、③豊後国国東郡の比売語曾神社、④摂津国東成郡の比売許曾神社、⑤同国住吉郡の赤留比売神社

赤留比売神社の社を次々につないで行った線が、近畿の帰化人が博多湾の糸島水道を上陸してから、近畿の各地に移っていった行程を示すものではないか。

余談になるが、「ひめこそ」神社が、鳥栖市・姫方（佐賀県）には姫古曾神社、小郡市・大崎（福岡県）には媛社《ひめこそ》神社として存在する。天日槍＝秦氏族の子孫は、各地に広がっていた。

天日槍について、直木孝次郎氏が『兵庫県史』に、こう書いている。

「天日槍をそういう名をもつ一人の人物と考えてはならないだろう。おそらく矛や剣で神をまつる宗教、または矛や剣を神とする宗教を奉ずる集団が、朝鮮とくに新羅から渡来したことがこの伝説のもととなっていると思われる」

天日槍は秦氏族。その集団のシャーマンが赤留比売でなかったか。

(4) 長者伝説が結ぶ、豊後大野市と韓国・益山

豊後大野市（大分県）に伝わる、日韓をつないだ民話の話をしたい。長者伝説である。似通ったこの伝説がもととなり、豊後大野と益山《イクサン》（韓国・全羅北道）両市は、友好都市提携を結んでいる。

まずは、豊後大野市にある真名野長者伝説である。貧しい炭焼き小五郎が神のお告げで都から来た玉津姫と結ばれ、たくさんの黄金を発見して真名野長者になったという話である。一方、益山市には、薯童謡《ソドンヨ》がある。韓流歴史ドラマでも、お馴染みの物語である。炭焼きの男が、ここでは薯《イモ》掘りの男になる。都から追放された善花姫《ソンファ》から黄金を見せられた薯童《チャン》（のちの武王）は、「こんなものは薯掘りの場所にいくらでもある」と答え、それがきっかけで長者になる。

豊後大野と益山両市の友好都市提携を取り持ったのは、別府にある立命館アジア太平洋大学（APU）の金賛會《キムチャンフェ》教授という。同大は豊後大野市が誕生する以前、旧三重町のころ、学生たちがこの地域に入って調査研究をするなかで、両国に共通した伝説があることが明らかになった。

この説話は、倭国と百済のあいだで交流が盛んだった時代に、同じ起源をもつ説話が海峡を越えてもたらされたのではないかといわれる。実は、このような長者伝説は東アジア一帯に広がっているそうである。

（5）毛谷村六助と論介

添田町（福岡県）上津野には論介《ノンゲ》（朝鮮、全羅道・晋州の妓生）の墓があるのは意外だが、それとならんで毛谷村六助の墓がある。毛谷村六助は安土桃山時代の武将で、豊前国彦山の麓に生まれた。武芸に優れ、吉岡一味斎の娘お園らの仇討ちを助けたとされる。加藤清正に仕えて貴田孫兵衛と名乗り、朝鮮出兵で一番槍の名を馳せ、武功を重ねた武将である。難攻不落の晋州城を陥落させた後、戦勝祝いの折、論介が六助とともに川に身を投げ、殺害した。

上津野と山を隔てた大分県側の中津市規木集落にも墓がある。後世になって出身地に地元の人が建てたもの。六助は、歌舞伎「彦山権現誓助太刀」の主人公。六助の墓を地元の人々は今も大切に守り続けている。また、毛谷村地区では、昔から毎月持ち回りで六助の肖像画を掲げてお経をあげ、お供えの赤飯やお煮しめをいただく「お茶たて」が2012年まで行われていた。

(6) 気になる豊後街道と城下町・竹田

竹田といえば、滝廉太郎の「荒城の月」があまりにも有名である。豊肥線で、熊本から大分へ向かう列車は阿蘇山の麓を周回して、県境を越え、竹田へと入る。かつて肥後藩は豊後（大分）鶴崎に飛び地を領していたため、参勤交替でも阿蘇から、竹田周辺の久住を抜け、野津原を経て鶴崎に向かう豊後街道（全長31里、124キロ）を踏破した。

幕末、ペリーの黒船が浦賀沖来航の折、肥後藩はその警固のため、まずは鶴崎へ向かう。乗船して、大坂上陸後、お役御免となる。ペリーが去ったからだ。熊本へ引き返すものの、藩士は心が収まらない。ついに、荒ぶる心は阿蘇山麓で暴発して、集落を襲う事態に発展した。住民が虐殺され、部落が消えた。キリシタンの部落といわれる。河津武俊氏の『肥後細川藩幕末秘聞』（弦書房）などでとりあげられている。

竹田城主は誰か。志賀氏であり、中川氏である。大友氏の重臣が志賀親次だったが、その大友氏が秀吉の朝鮮出兵（文禄の役）で、鳳山撤退を責められて、領地を没収される。その余波で、志賀氏は岡城を去った。代わりに、播磨国三木から中川氏が入ってきた。中川氏（この頃は秀成）は、朝鮮へ出兵している。その証しが二つ残されている。菩提寺である碧雲寺《へきうんじ》の寺号は、朝鮮出兵で略奪してきた扁額によるという。また、英雄寺のボタンは、朝鮮ボタンといわれ、これも中川氏が朝鮮から持ち帰ったボタンである。いまも枯れることなく、花咲かせている。

(7) 秀吉の朝鮮侵略に従軍した僧侶

大分に、秀吉の朝鮮侵略に従軍した僧侶がいた。『朝鮮日々記』を書き残した臼杵・安養寺の慶《きょう》念《ねん》（1536～1611）である。第2次朝鮮侵略（慶長の役）に、臼杵の城主・太田一吉に近侍する医僧として、老境の身（62歳）ながら、朝鮮に渡った。伴僧と下僕を従えていた。太田率いる兵士は390人。総大将・小早川秀秋に属する目付としての役割を果たしながら遊撃支援の役目を受け持った。

釜山に上陸後、竹島海戦、南原（全羅道）から蔚山（慶尚道）へと激戦の地ばかりを従軍し、人間の極限状態を経験する。半島南部を転戦する中、慶念は秀吉軍による奪略、殺傷行為を目撃する。その後、籠城を強いられる蔚山倭城に加藤清正と転戦している。

日記は1597年8月から翌98年2月に、臼杵に帰り着くまでの7カ月間の日々が綴られている。武将の日記は武功の自慢に偏りがちだが、慶念の日記は一味ちがう。慶念の日記には、日本の将兵の略奪行為や、人買商人の蛮行について朝鮮人へ同情的に記しており、そこに偽りの気持ちは感じられない。

慶念のおかれていた立場が、戦地に赴いた者として特別な待遇を与えられていたことが、戦争を実体験した者の記録として特異なものになったといえる。しかし、敵・味方を超えて、人としての情を重んじ、戦場での悲惨な出来事を自身のこととして受け止め、それを自身の心に常に問いかけている。

『朝鮮日々記』は、自分自身を観察・反省する精神から書かれた文学、すなわち自照文学として大きな意義を有する作品である。日記には、狂歌332首、俳諧のつけ句26句が掲載されている。慶念は帰郷が叶えば、この日記に載せた狂歌を、自分の子どもを含めた若者たちに見せ、仏道修行の励みにしてもらおうと考えていた。

戦地において慶念は、どのような状況におかれようとも信仰心を失うことなく、それを堅持し、深めていき、その熱い信仰心を歌（狂歌や釈教歌）に託して表現してきた。

蔚山倭城で敵軍の包囲網、総攻撃を控えて、慶念は死を意識するが、危機一髪、毛利秀元率いる援軍の到着で、籠城していた加藤清正軍は命拾いする。慶念は危機的局面を乗り越え、熱望してやむことのなかった帰郷を、1598年2月2日、臼杵への帰帆をもって、ついに果たしている。

秀吉の朝鮮侵略にかかわる記録としては、韓国側には姜沆《カンハン》の『看羊録』、柳成龍《リュソンニョン》の『懲毖録《チンビロク》』、李《イ》舜臣《スンシン》の『乱中日記』などが伝わる。戦況をしっかり記述した歴史的評価の高い記録文学である。日本で、それに匹敵したものとして、慶念の『朝鮮日々記』を推したい。仏教文学としても大きな意義をもつ作品と、研究者は評価している。

そもそも慶念は秀吉の侵略に批判的であり、かつ戦いを厭う反戦思想の持ち主だった。そのような指摘もある。

(8)「用の美」小鹿田焼

歴史的町並みで知られる日田市の豆田を歩き、目当ての廣瀬資料館で、当時の商家の営みから、天領として栄えた当時が蘇って来そうな感じがした。豆田を抜け、少し歩くと小鹿田焼《おんたやき》の店があった。小さな店のなかには、焼き物がぎっしり陳列されている。飛び鉋《かんな》、刷毛目といった文様からして、以前から小石原焼に近いものを感じていた。それもそのはず、小鹿田焼は、日田代官の室七郎左衛門の要請を受け、1705年に福岡藩黒田家が小石原の陶工、柳瀬三右衛門（初代の柳瀬は福岡藩の皿山窯方頭取）を派遣したことで始まる。そのとき、柳瀬は朝鮮系の登り窯を築造したという。

この流れは、まさに朝鮮陶工の系譜である。黒田長政が朝鮮から連行してきた陶工八山（和名・高取八蔵）が大本となり、上野《あがの》、小石原へと伝わり、さらに小鹿田などの皿山へと広がったからである。

小鹿田焼といえば、大甕、大壺が思い浮かぶ。高校生のとき、釉薬や化粧土を垂らした、「白土流し青打ち掛け」といっていた水甕を、地元の漁師町で見かけた。それを水甕というと聞き、なおさら記憶に残った。焼き物への知識も興味もなかったが、流し掛けの技法と色合が印象深かった。それが小鹿田焼と知ったのは学生時代だった。喫茶店で見た雑誌『銀花』（文化出版局）に惹かれ、愛読するようになった。そこに民芸運動の指導者としての柳宗悦の世界が描かれていた。

小鹿田皿山には、1954年4月、陶芸家のバーナード・リーチが約3週間滞在している。柳宗悦の民芸運動の共鳴者である。彼が来たことで、取っ手付きのピッチャーが、洗練さを増す。ピッチャーは、小鹿田焼では作られていたが、お粗末な代物だったらしい。

柳宗悦は民芸運動を進める中で、『用の美』を盛んに説いた。毎日使うなかで感じる美、実用品をつくり出す名もなき工人の技、この双方が響きあったものといってもいいだろうか。柳自身の言葉を借りると、「日々の生活に美の喜びが伴わなければ、美はますます我々から遠のいてしまう」となる。

小鹿田の里は、山に囲まれた小さな集落である。小さいからまとまりもよく、共同で使用する窯もあるのだろう。村の中心部を川が流れ、傾斜を生かして登り窯が築かれている。小鹿田焼き陶芸館をのぞけば、江戸時代以降の焼き物の流れが分かる。

(9) 福沢諭吉と朝鮮

福沢諭吉は、政治家に多大な影響をおよぼしたが、終生、政治家にはならなかった。在野にあって、民衆の指導者を育てた。その拠点が慶應義塾である。それも官立でなく私立であったことが大きい。独立自尊の立場を貫けたからである。

名著『学問のすゝめ』のなかに、次のような一文がある。「文明の事を行う者は私立の人民にして、その文明を護する者は政府なり」。教育者として多くの弟子たちの特質をつかみ、各分野からの求めに応じて弟子たちを派遣して、社会のために尽くした。

朝鮮が、欧米列強の東侵に抗して生き残るには、開化・近代化の道しかなかった。朝鮮開化、独立党の金玉均一派を応援したのは、このためである。

しかし、金玉均らは政変を起こし、政権を強引に奪い取るが、それも3日天下で終わった。クーデターの頭目・金玉均は、追われる立場となり、日本に逃れ、福沢ら支持者にかくまわれたが、それにも限界があった。

日本放浪の末、金玉均は上海に誘い込まれ、ここで凶刃に倒れた。この悲報に接した福沢諭吉は「東洋百年の大計を、策せし友を失へりと、天を仰いで嘆けり」（近藤吉雄『井上角五郎先生伝』より）。金玉均の遺体は韓国政府に引き渡され、金玉均の首が南大門に曝された。

福沢諭吉宅跡。隣には、資料館が立つ

このとき、漢城（現、ソウル）で写真業を営んでいた長崎出身の甲斐軍司が持ち帰った金玉均の遺骨の一部と毛髪が福沢の手に入る。福沢は本郷駒込の真浄寺に埋葬し、墓碑を建てた。それほど、福沢は金玉均の役割に期待していた。

福沢が朝鮮人に教えたかったのは、「一身独立して、一国独立する」ということではなかったか。この言葉は『学問のすゝめ』のなかに出てくるのであるが……。

朝鮮開化、独立党の敗北は、福沢にとって朝鮮の文明開化の後ろ向きな頑迷さの証左であり、失望は大きかった。福沢は1885（明治18）年、『時事新報』に、「脱亜論」と題する小論を発表した。

「我が国は隣国の開明を待て亜細亜を興すの猶予ある可らず、寧

福沢諭吉資料館の前に立つ胸像「福沢諭吉先生」

ろ其伍を脱して西洋の文明国と進退を共にし、其支那朝鮮に接するの法も隣国なるが故にとて特別の会釈の及ばず、正に西洋人が之に接するの風に従て処分す可きのみ」「悪友を親しむ者は悪名を免かる可からず。我は心に於て亜細亜東方の悪友を拒絶するものなり」

ここには福沢の無念さが滲み出ている。彼は朝鮮人に独立を指向する気風が乏しいことに、腹を立てたのではないか。この一文が後世、アジアにおいては福沢の評価を下げることになる。

当時、この文が『時事新報』に出たとき、慶應義塾内では、先生は朝鮮に惚れているという感想まで聞かれた。

現代の研究者は、これに批判的である。「これは明らかに文明開化を基準に朝鮮・中国を劣等視し、侵略を是認する思想であり、この思想は日本人のアジア観に大きな影響を与えることとなった」（『朝鮮人物事典』大和書房、糟谷憲一筆より）

諭吉の人生を大きく変えたのは、１８６０（万延元）年「咸臨丸」に乗り込み渡米したことだった。以後、ヨーロッパ諸国も歴訪し、社会の制度や考え方などに旺盛な好奇心で見聞を広めた。その後『西洋事情』『学問のすゝめ』『文明論之概略』などを続々と著し、当時稀有の啓蒙家として日本人に西洋文明の精神を伝えた。

⑽ 日本人街が残る木浦に、佐賀関の影

佐賀関町（現、大分市）は、今では「関アジ・関サバ」で知られる漁師町である。しかし、以前は佐賀関精錬所の「大煙突の町」として名をはせた。建てられた1916（大正5）年当時は世界一。常陸に大煙突の立つ兄弟のような町があったが、そこの煙突をも抜く、高さ167・6メートルだった。作家・新田次郎の小説『大煙突の町』に描かれている。

四国に向かって突き出た佐賀関は、朝鮮半島に縁のある町である。世界一の大煙突をつくった技術が戦時中、北朝鮮の鎮南浦《チンナンポ》に生かされたからだ。開城を北に上った、黄海に面した港湾都市である。佐賀関から多くの技術者が渡り、朝鮮半島で最も高い大煙突を作りあげたのである。

「韓国で生まれた」「韓国で幼少期を過ごした」という声を、私が生まれ育った佐賀関町の小さな集落・白木で聞く。植民地時代、なぜか木浦《モッポ》で過ごした方が多い。当時、旅館業で成功した地元出身者が呼び寄せたらしい。木浦は韓国半島南岸、それも最西端にある。釜山経由で行ったとしたら、遠い場所であるが、木浦は日本人が住みやすい街だったらしい。

高知市出身の田内千鶴子が園長を務めていた孤児院「木浦共生園」がある。ご主人は韓国人で、乞食大将と呼ばれた尹致浩《ユンチホ》である。彼は朝鮮戦争直後、食糧調達のため出掛け、行方不明となった。以来、彼女は職員とともに共生園を守り、多くの孤児を育てた。彼女が亡くなったとき、盛大な市民葬が行われた。

植民地時代、朝鮮半島の南岸には、日本各地から移民する人が多かった。職種もまちまち。漁師もいた。彼らは離島を目指した。巨済島、巨文島など、戦後、その地域が漁業基地として発展する基を残してきている。

⑾ 巨済島で思わぬ出会い

釜山の釜慶大大学院に留学していた２０１４年12月、巨済島の統営《トンヨン》で開かれた日韓トンネルのシンポジウムに参加した。そこで、思わぬ人に出会った。大東文化大学名誉教授の永野慎一郎先生である。韓国語が流暢で、若い頃、韓国に留学してマスターしたのかと思ったら、日本の植民統治時代、木浦で生まれ、木浦で幼少期を送った方だった。韓国人も驚く韓国語能力は、そこに秘密があった。私の母が生まれた、同じ木浦出身である。シンポジウムが終わり、挨拶した後、聞いた話がまた凄かった。

『朝鮮の土となった日本人』で知られる浅川巧（山梨県出身、林業技師）を超える人物を発掘しているというのだ。その人の名は、大分県玖珠町出身の若松兎三郎。明治・大正期の外交官として、朝鮮でも勤務した人である。

若松兎三郎について、簡単に記したい。

「最初の勤務地、木浦領事の時に、木浦高下島で試験栽培した陸地綿の成功が契機となって、綿花奨励事業が推進され、朝鮮半島全域において栄えていました」「陸地綿栽培は若松領事のアイデアと熱意で始まり、彼の努力によって進められた事業です」

若松兎三郎は大韓帝国時代、朝鮮の人たちの力になった日本人である。綿業の普及は当時、農家の所得増大に寄与したといわれる。

巨済島に行って、大分県の偉大な先人の話を聞けるなんて思ってもいなかった。

⑿ 朝鮮に尽くした若松兎三郎

永野慎一郎先生より便りがあった。東洋経済日報（在日コリアンの新聞）で、連載「明治期外交官若松兎三郎と韓国　共生のための苦悩」を始めたという。それとソウルから、若松の評伝が近く出版されるというお知らせである。

というのも、２０１５年に日韓国交正常化から50年の節目を迎えたが、両国の関係は冷え切り、この節目をどう次につなげていくか、方向性が見えなかったからである。永野先生は、「歴史を直視し、認め合い、赦し合い、協力し合うことが大事である。価値観を共にする両国は協力して『共生への道』を切り開くべきである」と述べている。その通りである。

若松兎三郎とは、どういう人物か。少し詳しく説明したい。

大分県玖珠町出身の外交官である。朝鮮が植民統治される直前、大韓帝国の時代に木浦領事に着任。そこで、朝鮮人に陸地綿の栽培と塩田の開発・指導をした。朝鮮人のために尽くしたことは、意外と知られていない。戦前・戦中、木浦の日本人としては戦争孤児３０００人を養育した田内千鶴子（高知市出身）が知られているが、木浦にもう一人、日韓共生に尽くした若松がいたことが、もっと知られていい。彼は人道主義に基づく共生への道を追求した人である。

若松兎三郎は、新島襄が創設した同志社普通学校で学び、キリスト教の信仰を深めた。家が貧しかったのか、彼の学費や生活費は、京都政財界の巨頭、田中源太郎が出してくれた。東大法学部在籍中に外交官試験に合格。米国や中国での勤務を経て、木浦領事館に着任すると、世界の主要棉種陸地棉を自費で試験栽培した。もう一つは、天日塩試験場を設立して、天日製塩を始めたことである。もちろん、その技は朝鮮人に伝授され、朝鮮の産業界に生かされた。若松は25年間、朝鮮半島にいて日韓共生のためにつくしている。朝鮮人のために、産業開発を通して大きな足跡を残した人であった。木浦高下島には『朝鮮陸地棉発祥之地』の記念碑があり、木浦市の観光スポットとなっている。

⒀ 韓国女性と結婚した牧師、澤正彦

釜山出身の文学者・金素雲《キムソウン》は、親日派といわれるほど、日本と馴染みが深かった。金素雲の長女は、金纓《キムヨン》という。１９４８年、釜山生まれ。延世大学神学部卒業、東京神学大学大学院修了。牧師、澤正彦（大分県杵築市出身）と結婚し、渡日。小岩教会副牧師、世界教会協議会（ＷＣＣ）スタッフ、日本基督教団豊島岡教会牧師など布教のため貢献した。宮城県に在住。著書に『チマ・チョゴリの日本人』『チマ・チョゴリのクリスチャン』（以上、草風館）、『それでも私は旅に出る』（岩波書店）などがある。

日本デビュー作の『チマ・チョゴリの日本人』の帯に、以下のような一節がある。「金素雲を父とし、日本人牧師と結婚したハングル世代（戦後生まれ）が往来したソウル－東京の二都物語」。

この作品は、読売新聞のヒューマン・ドキュメント大賞を受賞した文を軸に、自伝風の書き物であ

る。そのなかに、父の思い出を次のように記している。

「私の父、金素雲は、詩人というよりは、韓国人のなかで『一番日本語が上手で、日本をよく知っている人』として知られています。それは、父が20歳そこそこで『朝鮮詩集』『朝鮮童謡集』『朝鮮民謡選』を岩波文庫で出したからです。訳した日本文の巧みさは、北原白秋、島崎藤村など日本の文学者を感心させたといわれています」

娘、纓は日本人、澤正彦と結婚する意志を固め、父親に告白したとき、父はこう言った。

○「澤を褒めたのは、若い人にめずらしく志があったからだ。それも、僕が一生抱いていたのと同じ、韓日の和解のための志だ。だが、その志があるために、本人や家族は犠牲になる」

○「僕は12歳のとき日本に行って、人生の3分の2を日本で過ごした。だが、一瞬も日本が好きで、日本人になりたいと思ったことはなかった。日本人と韓国人のあいだには大きな隔たりがあって、それを少しでも縮めようと生涯をかけて働いてきたが、考えてみると、それはざるで水をくむようなことだった」

○「僕の父は親日派と誤解されて同族の手で殺された。日本との根深い因縁は僕の代で終わらせたかった。娘が日本人と結婚したら、そうはいかない。これからは、金素雲の娘だというな」

このように父に諭されたが、娘、纓は澤正彦と結婚して、日本に渡り、2人の娘（知恵、正恵）を産み、育てた。纓は金素雲が41歳のときに生まれた初めての子であった。たいそうかわいがった。名前は中国の古典から取った。「纓」は昔の冠の紐という意味で、この世で一番よい名前をと考えてつけられた。結婚して日本に帰化する際、この字は日本で使われていないため、変更するように言われたため、戸籍にはカタカナで「ヨン」と記している。私用では、「纓」を使っている。

詩人・北原白秋の世話で日本の文壇にデビューした金素雲は、文学の世界で日韓をつなぐ大きな役割を果たした。戦後、韓国政府から勲章をもらっている。

その長女、金纓は澤正彦と結婚し、夫と共に宣教師として布教に励んだ。夫を早く亡くした彼女は、2人の娘を自立させた。夫の書き残した原稿を、遺作として出版した。父親と同様に、日韓の懸け橋となった。

【大分と朝鮮メモ】

○佐伯城主、毛利高政　秀吉の朝鮮出兵（文禄の役）で毛利高政は、まずは対馬で陣城普請（1591年）。清水城などを築城。文禄の役では、兄弟で舟奉行を務めて渡海。江原道で朝鮮の助防将が蜂須賀家政を破った後、春川で高政を攻撃してきた。高政はこれをかわして、逆に敵将を生け捕る武勲を立てた（『日本外史』より）。慶長の役では、軍目付を任命されて再び渡海。全羅道の南原攻略や、加藤清正軍が籠城を余儀なくされた慶尚道の蔚山城救援で軍功を挙げた。朝鮮海軍の李舜臣将軍と戦った鳴梁海戦では、船から落下して溺死しかけたが、味方に救われ一命を取りとめている（『藤堂家記』より）。

○大井憲太郎　宇佐郡高並村出身の自由民権運動家（1843～1922）。朝鮮で金玉均ら開化派による政変が起こり、日本人に死傷者が出たことで日本国内でも世論が沸騰する。このとき大井らは朝鮮から清の勢力を一掃し、朝鮮の独立を図り、同時に日本国内の改革を狙う陰謀が練られる。朝鮮渡海のための資金集め、武器の収集・運搬など秘密裡に行われていたが、警察当局の察知するところとなり、実行隊の壮士らが逮捕された。容疑者は200人を数えた。大阪事件である。1889（明治22）年、憲法発布恩赦で全員出獄するが、これを祝って祝賀会まで開かれたという。大井は日本の膨張主義、対外侵略に便乗した運動家と見られている。以上、琴秉洞《クムピョンドン》著『日本の朝鮮侵略思想』（朝鮮新報社）を参考にした。

○広瀬武夫と南次郎　激動の明治から昭和。近代化の道を駆けあがった日本は、欧米列強と勢力を競い合う時代を迎える。膨張主義を担う、軍人が次々と現れる。乃木希典をはじめ軍神と崇められる人物も生まれた。時代が、そうさせた。司馬遼太郎の『坂の上の雲』がNHKでドラマ化されたが、そのなかに広瀬武夫（1868～1904、竹田出身）も出て来る。日清戦争に従軍後、ロシアに留学・派遣されて、ペテルブルクの貴族社会で交友を拡げ、ロシア女性にも慕われた広瀬の姿が描かれていた。彼は日露戦争で、旅順港閉塞作戦に参加し、ロシア軍砲弾をうけて37歳で戦死している。出身地の竹田には広瀬神社が創建され、さらには文部省唱歌の題材にもなった。広瀬武夫の亡き後、朝鮮半島で、植民地政策を推進する軍人が、大分県から出る。第7代朝鮮総督の南次郎（1874～1955、豊後高田出身）。南次郎は、朝鮮軍司令官、関東軍司令官を経て1936年、朝鮮総督に就任するが、やったことは内鮮一体という同化政策。「志願兵制度を導入し、創氏改名によって朝鮮人の名前まで日本式に改めさせた」(平凡社の『朝鮮を知る事典』より)。南次郎は戦後、A級戦犯として裁かれ、終身禁固刑となっている。広瀬武夫と南次郎は、光と影という対照的な位置にある。

宮崎のなかの朝鮮文化

天孫降臨の地
高千穂峡
北浦
延岡
庵川焼き
日向
東郷
西の正倉院
百済の館
神門神社
南郷
若山牧水記念文学館
牧水生家と歌碑
比木神社
高鍋
西都
石井十次資料館
韓国岳
石井十次銅像
「孤児の父」石井十次の生家
宮崎
標高1700mの韓国岳
清武
西都原古墳
都城
北郷
飫肥
日朝両国民親善の碑
日南
都城名物「高麗餅」
小村寿太郎生誕の碑
国際交流センター小村記念館
小村寿太郎生家
好太王碑の酒匂景信の出身地

宮崎紀行

◆南郷村はいま。郷土の誇り「西の正倉院」

「百済の里づくり」で知られる南郷村（現、美郷町南郷区）。西の正倉院に入る前に『とっておき神《み》門《かど》物語』を買った。そこには百済王族がなぜ、山深い南郷に逃れて来たのかについて、こう記されていた。「伝説によると、百済の国の滅亡から日本の畿内地方に逃れた王族が、その後の動乱から舟二艘で逃げる途中、瀬戸内海で時化に遭い、日向の国の金ケ浜と蚊口浦に漂着、それぞれが奥地に入り、後に神として祀られたという」。ここに記された動乱が672年に起こった「壬申の乱」である。

近江の都から落ち延びて来た百済の王族、禎嘉《ジョンガ》王は日向の南郷村に落ち着く。新羅と唐の連合軍によって滅んだ百済の遺民は、倭国へと逃れてくる。ただ、禎嘉王は当時、大和にいて壬申の乱に巻き込まれ、その難を逃れて九州へと向かった。百済滅亡の12年後だった。壬申の乱は、皇位継承をめぐる内乱。天智天皇の弟、大海人皇子と天皇の長子である大友皇子が争ったが、大友皇子は敗北して自殺、大海人皇子が皇位継承権を獲得し、翌年、即位して天武天皇となった。

天智天皇は百済系、大海人皇子は新羅系。壬申の乱は、新羅系の勝利であり、この難を避けた禎嘉王は新羅系に追われることになる。

南郷村の「百済の館」＝美郷町南郷区

西の正倉院。奈良の正倉院にならって造られた

南郷村に神門神社がある。ここに禎嘉王は祀られているが、その社の正面右手に、石碑が立っている。落ちのびて来た、禎嘉王一行を迎え入れた村の七人衆の事績が、禎嘉王の都落ちと共に刻まれている。以下のような碑文である。

「天平勝宝8年（756年）、今から1220年前、乱により祖国を追われた百済王貞嘉帝が大和国厳島逃れ、2年後に反乱軍の追撃をさけ、海路九州の大宰府えと脱出の途中激しい暴風雨で難航し王は日向市金ケ浜に漂着し、山奥の神門郷に住んだ。王子と妃の船は高鍋町蚊口浦へ流れ着き木城町の比木に安住した」

神門神社に来る観光客はいても、この碑文を刻んだ『百済王守護益見太郎並に七人衆之碑』にまで足を運ぶ人はいないのではないか。この七人衆がいたからこそ、禎嘉王は南郷村に安住できたのである。

日向から西へ西へ、小丸川に沿って走る。山間部に入って行く。秋まっさかりだが、紅葉は見られない。落葉樹が少ないためだ。「紅葉狩りといった風情が宮崎にはありません」。福岡の友人が仲介してくれたおかげで、地元、宮崎市在住の女性2人と南郷村に向くことになった。

運転する女性は「宮崎神話を学ぶ会」の会員。2016年7月に発足した新しい会だが、大きな公演や学校への出前講演、学びの会開催をはじめ、神話の絵本を小学校に寄贈する運動も進める。神話のどこに惹かれるのだろうか。その答えは……国の成り立ち、日本人のルーツを考えたり、道徳的な観点から親しみを感じるという。「宮崎は神話の里といわれるが、そもそも神話とは何なのか。何を日本人にもたらしてきたのか。県民の一人として考えてみたい」と話してくれた。

百済の王族を守護した「七人衆之碑」。神門神社の右側にある

この方は30代。もう一人は60代前半。歴史好きであり、日韓交流にかかわる。詩人、南邦和さんが書いた『百済王はどこから来たか』（鉱脈社、2006年刊）を持参して、「南郷村のことは、この本で勉強しました。詳しくよく書かれてます」と薦める。以前、見たことがある本であるし、南さんのこともよく耳にしている。「韓国への思い入れが強い方ですね」というと、「生まれは朝鮮・江原道ですよ。今年、85歳になるそうです」と答える。

車は、ひたすら西へ。ときおり、民家が現われるが、そのなかに『とんそくの店』という看板を見たとき、韓国を感じた。豚足

南郷村の入り口に立つ、韓国の守り神・チャンスン（将軍像）

は酒の肴に最高である。

南郷村は平成の市町村合併で、三村が一つになって美郷町になった。あとの二つは北郷、西郷という。三村に共通しているのは「郷」。その字の上に、三ではなく、「美」をつけた。人口が一番多いのは西郷。隣町の日向市・東郷は歌人・若山牧水の生誕地。そのあたりが近づくと、看板は若山牧水一色になる感じである。

南郷村を再訪するのに伴い、20年前に買った『神門《みかど》物語』（南郷村役場編集）を探し出して、紐解いた。百済王族伝説のなかに、禎嘉王一行が流れ着いた場所として、2カ所の名があがる。一つは金ケ浜（日向市）。ここには禎嘉王、二男の華智王、乳母、女官、舎人など10数人。もう一つ、蚊口浦（高鍋町）には福智王（長男）と妃、禎嘉王の后、福智王の姉ら。二手に別れ、定住先を探したそうである。

「西の正倉院」を見たい。そんな思いを抱いて村に入った。奈良正倉院と同じ原寸大の博物館。完成は1996年。今から25年前に初めて訪ねたときには、まだ姿を現していなかった。貴重な文化財がある村を印象づける「小さな村の大きな挑戦」が構想されたのは、1987年。それから10年の歳月をかけて、西の正倉院は完成する。完成に至るまで、大変な道のりであったことは、『とっておきの神門物語』（南郷村役場編集）に載っている記事を読めば分かる。
南郷村の記憶は、川を遡っていくにつれて蘇って来た。ただ、バス停「百済の館前」に、神門神社の鳥居があることは思い出せなかった。上り口の右側に、百済の館があり、神門神社の隣、百済の館の上に西の正倉院がある。村自慢の三点セットが同居している。そんな感じに思えた。

禎嘉王を祀る神門神社の社殿の右側で、『七人衆之碑』を見た後、西の正倉院にはいった。建物は風格と重量感がある。奈良の正倉院と同じ構造であり、そのなかに入れるのが何ともいえない。なかの陳列物は鏡を中心とした文化財と、1300年も続く百済王族父子の再会を再現する「師走祭り」を紹介したものだった。

それらを見て、気になったのが須恵器であり、唐式鏡17面を含む33面の銅鏡であった。どこからもたらされたのか。日向の海岸から、バスで1時間20分も揺られてたどり着く山間部。辺境の地に、古くから文化が開けていた。もしかしたら、禎喜王が落ち延びてくる前に、朝鮮系渡来人が住んでいたのか。

「小さな村の大きな挑戦」プロジェクトの中心的なメンバーとして、当時実務を担当した原田須美雄さんと、幸運にも会うことができた。素朴な質問をぶつけてみた。①須恵器が大量に神門神社の近くで出土していること、②唐式鏡が33面も伝わること……これは何を意味するのか。

原田さんの話では、村にある時期、有名な考古学者が次々と調査に訪れ、奈良国立博物館も調査に乗り出したことを聞かされた。何しろ、村内出土の銅鏡のなかに唐花六花鏡があるが、これは正倉院宝庫の御物と種型が同じであるという。踏み返し鏡である。さらに、東大寺大仏殿の須弥壇西南隅からも同じ鏡が出土している。これは国宝という。

貴重な銅鏡がなぜ、南郷村にあるのか。それは定かでないという原田さんは、百済の王族、禎嘉王がもたらしたものではないかと推測する。村で大量の須恵器が出土したが、これは5世紀から8世紀にかけての遺物という。須恵器が百済の王族が村に入る前からあるということは、古くから進んだムラが存在した証しなのか。

南郷村の百済の里づくりは、郷土の誇り、郷土自慢を子どもたちに植えつけるために始められた。村外に出たとき、「どこから来た」と尋ねられても、「日向の山奥」と答えるだけで、南郷村といえない。これを寂しく思った村の重鎮は、地域再生のプロジェクトで、子どもたちに郷土の誇りをもってもらいたいと立ちあがった。

竹下登首相のとき、各市町村に「ふるさと創生資金」1億円が交付されたことを覚えているだろうか。南郷村は、これを子どもたちの韓国訪問に充てたという。中学1年になると、南郷村では恒例としてソウルと扶余（姉妹都市）を訪ねる旅に出させるようにした。

「中学の卒業アルバムには、必ず韓国訪問の写真が載っているんですよ。そんないい思い出をつくれる地域が、1990年代に生まれた。百済の里づくりによる、大きな成果ですよ」

この話は、原田さんの奥さんが営む、そば処「田舎屋みかど」で聞いた。奥さんが、昔を懐かしみながら語ってくれた。手打ち蕎麦《そば》は、朝、ご主人が仕込んだ蕎麦である。美味しかった。この店の前の道路を渡った向かい側に韓国のチャンスン（将軍像）が立っている。1990年8月2日に来村した韓国の政治家、金鍾泌《キムジュンピル》氏が贈ったもの。魔除け、招福の神を意味し、村の入口によく立っている。その説明文にこうある。「百済の地方では、百済最後の抗争を描写した祭り、将軍や戦没将士の霊を慰める形で、その地方の病魔と災難を退ける郷土祭りとして、チャンスン祭がある」。

南郷村で撮影した写真をメールで、黒川温泉（熊本県）で働く、知り合いの韓国人女性に送ると、「見た瞬間、韓国の村のように思えました」と返信をくれた。韓国人もだまされるほど、韓国色が濃厚に漂う村。百済の里であるから、当然そうなろう。「日本が嫌いでも、南郷村は好きといってくれる韓国人もいます」。村で聞いた話である。

宮崎編

【概論】

宮崎と韓国のあいだには、古代より交流が続く。南郷村（現、美郷町）には「百済の里」がある。日韓友好に力をいれる村だが、その始まりは百済王族の禎嘉王父子にまつわる話にある。百済滅亡後、難を逃れて日向に流れ着いたという説、畿内で発生した「壬申の乱」で追っ手を逃れて来たという説がある。ともあれ、禎嘉王は南郷村に、福智王子は木城町に落ち着いた。近年、師走祭り（12月）で親子の再会を再現し、「西の正倉院」も建設して、観光客を集めている。

秀吉の朝鮮侵略で、日向から北郷忠虎らが第四軍に入り、戦闘に加わった。江戸時代、朝鮮通信使を迎えるにあたって、日向の各藩にも協力要請があった。さらに、明治維新政府が朝鮮を植民地支配する過程で、2人の人物の存在が目立つ。

一人は、都城出身の酒匂景信《さこうかげのぶ》。古代の日朝関係史に影を落とす高句麗の広開土王《クワンゲド》碑の拓本を、陸軍中将の酒匂が日本に持ち帰り、参謀本部で解読した。この碑文の倭関係記事が改ざんされたのではないかという李進熙氏の論文『広開土王陵碑の研究』で大きな問題となった。その後、長きにわたる追究で実は拓工が古文字を詳しく拓本にとるため、塗布したに過ぎなかったことがわかった。

もう一人は、飫肥《おび》（現、日南市）出身の小村寿太郎。韓国併合時に外務大臣を務め、日韓条約調印にかかわり、朝鮮を植民地支配する布石を打った。

歌人、若山牧水（東郷村＝現、日向市＝出身）のことも加えておきたい。彼は傷心の身で朝鮮半島へ渡った。新築した家の借金と「詩歌時代」の失敗による負債のためである。朝鮮では「揮毫行脚」（色紙・短冊の頒布）に徹した。帰国1年後にして牧水は44歳（数え歳）の生涯を閉じている。

歴史には「光と影」がある。宮崎と韓国の関係史には、「影」が濃い。そのなかで、「光」として輝いているのは、南郷村の「百済の里」である。韓国でも注目されており、これを広げていくことで、宮崎と韓国の友好的な関係がさらに深まっていくと思われるし、そこに期待した。

(1) 天孫降臨の地は、高千穂ばかりではない

「筑紫の日向の高千穂の久士布流多氣《くじふるたけ》に天降りまさしめ」（『古事記』上巻、天孫降臨の段）、「日向の高千穂の二上の峯に天降《あも》りましき」（『日向国風土記』の逸文、「知鋪郷」の項）。このような天孫降臨説話から、日向がいかに皇室の発祥伝承と関わりが深いかを知ることができる。『日本古典の研究』で知られる津田左右吉氏は、「天皇が日の神の御子であり、天つ神の御子でもあるということから、神代の物語において、日に向かうという意味合いの日向国が日の神の出生地となり、結局、高天原からの降臨説話がつくられた」としたという。これは、日高正晴氏の『古代日向の国』（日本放送出版協会）で知った。日高氏は、こうも書いている。

「この『風土記』逸文に記されている伝承説話の前半は、この豊葦原中つ国を治めるため高天原か

ら、天つ神のニニギノ尊一行が、日向の高千穂の峯に降臨したことが主眼になっている。このような民族信仰は、東北アジアのツングース民族系統の住民に広くみられる信仰形態であり、その民族と関連性のある朝鮮半島の各国々の始祖伝承も、この降臨説話が主眼になっている」

加耶大学（慶尚北道高霊郡）の校内には、高天原公園がある。高天原とは、日本神話における天上の国をさし、『古事記』『日本書紀』の神代の巻を典拠とする。この高天原が、今日の高霊地方にあったという説を唱えたのは、筑波大名誉教授の馬渕和夫氏である。それをもとに、高天原故地という石碑を同大学内に立て、高天原祭を行っている。高霊が「日本の皇室の始祖の故郷」という内容が、石碑に刻まれているという。

この碑を立てたのは、前大邱学園理事長の李慶熙《イギョンヒ》氏だが、すでに死去している。

２０１５年4月11日に開かれた第17回の高天原祭の案内状を、以前、この祭りに参加した友人からもらった。亡くなられた故李慶熙氏の追悼行事も兼ねているという。馬渕和夫氏の学説は、韓国人に受けいれられるのは、自然と納得できる。

上田正昭氏（京大教授。現、名誉教授）の『日本神話』（岩波新書、１９７０年刊）には、こうある。

「王権祭式がすべて固有のものであったなどとは断言できない。たとえば、宮廷の御神楽のような日本的なものにおいてさえ、韓神のまつりや韓風の神招《かんお》ぎは入っていた」と。古代史においては、日本の王権祭祀に朝鮮の影響がうかがえ、また日本各地に朝鮮民族の足跡が刻まれている。それほど、お互いは近い関係にあり、往来が盛んだったのは、分かる。

馬渕和夫氏の学説は、韓国で受け入れられて支持され、加耶大学では高天原故地という石碑を学内に立て、高天原祭を行っているのである。第17回「高天原祭」では、魯成煥・蔚山大教授が、『日本神話に現れた加耶』、古代朝鮮文化を考える会会長の佐々木洋氏が『有明王国は加耶連盟の一員だった』と題して講演している。

(2) 古代日向と朝鮮。その結びつきは……

宮崎県には、古墳が多い。大和と対峙するほどの古墳国である。西都原を中心に約4000の古墳がある。西都原は皇祖伝承にまつわる古墳群として、地元で崇敬され守られてきた。皇祖伝承を考えるとき、日向出身の「后《きさき》」の数が多いことだ。記紀(古事記と日本書紀)には、景行天皇(12代)、応神天皇(15代)、仁徳天皇(16代)が日向出身の后を迎えている。畿内とも結びつきが深いのが、日向の特徴である。

西都原で最大級の円形墳は169号墳で、通称「飯盛塚」と呼ばれるもの。その墳丘の裾部と頂には埴輪が巡らされていた。そのなかの埴輪に舟形埴輪があり、海を介した交流史を刻んでいた。というのも、韓国で船形容器、船形土器の出土例があり、中国には漢墓出土の陶船器や滴舟(水差し)磁器がある。

海を通してつながる文化。その例として、玉虫もあげられる。飯盛塚の副葬品に、珠文鏡があるが、その面上に玉虫の翅が納置されていたという。玉虫は奈良・法隆寺の玉虫厨子、正倉院の鞘口《さやくち》の飾りに見られる。玉虫は本州・四国・九州に生息する、特殊なもの。それが韓国・慶州の金冠塚古墳から出土した。馬具の鐙《あぶみ》に貼られた金銅透彫《こんどうすかしぼり》金具の下に、玉虫の翅が張りつけられていた。北朝鮮の古墳からも出土例がある。金銅製の冠に、玉虫の翅が付けられてきたのである。

考古学の日韓交流を積極的に進めた西谷正氏（現、九大名誉教授）は、かつて宮崎での古代シンポジウムで、こう語っている。

「最盛期における日向の古墳文化のなかには、大陸系要素といっても、朝鮮半島南部における三国時代の百済・新羅、そして加耶といった諸地域の古墳文化が濃厚に係わっていることがわかる」

朝鮮系のものが、畿内経由で入ってきたのか、朝鮮半島から直截的に入ってきたのか。ここが知りたくなる。畿内と結びつきが深い日向であるからには、畿内経由と考えてしまう。

西谷正氏も、ここに力点を置いて、「中央政権が地方支配を展開する過程で、新しい技術を持った人びと、具体的にいえば、朝鮮系の渡来人を地方に送っているらしいのです」と言っている。

このシンポでの発言内容については、金達寿著『日本の中の朝鮮文化11』（講談社文庫）を参考にした。

大和政権時代、日向の大古墳地帯は児湯県、諸県地域であり、ここに約1200基の古墳が集中している。そのなかの西都原には6世紀ごろ、屯倉《みやけ》が置かれる。屯倉は大和朝廷の直轄地の証しである。

日向の古代文化は、古墳から朝鮮系の出土品が多く見られるが、その伝播経路について、もっと知りたくなる。

日高正晴著『古代日向の国』に、日向の海神族、日下部《くさかべ》族の話が出てくる。日下部氏は、畿内と日向を結ぶ重要な役割を担っていた。海を駆ける彼らの活動は広く、多様であると思う。すると、日向への朝鮮文化流入にかかわっていた可能性も無視できない。『日本書紀』編纂に際して、史局員に任じられていた難波連大形《なにわのむらじおおかた》は日下部氏族の系統であったという。

『古代日向の国』には、気になる話が書かれていた。説話を通しての、日向と朝鮮半島の結びつきである。

「咸鏡北道地域の民族伝承と祖母山を中心とする豊日地帯の姨岳伝承が、内容的にほとんど同様の類型に属していることは、案外、東北アジアから九州山地へ、真っすぐに、この民族伝承が伝わったのかも知れない」

古代日向と朝鮮半島。玄界灘に面した北部九州とは異なり、地勢的にハンディーはあるものの、お互いの結びつきは深いのではないか。そんな思いがする。

(3) 城下町・飫肥、歴史の「光と影」まざまざ

司馬遼太郎原作のドラマ『坂の上の雲』。そのなかに、外交官として、欧米を舞台に日本の権益を守るために、したたかに闘う小村寿太郎が出てくる。日英同盟を推進して締結、ロシア側と交渉してポーツマス条約調印。小村が輝いたのは、第1次桂太郎内閣で外務大臣を務めた時代である。

小村寿太郎の出身地の飫肥を訪ねた。宮崎駅発、志布志行きの電車に乗り、飫肥まで1時間20分を要した。駅から飫肥の城下町まで20分ほど。橋を渡ると、まっすぐ東西に走る商人通りがある。街中で、右へ折れる。すると、大きな石碑、小村寿太郎生誕之碑と出合う。巨大な礎の上に碑が立つ。見上げるばかりである。筆は東郷平八郎。いかめしいばかりである。

歴史的な佇まいを残す飫肥城下。土地のヒーローは小村寿太郎。記念館もある

小村寿太郎誕生の地に立つ碑文。後ろの大きな石碑は東郷平八郎の筆による

小村家は一時没落している。父親は町役人（別当職）をしていた小林寛という、下級藩士。明治新政府が誕生すると、旧飫肥藩の専売事業を引き継いだ飫肥商社の社長に就任。しかし、破産。商社の土地・建物は隣の屋敷を構える山本猪平に売却されている。

町には、国際交流センター小村記念館と小村の生家があり、旧藩校内には小村の胸像が立つ。まさに飫肥では、小村寿太郎はヒーローである。

小村記念館の陳列棚に、「朝鮮に関する覚書」という資料があり、こう説明されていた。

「明治28年（1895）4月17日に日清講和条約が調印されたのもつかのま、同月23日には三国干渉を受け、朝鮮国に親露派による政権が成立し、日露関係が悪化した。小村寿太郎は病み上がりであったが閔妃暗殺事件の処理に当たった。翌年5月14日には、駐朝鮮国公使として朝鮮の京城で駐朝鮮国ロシア公使ウェーバーとの間で、『小村寿太郎・ウェーバー協定』を結び、朝鮮における日露両国の権益を確認した」

朝鮮を支配下に置こうと、東学農民運動以来、日露・清（中国）が画策を巡らせ、武力衝突をしていたが、その後、日露間で権益擁護のため、このような協定が結ばれる。清は朝鮮の宗主国であり、それを奪われまいと軍を派遣していた。

飫肥城の隣に、旧藩校「振徳堂《しんとくどう》」があり、ここで小村は、まちの青年を育てた教育者・小倉処平《おぐらしょへい》と出会った。彼は飫肥の先覚者である。新生・日本の国作りに役立てる、貢進生制度をつくった。飫肥の若者に英語を学ばせ、長崎遊学の機会も与えた。小村も、その制度の恩恵を受けた。

文部官僚だった小倉処平は、藩閥政治に反発して、西郷隆盛の西南戦争に参戦する。当然ながら、西郷軍として。不平士族をかかえる高知と南九州が連携して戦えば、政府軍を追いつめられると判断した小倉の狙いは、外れる。高知の士族が立ち上がらなかったからだ。小倉処平は延岡・和田越えの戦いで銃創を負い、ついには割腹自殺してしまった。

歴史には、光と影がある。城下町・飫肥にも、それがあった。「光」は小村寿太郎であり、「影」は小倉処平である。まちを東西に走る商人通りを西へと歩き、西南戦争戦没者墓地に足を伸ばした。ここまでくる観光客は皆無である。ここに小倉は眠っていた。おやっ、と思ったのは、石段を登り、鳥居がある。ここは神社かと一瞬思う。鳥居をくぐった左右に墓が並び立っているのも異様である。そのなかには「西南役百周年追悼碑」も立っていた。

(4) ホジュンと若山牧水、そして珍島

韓国にはまるというか、こだわりをもち続けている人が、日本各地にいる。埼玉県所沢市の小野勝美さん。送られてきた『日韓通信　サイカ』創刊号は、2000年1月発行。「差別の無い『人と人との自然な交流』を求めて」の創刊。雑誌といっても、手づくりの、28ページと薄い。サイカは、鉄砲づくりの専門家集団、雑賀衆からとっている。創刊号には5人の筆者が書いている。小野さんは1992年から韓国各地を旅して回り、友人をつくったのであろう。海割れの島で知られる珍島在住の女性も「富士山と金骨山」のタイトルで、寄稿していた。

『日韓通信　サイカ』は2000年2月に第2号（26ページ）を発行する月刊誌の体裁をとっているが、いまも続いているのだろうか。この雑誌を手にしたのは、創刊号に「からのくにの友鹿洞を訪れる」を書いた中澤俊子さんとの縁からだろうと思う。

朝鮮通信使を通して知り合った中澤さんは、日本に『東医宝鑑』の許浚《ホジュン》（国王・宣祖の世話をみた御医）を広めた女性である。ご主人が始めた原作『ホジュン』（韓国語版）の翻訳を受け継いで完成させ、その本の意義を伝えるために、韓国ドラマ『ホジュン』を民放で放映してもらおうと奔走した。その甲斐あって、チョン・グァンリョル主演の『ホジュン』が日本でも放映され、大変な話題を呼んだ。

チョン・グァンリョルさんが日本で有名になったのは、中澤さんの尽力にもよる。

いま改めて読み、小野さんが書いた「若山牧水の『珍島』を行く」は、意外な牧水の姿を伝えていることを知った。冒頭の部分を紹介する。

若山牧水には「朝鮮紀行」という文章がある。これを読むと、牧水は朝鮮半島の北まで足を運んでいることが分かる。それではなぜ、この半島へ渡るために海峡を越えたのであろうか。他でもない。新築した家の借金と「詩歌時代」の失敗による負債のためである。つまり、「揮毫行脚」（色紙・短冊の頒布）であった。心身ともに辛い旅であったろうと思われる。事実、帰国1年後にして牧水は44歳（数え歳）の生涯を閉じたのであった。

若山牧水（1885〜1928）は宮崎県東臼杵郡東郷町（現、日向市）の生まれである。壬申の乱で追われる身となった百済王族の末裔が落ち着いた南郷村は、東郷町の隣村である。

小野さんが、なぜ韓国に牧水の足跡を追ったか。恐らく珍島への思い入れがあったからであろう。その追跡行は、楽でなかったことが第2号から分かる。

『日韓通信　サイカ』を読み、韓国を愛し、こだわり続ける小野さんから元気をもらった。

(5) 好太王碑と酒匂景信

古代の日朝関係史に修正を迫る問題は、好太王（高句麗の第19代王、広開土王）の功績を記した石碑の「拓本」を参謀本部将校の酒匂景信が持ち帰ったのがきっかけで起こった。後に史学会を揺るがすことになる。その研究の第一人者が在日のコリアン李進熙《リジンヒ》氏だった。好太王碑は、明治政府が朝鮮侵略政策を正当化するため、日本における朝鮮史像を歪曲する狙いがあったといわれる。

１８０２字が刻まれた好太王碑（高さ6・34メートル、幅１・59メートル）には、辛卯年（３９１年相当）に倭が海を渡って百済・新羅などを臣民にした、などと読み取れる記載があった。この碑文に注目した酒匂は拓本を採取し、持ち帰った。

その際、拓本を取るため碑面を覆っていた苔を除き、蔓草を焼き払うが、荒っぽい作業のため、碑面の剥離現象が起き、碑文が多数失われる始末であったといわれる。

陸軍参謀本部は、その拓本を１８８４年から解読・解釈を行い、その成果を公けにした。拓本を入手した経過、実行した酒匂の名前は伏せられていた。

日本軍部は好太王碑を虎視眈々とねらっていた。輯安県知事に「日本博物院で陳列したいから売ってくれ」と申し込んでいるからである。

これを李進熙氏の『好太王碑と任那日本府』（学生社）を読みながら、困難を極めた拓本採取を行った酒匂本人について、知りたくなった。以下の文は、同書を参考にまとめたものである。

同書の中に、これに応える文章が出て来た。酒匂の経歴は『対支回顧録』にあった。以下のような文である。

「旧島津藩士。嘉永３（１８５０）年8月15日、日向国都城生れ、幼児藩校に学んで漢学の造詣が深く、戊辰の役奥羽各地に転戦し、明治4年8月、御親兵徴兵として上京……陸軍士官学校の開設さる〻や、直ちに入学試験に応じ、合格し……3月(明治10、1877年)西南戦役に士官見習として出兵し、…11月、士官学校に復し、11年12月卒業し、12年2月東京鎮台砲兵第一大隊附となり、8月参謀本部に転じた」

酒匂景信の経歴を学者の佐伯有清、永井哲雄両氏が調べあげ、遺族の所在を古田武彦氏が突き止め、歴史雑誌などに発表した。参謀本部の主要任務は、地理政誌を詳らかにすること。その範囲は朝鮮より清国沿岸におよんでいた。酒匂は、その一員として駐在武官・語学留学生の名目で清国へ渡り、スパイ活動を行った。

酒匂景信の経歴について、『対支回顧録』の続きを、さらに見てみたい。こう書かれている。

「(明治)13年9月、清国差遣の命をうけ、10月6日玉井朧虎少尉と上海に渡り、君は更に北京に北上した。君は爾後、北京及牛荘に在ること前後4年。満州を調査した島弘毅、伊集院兼雄の後を襲ひて、専ら北支及満州の兵要地誌資料蒐集及び調査に任じ、17年5月砲兵大尉に進級と共に帰朝を命ぜられ、名古屋砲兵第3聯隊中隊に任ぜられた……」

スパイは苛酷である、身分を隠し、密偵調査を人の目を気にしながら行う。これには絶えず危険が伴う。清国にあって、酒匂は中国人の漢方医に化けて各地を歩いている。

酒匂景信の生没年は1850、1891年。41年の生涯。早死にした原因について、帰国後、落馬して頭を打ったことを理由にしているが、「密偵活動のときの無理と栄養失調で健康を害していたことが大きな原因らしい」という遺族の談話がある。この項は古田武彦氏の聞き取り調査から判明したことのようだ。

中国に渡ってスパイ行為を働いた酒匂景信が輯安県に行き、好太王碑の拓本まで持ち帰ったのはなぜか。酒匂の個人的な関心から行われたのではない。その背景には、参謀本部が古代の朝鮮史の研究にまで力を入れていたことが挙げられる。好太王碑を、参謀本部が重視したのは、侵略政策に役立てよう、利用しようとしたからだった。そのため陸軍士官学校卒業生のなかで成績優秀者が、スパイに選ばれている。酒匂は、「生徒学術両科の大試験」で第7位に入るほどできがよかった。

酒匂景信が持ち帰った好太王碑の拓本は、参謀本部で解読、解釈され、「神功皇后の三韓征伐伝説」と結びつけられる。この伝説を裏付ける重要な史料となる。倭が海を渡って百済・新羅などを臣民とし、倭軍が高句麗軍と交戦したと読み取れる記載をめぐって、倭が「渡海」したことがあったのかどうか、学会で意見がぶつかりあった。のちに、このことは否定される。

李進熙氏は、碑文の改ざん説を持ちだし、皇国史観を批判し、これを克服するための科学的な研究の必要性を訴えた。李進熙説のポイントは、①石灰塗付が碑文全面に行われ、その後も補修がなされたこと、②その石灰塗付の上に書かれた碑文はもともと1884年に、酒匂景信によってすりかえられたものである。これらを拓本、写真、酒匂墨本を比較するなどして証明しようとしたことにある。

謎の4世紀。大和政権が大軍をくり出して百済・新羅を征服し、伽耶地方（現、慶尚道）に任那日本府という統治機関をおき、2世紀にわたり、その地域を支配していた。こういった皇国史観を問いただす、重要史料となる好太王碑だけに、史学会でも論争は長く続いた。

この改ざん説は近年、中国の研究者によって否定されている。

酒匂景信が輯安から持ち帰った好太王碑の拓本は、日朝関係史に大きな波紋をもたらした。それを酒匂自身は知らずに逝ってしまったのだろうか。

最後に、李進熙氏の言葉を紹介したい。後世にまで影響を与えた、好太王碑の重みを説いた一文である。

「広開土王碑文と『日本書紀』の記事を『合理性』にむすびつけて『朝鮮出兵と支配』を論ずるそうした『伝統』は、戦後の古代史研究にまでうけつがれる」

(6)「孤児の父」石井十次の故郷、高鍋へ

JR高鍋駅。ホームに降り立つと、線路脇に「孤児の父」と書いたモニュメントが立っている。石井十次の写真も添えられている。何と石井は、高鍋では郷土の偉人なのである。ガソリンスタンドにも壁面に石井を紹介する似顔絵が貼られていた。日本初の孤児施設「岡山孤児院」を創設し、さらに植民地時代、京城(現ソウル)にまで進出している。

石井は1865年生まれ(1914年没する)。生家の近くに立つ、「馬場原朝晩学校跡」と記した杭打ち棒の2面にわたって、こう記されていた。

「明治二十五年、石井十次二十歳の時、十次の意見に村中が賛同し馬場原教育会を設立。遊学生の

県外派遣・読書教授・書籍貸与を行う。村の鎮守天神社の拝殿を修復し、馬場原朝晩学校と称する。同会と学校は明治二十年まで続いた」

石井は、リーダーとして、人のため地域のために積極的に活動した様が、ここから読み取れる。それにしても、高鍋駅から「馬場原朝晩学校跡」にたどり着くまで1時間半かかっている。生家はどこか？　近くにあったが、所在を尋ねようにも周囲に人がいない。少し後戻りして、郵便局を訪ねるほどだった。

探し出した石井十次の生家。平屋で、こじんまりした家である。いまも遺族が生活していると注意書きがあった関係で、迷惑にならないように見学しなくてはいけない。といっても、敷地は狭く、庭に「石井十次先生誕生之地」と刻む大きな石碑が立つ以外は、失礼ながら、これといって見るべきものはない。石井の家は決して裕福ではなかったのだろうと、勝手な想像をしてしまう。

石井十次像。中央公園に立っている

高鍋町歴史総合資料館で、石井に関する資料を見たかったが、たまたま月曜日で休館。初めての高鍋ながら、高鍋藩家老屋敷・黒水住宅から中央公園の石井十次銅像、そして生家を回ることぐらいしかできなかった。あとで知ったことだが、隣町になるのだろう、木城町に石井十次資料館がある。

(7) 土産文化…都城の高麗餅《これがし》

知り合いがいる福岡市の出版社を訪ねると、「もらいものです」といって、都城（宮崎県）名物の「高麗餅」を出してくれた。もっちりした食感、ほどよい甘さである。「砂糖を入れたこし餡に、餅米とうるち米を合わせて粉にした『高麗粉』を混ぜて、丸形の陶器のセイロで蒸したもの」といわれる。お供えするときには、そのまま真ん中に玉串を立てるそうである。

高麗餅は、「これがし」と読む。別名、「黒これがし」。高麗とある通り、朝鮮に由来する。秀吉の朝鮮侵略で、島津軍に拉致されてきた陶工が、故郷を偲んで建てた神社に、この菓子をお供えしたそうである。

美山（鹿児島県）の薩摩焼・沈壽官《シムスガン》は、いま15代目が伝統を守っているが、沈氏は定着した土地では、火だけしか借りず、すべてのしきたりを朝鮮式で通した。司馬遼太郎の『故郷忘じがたく候』に、詳しく書いている。建てた神社（玉山神社といっていたか）も朝鮮を向いている。

ここでも高麗餅をお供えしたのであろう。都城地方では、それが引き継がれ、いまではお盆や慶弔用に使われているという。

この話を、神戸の尹達世《ユンダルセ》さんに知らせたくなった。彼の著作に『四百年の長い道』正編、続編がある。各地を歩いて、朝鮮系渡来人の子孫を発掘し、対面した労作である。主に秀吉軍に起因する。いうまでもなく、1592年から1597年まで続いた文禄・慶長の役（韓国では壬辰倭乱という）である。だから、タイトルにあるように400年である。

彼は、行く先々で、表札を見て、また電話帳をめくって、朝鮮の姓があると、かたっぱしから電話を入れ、祖先の話を尋ねる、電話では、込み入った話もなんで、と自宅に招かれる。そこで、先祖伝来の文書や家宝をみせてもらい、それを書き留める。溜まった原稿から、2冊の本が生まれた。

文章に感慨がこもっているし、それをつむぎだすまで旅費もかかっている。全国各地を歩いているから、もしかしたら、この「高麗餅」のことは知っているのかもしれない。

【宮崎と朝鮮メモ】

○比木神社　創建は成務天皇（第13代天皇）の頃とされる。木城町にある。高鍋藩秋月家代々の崇敬社。百済の王族、福智王を合祀する。父の禎嘉王とともに百済から逃れ、父子は離ればなれに定着した。このため、父を祀る南郷村の神門神社を、子の福智王が訪ねる神門御神幸祭（師走祭り）が長年続いている。この祭は旧暦12月14日から23日までの10日（現在は3日間）、行われる。

○門川町の庵川焼　金達寿の『日本の中の朝鮮文化11』に、こうある。「〈庵川《いおりがわ》〉観音堂から北へ100メートルはいった山すそ一帯は皿山田と呼ばれるが、その段々畑のなかに庵川焼窯跡（半地下式の有段状登窯）がある」。これは『宮崎県の歴史散策』からの引用だが、庵川焼は秀吉の朝鮮出兵の折、延岡藩主の高橋元種が連行した朝鮮陶工によって始まったとされる。幻の庵川焼を復活させた陶房も存在する。

○宮崎市の別府街区公園に立つ「朝日両国民親善の碑」　宮崎日日新聞の日曜論説（2018年12月9日付）に掲載された、上野敏彦氏（共同通信宮崎支局長）の書かれた「朝鮮通信使と日韓関係」に、こういう文があった。冒頭の部分である。「西郷隆盛が愛犬と遊んだ宮崎市の別府街区公園。この片隅に『朝日両国民親善の碑』と刻まれたこけむした石碑があることをご存知か。戦前の日本の植民地支配により宮崎で強制労働も経験した108世帯、467人が朝鮮半島へ帰国したのを祝って県民有志が1984（昭和59）年に建てた友好の碑だ」。これを読んで、足でかせぐ、現場主義の記者だと感心した。幾度か訪れた宮崎で、その石碑の話を聞いたことがなかった。ネットで、これに関して、何か情報がないかと調べたが、一切なかった。

○韓国岳　標高1700メートルの韓国岳は、宮崎と鹿児島の県境にあるが、なぜ南九州に韓国と名前のつく山があるのか。かねがね不思議に思っていた。ウィキペディア・フリー百科事典には、こうある。「名称の由来として、江戸時代以前は山頂付近の登山道が険しく難路であり登山者が殆どいなかったこと、あるいは山頂付近に草木が乏しいことから空虚の地すなわち空国（むなくに、からくに）あるいは虚国（からくに）と呼ばれるようになったという説がある。また〈山頂からは韓の国（朝鮮半島）まで見渡すことができるほど高い山なので『韓国の見岳（からくにのみたけ）』と呼ばれた〉との説もあるが、実際には山頂からは朝鮮半島を見ることはできない」。朝鮮渡来人とのかかわりがないのか、と思ったりもする。

○土産文化…宮崎のサツマイモスイーツ　民放の人気番組『ケンミンショー』に出てくるような話。先日、宮崎空港で帰り際に土産として買って帰った「からいも団子」が美味しかった。芋生地のほどよい甘さ、黄な粉で包んだ素朴な味。餡なしと、餡の入った団子があった。宮崎では、昔から搗き立ての餅に、ふかしたからいも（サツマイモ、唐芋と書くのであろう）を搗きまぜて、黄な粉・砂糖をまぶして食べる。これを「ねりくり」という。この「ねりくり」を生地にして、甘さを抑えて、つぶ餡を入れたものを「からいも団子」といっている。素朴なふるさとの味である。餅とサツマイモの組み合わせが、妙である。そもそもサツマイモは中南米を原産とし、スペインやポルトガルが海を駆けた大航海時代に、アジア、日本へともたらされた。沖縄の米軍基地のある嘉手納町も、サツマイモの産地。対馬では、サツマイモを孝行芋といった。栽培しやすいし、凶作・飢饉のときに役立つからである。サツマイモを使った、土産品は各地に多い。たとえば、川越（埼玉県）。サツマイモの土産屋に入って、その品数の多さに驚く。サツマイモスイーツとでもいおうか、同じ素材を多用な味に変化させる匠の技に驚いてしまう。

鹿児島のなかの朝鮮文化

西郷隆盛銅像
高麗橋
鹿児島神宮
久見崎盆踊り想夫恋
霧島
薩摩川内
国分
沈壽官窯
薩摩焼発祥記念400年窯
元外相東郷茂徳記念館
玉山神社
東市来
桜島
鹿児島
垂水
知覧
坊津
枕崎
指宿
日羅が三坊舎を建立した地
知覧特攻平和会館

鹿児島紀行

◆沈壽官、東郷茂徳…薩摩焼の里、美山を歩く

「薩摩焼宗家十四代　沈壽官」「大韓民国名誉総領事館」。二つの表札が懸かる表門は、閉ざされていた。第一月曜日に訪ねた薩摩焼の里・美山（鹿児島県日置市東市来町）。休日なのであろう、里はひっそりしている。「美山」バス停を起点に、里を歩き始めた。美山で、ぜひとも見たいと思ったのは、沈壽官窯と元外相東郷茂徳記念館である。しかし、月曜日は、両方とも休みなのである。

薩摩焼伝来４００年を記念した「日韓友好の炎」の塔と登り窯がある美山陶遊館の方角へ向かう。

秀吉の朝鮮侵略で、島津義弘軍に連行された朝鮮陶工のうち、串木野の島平浜に上陸した43人が、苗代川（現在の美山）に、安住の地を求めてたどりつく。焼き物を始めるに当たり、日本で借りたのは火だけであった。他の一切合切は、祖国から持参したもので足りた。望郷の思いを抱きながら、世代を重ねる。しかし、祖国の火で窯を焼きたいという先祖（一世）以来の念願を、伝来４００年の節目に叶える。故郷の全羅南道の南原から火を運ぶ、海峡を超えた記念イベントを催した。火が島平浜に到着したとき、陶工たちの興奮は頂点に達したはずである。１９９８年10月22日、祖国の火が、ここにある上り窯に点火された。このときの新聞記事を切り抜いて大切に持っている。

薩摩焼400年祭を記念してつくられた共同登り窯

元外相・東郷茂徳像

上り窯を覆う建物正面には、「薩摩焼発祥記念　四百年窯」と命名された板が掲げられている。「日韓友好の炎」の塔の手前には、子どもたちの手形を刻んだ陶板が、大きく描いた「400」を取り巻くように埋め込まれている。1998年の記念イベントの興奮を伝えている。

これを見た後、苗代川の郷土の偉人、東郷茂徳《とうごうしげのり》の業績を伝える記念館に向かう。「元外相東郷茂徳先生生誕地入口」の案内石碑を横目に記念館へ。その手前、繁みのある小さな公園の一角に、東郷茂徳の銅像が立つ。東郷茂徳は、大戦の開戦と終戦を巡る外交交渉にあたった外交官として知られる。敗戦後、A級戦犯として裁かれた。そのため、記念館建設には反対の声もあった。「戦犯を称えるとは、なにごとか」という声である。記念館建設の先頭にたったのが14代沈壽官。なぜ建設するのか、その思いを綴った彼の文が石碑に刻まれていた。

月曜日。記念館が休みであることを知っていながら、入口に向かうと、掃除をしている男性がいる。その方に声を掛けると、職員が来ているという。しめた、と思い、受付窓口から声を掛けると、見学してもいいですよとキップを切ってくれた。

入ると、いきなり東郷家の家系が紹介されている。茂徳の父親、東郷寿勝は大きな人物であった。案内パネルに、こうある。「東郷寿勝《じゅかつ》（1855～1936）。優れた陶工であるとともに、時代の息吹に敏感な実業家としての感性を備える。華やかな作風は時代の波に乗り、取引先は海外にも及んだ。のちに『東郷窯』と呼ばれる大窯を開いたのは1882（明治15）年で、この年茂徳が生まれる。父親の朴から東郷に姓を改めたのは1886（明治19）年の事である」。茂徳が外交官にならずに、父親の後を次いで陶業を続けておれば、美山で沈壽官と並ぶ陶工として、名を馳せたことであろうと想像する。

外交官、それも外相を務めた茂徳は、時代の寵児として、日本の運命を背負う。しかし、敗戦とともに裁かれる立場となり、禁固20年の判決を受ける。悲劇はそれに止まらない。獄中で病死しているのである。思わず、宮崎の飫肥で、日清・日露戦争の激動期に活躍した小村寿太郎記念館を見た記憶が蘇った。二人とも、外相として外交交渉に心血を注いだが、その人生の終幕は、明と暗に分かれた。ときの運が、そうしたのであろう。

東郷茂徳記念館は狭いが、史料は充実している。一巡して、驚いたのは、その半分が郷土資料館のような性格をもっていたことである。

◆苗代川。望郷の丘…朝鮮陶工へ思い馳せ

ハングルで刻んだ墓標がある。パク（朴）姓だったか、苗代川特有の、気になる墓である。この写真を見た東郷茂徳記念館で、職員にその所在地を尋ねると、「墓石が散乱しています。果たして見つかりますか」という。「場所はどこですか」「玉山《たまやま》神社に行く途中にあります」。小高い丘の上にある玉山神社は、里の西側、人家の途絶えた先にあるようである。

400余年前に、朝鮮半島から連行され、苗代川（現在の美山）に落ち着いた43人の朝鮮人は、祖国を忘れないために、お互いの心を結ぶ紐帯として、檀君を祀る神社を建てた。東シナ海を望める丘の上。神社の、その先の方向には祖国・朝鮮（韓国）がある。

「美山」バス停から、車で向かう。途中、狭い道ながら鳥居が立つ。2つ潜ると、斜面。それを上ると茶畑が広がる。記念館の職員が話すように、斜面の左右は墓所だった。青々と茂る茶畑を抜けて、玉山神社に着く。

玉山神社に行く途中にあった「薩摩陶器創祖　朴平意紀念碑」。周辺には、朝鮮陶工の墓が散在する

ひっそりとしている。風雪を刻む石の鳥居、苔むした石畳は、茂る杉木立を背に時を止めているようである。鳥居の左手前に、大きな石碑「戊辰従軍記念碑」が立つ。1868、69年、薩長連合軍（維新政府軍）が幕府軍と戦った鳥羽・伏見の戦い、上野の彰義隊、会津、箱館戦争に出兵し、戦死した人たちの墓標である。日差しの降り注ぐ、

石畳を歩き、社殿を見たが、異国の神を祀るにしては日本風。大正6年に改築した折、そのような作りになったそうである。朝鮮の廟建築を見たかったが、それは消えてしまっていた。本殿の手前にある拝殿兼舞台で、朝鮮式の祭礼が今も継承されているのであろう。「鶴亀舞」である。拝殿の左右に並んだ、島津家が献上した、家紋（丸十字）を刻んだ石灯籠が見事であった。

帰路、斜面の墓所一帯をハングルの墓標を探して歩いたが、ついに見つけ出せなかった。しかし、足を踏み入れたがため、2つの案内板と墓を見ることができた。

1つは、苗代川の恩人、調所《ずしょ》笑左衛門《しょうざえもん》広郷《ひろさと》と村田《むらた》堂元《どうげん》甫阿弥《ほあみ》の招墓。江戸末期の薩摩藩の役人。

2人は、藩財政を建て直すために、苗代川の陶業を盛んにする施策を講じたという。具体的には、「南京焼、素焼彩色人形の奨励や肥前伝焼物窯の建設、他産地から技術者を呼び、陶工の

美山地区内にある玉山神社の参道入り口。神社は、朝鮮陶工たちが祖国の神「檀君」を祀ったのが始まりとされる

玉山神社の社殿と、島津家が寄進した石灯籠

技術向上」を図ったこと。さらに「婦女子には木綿織などの内職をさせ、新産業を起こした」。これによって苗代川は、息を吹き返す。調所が司令塔で、派遣された村田が現場指導している。

2人に感謝する思いが熱く、招魂墓の築造となった。

もう一つは、薩摩焼創祖の朴平意《パクピョンニ》。陶工のリーダーで、製陶の基となる白土や薬石を発見し、藩主に献上できる優品をつくりだす。薩摩焼の名声は、彼の尽力によった。藩主は、清右衛門の名を与え、苗代川初代の庄屋に命じている。このような案内板が、「薩摩焼創祖　朴平意記念碑」の横に立っていた。

3時間余り、薩摩焼の里・美山を見て歩いたが、幾重にも歴史が折り重なっていることを深く感じた。たまたま休館だった沈壽官窯が開いていたら、さらに濃密な世界に分け入ったはずである。

最後に、司馬遼太郎の『故郷忘じがたく候』の一節を、紹介する。「丘にのぼればわれわれがやってきた東シナ海がみえる。その海の水路はるかかなたに朝鮮の山河が横たわっている」。望郷の丘に上り、何を感じたか。祖国、本貫の地を決して忘れない朝鮮陶工の深い一念であった。

◆新羅の花郎が、大隅地方にあった

鹿児島・大隅地方に、新羅の花郎《ファラン》があった。「花郎」を奉じる新羅の青年集会と「稚児様」を奉じる大隅の兵児二才《へこにせ》の集会が、酷似しているからである。花郎とは、青年貴族集会の指導者のこと。15、16歳の若者が花郎徒として集まり、道義によって結ばれた。選ばれた若者たちで、平時は歌学や遊楽を通じて心身の修養に励んだ。戦時には戦士団として戦いの先頭に立った。一方、兵児二才は、氏族の子弟のうち数え年14歳から20歳までの男子をさし、稚児様（花郎に相当）を奉じて心身の鍛錬を重ね、戦時にその先頭にたった。

心身鍛錬の一環として、山野へ分け入る。花郎徒は金剛山に上る。兵児二才にも登山があり、霧島を目指す。似ているのは、集団の指導者、花郎と稚児様の出で立ち。ともに美服をまとい、薄化粧をする。花郎は当初、女性がその役を担っていた。女の花郎を朝鮮の史書『三国史記』には「源花」と書いている。

兵児二才は、国分兵児、出水兵児として鹿児島各地に拡がる。蒲生では「執持《とりもち》稚児」と呼び、隼人でも「トリモチ稚児」といった。

この研究のさきがけとして、三品彰英の「花郎の本質とその機能」「薩摩の兵児二才制度」がある。そのなかで、花郎の奉じる男子集会の特徴として、次の点をあげている。

○歌舞遊娯をする青年の社交クラブふうのものであったこと。
○国家有事の際には、その美少年を奉じて戦陣に赴く青年戦士団であったこと。
○青年が国家的・社会的教育を受ける集会であったこと。
○花郎は神霊と交融する祭儀を行ったこと。

「神霊と交融」とは、意外であった。それほど、大きな使命を持つ集団という意味なのであろうか。どうして、新羅の花郎のごとき風習が、大隅にあるのか。古代、豊の国にあった伽耶・新羅の渡来人で形成された「秦王国」が、大隅隼人の反乱（720年）を治めるために派遣され、それを契機に移住したためではないかと、歴史研究者は謎解きをしている。

『続日本紀』和同7年3月15日条にこうある。

「隼人は、昏荒野心にして未だ憲法《のり》に習はず。因りて豊前国の民二百戸を映して、相勧め導《すす》め導かしむ」

平安中期の漢和辞書「和名抄」には、大隅国桑原郡に「豊国」郷があると記す。確かに桑原郡には、大分郷など豊前の地名をとった郷がある。なかには、豊国郷もあり、ここには大隅八幡宮（現在、鹿児島神社という）がある。豊の国と大隅地方は、隼人の乱以降、結ばれている。

こんな話を聞いた。秀吉の朝鮮侵略の折、島津藩の兵児二才たちは釜山上陸後、「稚児様」を奉じ、戦いの先頭にたって朝鮮軍と戦った。「なんとも歴史の皮肉。兵児二才は、秦王国の流れをくむ朝鮮系渡来人の末裔でしょう」。その先は言わなかったが、同族同士が戦ったということを言いたいらしかった。

以上の話は、大和岩雄氏の『日本にあった朝鮮王国——謎の「秦王国」と古代信仰』（白水社）を参考にしながら書いた。

鹿児島編

【概論】

九州の最南端、坊津。戦国時代、ここに中国・明の海商・王直が日中貿易の拠点を設けた。遣唐使も薩摩沖、種子島や屋久島を迂回する海路で、中国へ向かった時代がある。日本に律宗を伝えた中国の高僧・鑑真は６度目の渡海で、屋久島に到達している。

薩摩を考えるとき、南への視点が欠かせない。九州の南部にある地勢的な特徴をいかし、南への視点をもって、海を駆けた貿易、交流で経済力を蓄えていったことは自明のことである。中国船が入り、中国商人が滞在する、唐房といわれる地域が散在しているのも、その表れであろう。

家康の時代に入ると、海上交易国の琉球を支配したことで、ますます富の蓄積が図られていく。その経済力が、開明的な島津斉彬のような人物を生み出し、明治維新の大きな原動力になる。

薩摩は特異な存在である。熊本の鞠智《きくち》城が立ったときのこと。百済滅亡後の、防備の要となる城として大野城、基肄《きい》城とともに作られた。築城の理由には、火の君や隼人を威圧する目的もあったと聞き、中央の政権も一目置かざるを得ない存在であることが浮かび上がる。

隼人は古代、鹿児島に居住した人びとをさす。独自の風俗習慣をもち、中央政権に反抗した。大和朝廷は、豊前や肥後の勢力を動かして、隼人討伐を行っている。そのとき、豊前の秦王国の住民が大隅半島に移住し、新羅の風俗・風習を伝えた。九州征伐（平定）を行った秀吉は、薩摩の牙城を切り崩すのに苦労している。それほど薩摩・島津軍の抵抗がすさまじかった。

ときの権力への抵抗は、秀吉の朝鮮侵略のとき、島津氏の家臣・梅北国兼が熊本で反乱を起こしたことがあげられる。西郷隆盛を担ぎ出した西南戦争も、その脈絡のなかにある。

薩摩と朝鮮とのかかわりを考えるとき、秀吉の朝鮮侵略によってもたらされたものが、いかに大きかったことか。薩摩焼である。沈壽官に代表されるように、朝鮮から連行された陶工が作り出した品々は藩を潤したのみならず、明治時代、日本の輸出品でも稼ぎ頭となった。朝鮮陶工が定着した苗代川からは、日本の外交を担う東郷茂徳が生まれている。

(1) 百済に帰化し、高官となった日羅

古代、百済と倭国（日本）は友好国であり、交流が盛んだったことは、韓国にある前方後円墳からも証明できる。韓国では全羅道に主に見られる墳墓形式。誰を埋葬したのか。前方後円墳は、日本に先駆けてあったのか。この2点が、日韓の考古学界で長年、議論があった。その結果、前方後円墳は日本から韓国に伝わった、埋葬されていたのは百済で高位に上った倭人（日本人）という流れに傾く。その口火を切ったのは、慶北大学副教授の朴天秀《パクチョンス》氏。現地踏破を繰り返し、徹底検証した末にたどり着く。『加耶と倭――韓半島と日本列島の考古学』（講談社）にまとめられている。大阪大大学院（博士課程）に留学して研究。考古学を日韓、さらには東アジアという広い視点でとらえたなかで、検証

できた成果だった。
百済と倭国の交流は、百済の王子が日本に来るほど盛んだった。千字文や論語を伝えた王仁博士、諸技術を伝えた工人・職人はもとより、加唐島で生まれた武寧王《ムリョンワン》が象徴的に物語っている。新羅と唐の連合軍に滅ぼされた百済の遺民の、日本における活躍も無視できない。近江朝で初代学識頭《ふみのつかさのかみ》になった鬼室集斯《きしつしゅうし》のような人物も現われた。

さらに、埋もれた人物がいた。金達寿の『日本の中の朝鮮文化11』（講談社文庫）を読んでいたら、こんな一節が出てきた。

「『鹿児島県の歴史散歩』にこうある。『西海仏教文化の先進地、一乗院は、583（敏達天皇12）年に百済僧日羅《にちら》が坊津の丘の上・中・下の三坊舎を建立して龍巌寺と号したことにはじまり、坊津の地名もこれに由来するという』」

坊津の地名は、この坊舎に由来する。津とは船着場である、港を意味する。古来、坊津は遣唐使船の発着地でもあったし、唐僧・鑑真の上陸地となった。海外の窓口として、古くから栄えた地域である。

坊津に龍巌寺を創建した日羅が、『鹿児島県の歴史散歩』には百済僧とあるが、彼は日本人であった。なんと、新羅の脅威にさらされた任那救援へ向かう、大伴金村の息子、狭手彦とともに出兵した人物だった。途中、唐津に寄港したとき、狭手彦は松浦佐用姫を見初め、夫婦になる。領巾振り伝説が残るほど、唐津では熱愛物語として語り継がれている。日羅は任那救援に向かった後、朝鮮半島に残り、百済に帰化したという。もともと日羅は、葦北（熊本、現在の葦北郡と八代市）の出身だった。百済の朝廷で認められる人物となり、位は達率（上級職、第2品）にまで上った。その名声を知った、敏達天皇が日羅を呼び戻す。任那回復の策を立てるにあたり、彼の知恵を借りた。このとき、日羅は、まずは九州に領土拡大を謀る百済威圧を進言するが、これを聞いた、百済人は、祖国を裏切るその言動に怒り、殺してしまう。彼らは日羅を監視するため同行していた。事件の後、殺害した百済人は捕らえられ、日羅の遺体は親戚に引き渡され、故郷の葦北へと運ばれ、埋葬されたという。

もし、敏達天皇に呼び戻されなかったならば、日羅は百済高官にまで出世した倭人として、前方後円墳に埋葬されていたのかも知れない。

日羅については、『日本書紀』（敏達紀、583年に帰国）に記載がある。百済王に仕えた倭人として登場する。九州には、日羅開基と伝えられる寺が熊本、福岡、宮崎などに散在する。それほど日羅は、伝承の人物と化すほどの大きな人物だったといえる。

(2) 隼人の反乱

720（養老4）年、九州南部に住む隼人がヤマト王権に対して起こした反乱である。1年半近くにおよぶ戦いは隼人側の敗北で終結し、ヤマト王権の九州南部における支配が確立した。

7世紀後半の九州南部はヤマト王権（朝廷）の勢力が及んでいたものの支配体制は完全ではなく、熊襲あるいは隼人と呼ばれる住民が多くの集団に分かれて割拠する状況であった。朝廷は自らの勢力範囲に広く律令制を導入することを試みていたが、九州南部においては住民の支持を得られなかった。これは律令制が稲作を制度の中心に据えており、稲作に適さないシラス土壌の広がる九州南部には適合しなかったためである。

一方、南西諸島を経由した中国大陸との交流が活発化しており、朝廷は覓国使《べっこくし》（くにまぎのつかい）と呼ばれる調査隊を組織して九州南部と南西諸島の調査を行っていたが、７００（文武天皇4）年に覓国使が九州南部各地で現地住民から威嚇を受ける事件が発生した。

朝廷は大宰府に武器を集め、７０２（大宝2）年８月、九州南部に兵を送るとともに唱更国（後の薩摩国）を設置し現地の支配体制を強化した。７１３（和銅6）年には、大隅国が設置された。当時律令制導入の先進地であった豊前国から５０００人を移住させ、指導に当たらせるなど支配体制がさらに強化されている。

７２０（養老4）年、大宰府から朝廷へ「大隅国国司の陽候史麻呂が殺害された」との報告が伝えられた。朝廷は、大伴旅人を征隼人持節大将軍に任命し隼人の征討にあたらせた。隼人側は数千人の兵が集まり7カ所の城に立て籠もった。これに対して朝廷側は九州各地から1万人以上の兵を集め九州の東側および西側からの二手に分かれて進軍し、5カ所の城を陥落させたと報告している。しかしながら残る曽於乃石城《そおのいわき》と比売之城《ひめのき》の2城の攻略に手間取り長期戦となった。

1年半近くにわたった戦いは隼人側の敗北で終結し、７２１（養老5）年7月7日、将軍らは隼人の捕虜を連れて都に戻った。隼人側の戦死者と捕虜は合わせて１４００人であったと伝えられている。反乱のため班田収授法の適用は延期されることになり、戦乱から80年近く経過した８００（延暦

19）年になってようやく適用されている。

(3) 明国人医師、秀吉の侵攻阻止に動く

九州には、唐人町が各地にある。中国の貿易商人たちが居住した場所で、やはり船が出入りする港湾地帯に形成された。唐人町には、貿易商人以外もいた。倭寇に拉致され、薩摩にいた明国人医師は、秀吉の朝鮮侵略、唐入りを知ったがために、それを母国に知らせ、戦争回避につくそうとした。その明国人医師は許儀後という。江西省吉安府出身の商人で医術の心得があった。

彼は30歳の頃、広東省付近で倭寇にさらわれ、薩摩に来た。名医の評判が立ち、島津義久の薬師となり、士分の待遇を受けた。義久について京都まで行って、秀吉と面会もしている。そのとき、倭寇の取り締りを泣きながら訴えた。

その後、許儀後は薩摩で秀吉が朝鮮、中国に攻め入る話を耳にする。そこで、母国の明に、その情報を知らせようと思い立つ。同じ境遇の明国人に書を持たせ、薩摩に停泊中の明船に潜ませて出国させることに成功。ついにその男は北京の朝廷に「倭警陳報」を伝えることができた。

許儀後の書面には、漢字５０００字で日本の国内事情、出兵の時期、日本軍の作戦、秀吉の人物像などが書かれていた。

許儀後の美挙がどこでどう漏れたのか、友人が明船に乗って出港した後、彼は捕まり、かまゆでの刑を命じられた。これを救ったのが徳川家康である。義久からの報告を受け、秀吉に「今こそ寛仁な態度が国際的に必要」と説いた。このお陰で、許儀後は辛くも釈放されたのである。

許儀後は秀吉の朝鮮侵略の折、義久に従軍して兵士の治療と止戦作戦に当たった。戦後は、島津家の薬師として生きたという。

以上のドラマチックな話は1987年、中国人留学生・管寧氏によって、詳細が明らかにされた。同年の学術雑誌『日本史研究』6月号に掲載されている。

(4) 島津義弘、朝鮮陶工を連行

島津氏の祖・忠久《ただひさ》は、「島津家文書」や「明月記」などにある惟宗忠久の記載から明らかなように、惟宗氏である。惟宗氏は、朝廷や摂関家などに実務官僚としてつかえた。

惟宗氏の前身は、渡来系氏族の秦氏《はた》である。秦氏は、大和朝廷内において、蘇我氏のもとで財務管理などの実務に従事した。のちに秦氏子孫中に蘇我氏末裔を称する一族があるのは、蘇我氏・秦氏間の主従関係を、血縁関係に擬制化したものであると考えられる。

室町時代の末ごろから親密になった京都・近衛家の影響を受けて、薩摩には京風文化が盛んになった。和歌や茶道が、それである。島津義弘は、茶道を千利休に学んだ茶人であった。自然と、焼き物にも関心を抱いた。

秀吉の朝鮮侵略の際、熊川・金海方面の攻撃で、朝鮮陶工を連行して、連れ帰り、粟野や串木野に居住させた。これが薩摩の陶業の起こりとなった。

義弘は、居城を粟野から帖佐へ、さらに帖佐から加治木へ移した。そのたびに朝鮮陶工を一緒に移動させた。

薩摩の陶業は盛んになる。苗代川には沈壽官などの一派（苗代川焼）がおり、加治木の龍門司には芳仲の系統（龍門司焼）があった。義弘の死後、金海は家久（義弘の弟）の命令によって鹿児島に移り、竪野（冷水町）で開窯した。これを竪野焼といい、薩摩藩の御用窯となる。

秀吉の朝鮮侵略で連行された朝鮮人は、薩摩文化の発展に貢献した。朝鮮人が住む町「高麗人の町」もあった。江戸・天保年間に行われた藩政改革の一環で、城下に架けられた橋に「高麗橋」と名付けられた橋があった（現在、鹿児島市・甲突川に架かっている）。この橋の周辺に朝鮮人の町があった痕跡を、いまに伝えている。以上、このまとめに原口虎雄著『鹿児島県の歴史』（山川出版社）を参考にした。

(5) ハングルで書かれた墓

秀吉の朝鮮侵略は、「焼き物戦争」「茶碗戦争」とよばれた。朝鮮半島から撤退する際に、島津義弘ら西国大名は多くの朝鮮人陶工を強制的に連れ帰った。薩摩には鹿児島に20余人、神之川《かみのかわ》（日置市東市来町）に10余人、串木野市島平に43人、加世田小湊に数人の陶工が上陸したと伝えられる。そのあと、薩摩藩は陶工たちを手厚く保護し、薩摩焼の発展につとめた。

薩摩焼の里、苗代川。古く、こういわれたが、いまは美山。鹿児島県東市来町にある。ここに諺文、つまりハングルで書かれた墓がある。そのなかに「パンニョンニ」の墓があった。パンニョンニとは、下女を意味する。下女とは賤民であろう。朝鮮では、立つはずもない墓石である。朝鮮陶工、沈寿官家では、誰も参ることもない墓に参り、盆になるとお供え物をあげていたという。

あるとき、東京で成功した子孫が苗代川にやってきて、東京の墓地に合葬するといって、墓を掘った。墓石をもらい受けたいという願いも拒否された沈壽官は、墓石の拓本をとり、それを石屋に彫らせた。

その拓本を、たまたま見た韓国テレビ局のプロデューサーが、「パンニョンニ」の意味するところと知り、オイオイと泣いたという。彼が泣いたのは何故か。苗代川にあふれる、差別を超えた温かい愛を感じたからだろう。厳しい身分制度が敷かれた儒教国家の朝鮮王朝では、賤民ゆえに立つことは、とうていありえない墓石である。

秀吉の朝鮮侵略で島津義弘軍に連行され、苗代川にたどり着いた40数人は、異国の厳しい環境下、肩を寄せ合い、同志のような絆で生き抜いてきたのであろう。ここには、朝鮮のような、お互いを隔てる身分制もなかった。それが、パンニョンニの墓になったにちがいない。

この話は、司馬遼太郎の対談集『日本人の顔』(朝日文庫、1984年刊)のなかにある。対談相手は、いうまでもなく第14代の沈壽官である。

(6) 薩摩に朝鮮の風俗あり。玉山宮祭祀、朝鮮通詞…

東郷茂徳記念館を出るとき、職員にこう声をかけた。「薩摩焼の里、美山の歴史史料をよく集めていますね。貴重なものが、いっぱいある。記念館には、もう一つ表札が必要です。美山の郷土資料館。陳列史料は、東郷茂徳だけじゃない。ここが意外でしたし、ありがたかったですね」。

記念館の奥は、薩摩焼の里がどう形成されたか。どんな生活が続いてきたか。貴重な史料で紹介されている。もとは、島平浜に下ろされた43人が、安住の地を求めてたどり着いた場所である。朝鮮の風俗を頑なに守り、受け継いだ部落である。史料から、それが読み取れる。村の鎮守を玉山宮（神社）といい、檀君を祭神としてきた。祭礼は旧暦8月14日、祝子《ハフリ》によって執り行い、神へのお供え、吉兆占い、奉納「鶴亀舞」、祝詞奏上などと続いた（順序は定かではない）。これを再現するかのように、祭祀用衣装「モンツル」、楽器を含む祭具、奉納した品が陳列されている。神社に伝わる奉納旗「八《や》咫烏《たがらす》」は、日本神話の神武東征にからんで説明されていたが、高句麗のシンボルではないか。

江戸・天明期に苗代川入った京都の名医・橘南谿《たちばななんけい》（1753〜1805）は、『西遊記』に、「朝鮮の風俗そのままにして、衣服言語もみな朝鮮人にて、日を追ふて繁茂し、数百家となれり」と記している。展示史料から、当時の里の営みが読み取れる。

興味深い資料パネルが1点あった。朝鮮通詞（通訳官）である。江戸時代、東アジアでは、国家を超えて漂着民の送還体制が確立されていたことから、薩摩藩では朝鮮通詞の養成を行っていた。それを担ったのは薩摩焼の里・苗代川で、指南役として李仁上《イインサン》を始祖とする李家が徒弟制度によって、通詞養成にあたった。これは世襲制で、藩の要請に応えた。薩摩藩の領域にも、朝鮮人が漂着していた。救助された朝鮮人は、南海域は山川港、西海域は出水脇本港にそれぞれ上陸し、長崎の対馬藩邸で取り調べられた後、対馬経由で朝鮮に送り返された。

記念館の、郷土史料は貴重なものばかりで、退館する際、つい「図録はありませんか」と質問した。残念ながら、図録はなかった。

この後、車を止めている「美山」バス停に戻り、玉山神社に向かおうとしたところ、繁みの陰に六角堂が見える。後で知ったが、それは沈壽官窯の敷地にある、風流の心を呼び込むような低層の楼閣であった。六角堂から周囲を見ると、美山の象徴ともいえる、沈家の歴史の重さが感じられる。繁みへと入ると、作業場が見えるし、本宅を眼下に見下ろせる。大きな蔵もある。先祖の作り出した優品が保存されているのであろう。

作業場の脇を歩くと、ガラス窓の向こうに、絵付けをする職人の姿が見える。ちらっと見たが、細かい作業である。緊張感が伝わってくる。それをそらすかのように庭へ、視線を転じると、司馬遼太郎の文学碑が立っていた。『故郷忘じがたく候』は、14代沈壽官の語りによって導かれた名作である。文学碑の前に立つ観光客も、多いことであろう。

(7) 樟脳、薩摩藩の特産品に

江戸時代に欧州で流通していた樟脳。意外にも、その大部分が日本産、それも薩摩産のものだった。薩摩は桜島からの火山灰で土地は痩せ、穀物栽培には苦しめられたが、樟の自生には適していた。

その製造技術を心得ていたのが朝鮮陶工の鄭宗官《チョンジョングァン》。藩から免許を受けて、焼出法によって、製造を始めた。薩摩藩にとって、樟脳が金銀に次いで大きな輸出品となる。

美山陶遊館へ向かう道路脇に説明板がある。

「江戸時代の初期の頃、東南アジアをはじめ西洋にも輸出」とある。天保年間（1830〜49年）には薩摩藩は巨額の借財を抱え、経済的に行きづまっていたが、樟脳によって救われる。

明治中頃から国による樟脳専売制が確立され、外貨獲得の重要な産物となり、国の重要な産業に位置付けられた。輸入国はセルロイド、医薬品、防虫剤などの原料として重宝にし、「東洋の白銀」として高く評価したという。

この当時、日本の手技である工芸品に西洋社会の関心が集まり、日本の輸出産業の花形となった。これに加え、樟脳もその一角を担った。

薩摩藩による樟脳の輸出は明治初期まで続き、その後は国策となる。政府は台湾に樟のプラントまでつくっているのである。

1962年、樟脳専売の歴史に幕が下ろされた。

(8) 西郷隆盛は征韓論でなく、親韓論

日本で英雄視される西郷は、韓国では評価が低いようだ。明治維新政府で、征韓論を唱えたことから、このような西郷嫌いが起こった。征韓論とは、武力で鎖国状態にある朝鮮を開国させようとする政策のことで、西郷がその急先鋒にあったとされる。しかし、最初に唱えたのは板垣退助で、西郷ではなかった。近年、従来の定説が覆されている。

1873（明治6）年、西郷の朝鮮派遣が閣議決定されたが、欧州視察から帰国した大久保利通らが反対。これに反発して、西郷は政府の職を辞し、下野する。これが西南戦争への導火線となる。従来の定説は、この流れに沿った展開だった。

なぜ、日本人はこれほど西郷が好きなのか。駐日韓国大使館で公使を務めた姜範錫《カンボムソク》氏は、これにこ

だわり、書いたのが『征韓論政変——明治六年の権力闘争』(サイマル出版会、1990年刊)。よく資料を跋渉している。労作である。

研究に入るきっかけとなった光景をこう描いている。長いが紹介する。

「私は、日本における近代国民国家建設の最大の功労者でありながら賊将として死んだ南洲西郷隆盛を、明治期のクリスチャン内村鑑三が『代表的日本人』の一人として世界に広め、三島由紀夫が生前、『西郷さん。明治の政治家で今もなお〝さん〟づけで呼ばれている人はあなた一人だけです。……あなたは賊として死んだが、総ての日本人は、あなたをもっとも代表的な日本人と見ています』と、上野の森に佇む銅像に親愛感をこめ呼びかけている反面、韓国においては、征韓論の首魁、つまり否定的意味における代表的日本人として嫌悪の対象になっている際立った対照に、関心を抱いてきた」

この『征韓論政変』出版から、すでに約30年が経過した。韓国で、西郷隆盛の評価は変わったのか。

鹿児島は、韓国同様に銅像が多い。西郷隆盛、大久保利通、島津斉彬といった幕末、明治維新の時代の転換期に活躍した人物が銅像を通して身近である。

薩摩焼の里、美山(苗代川)に行って来た韓流ファンから、「こんなものが売ってました」といって、小冊子のマンガ本をもらった。タイトルは、『「本当の征韓論」を語ろう——「征韓論」は「親韓論」だった』。漫画をつくってまでして、西郷=征韓論者という、誤解を解こうとしている。

日本が明治新政府を樹立したことを朝鮮に国書を携えて伝えるが、朝鮮王朝は書かれた文章に難癖をつけて、受け取りを拒否した。当時、釜山では、江戸時代の倭館が日本公館になっていたが、その門前に朝鮮は「日本は無法の国」という文書まで掲示した。これに腹を立てた新政府の高官は、朝鮮を武力で開国させよう、さあ出兵だと息巻いた。このとき西郷は異議をとなえ、反対に回った。自分が全権大使になって、礼を尽くして朝鮮を説得しましょうといった。

誤解が生じたのは、西郷が板垣退助に宛てた手紙からだった。それには、万一彼の国が日本の国使に対して害を加えるようなことがあれば、相手の非を鳴らして兵を進めてもいいという意味の言葉が綴られていた。

漫画は、それを強くアピールしていた。結局、政権主導派の妨害に遭い、西郷は韓国へ行くことはなかったが。

「西郷さんは、『惻隠の情』『親愛の情』をもって、朝鮮に接しようとしていた」「決して、『征韓』などという傲岸不遜な考えは持っていなかった」というのが、企画した「『本当の征韓論』を語ろう」出版委員会の結論である。

(9) 知覧特攻基地と映画『ホタル』

「日本の国民的俳優　死亡……中国政府、異例の哀悼声明」。高倉健さんの死去について、2014年11月19日付けの朝鮮日報は、中国の対応に触れて書いている。中国では文化大革命（1966〜76年）後、公開された初めての外国映画が高倉健さん主演の映画だった。迫真性あふれる演技で、10年間にわたり、文化大革命で疲弊した中国人民の心を癒した。強烈な印象を残したという。健さんは、張藝謀監督の中日合作映画「千里走単騎」にも出演した。

中国が外交的に、最悪の状況にある日本の国民的俳優に対して、哀悼の声明を出すことは、日本と東北アジア情勢と関連し、強力なメッセージを投げたと分析する。写真には、朝日新聞の号外を使い、長嶋茂雄氏や菅官房長官のコメントを載せる。映画発展に尽くした功労者として、政府が勲章を授与した話も、漏らさずに拾いあげている。

朝鮮日報をはじめ、韓国紙は俳優の死亡でさえも、政治がらみで書くのか、ストレートに書いてよ、といいたくもなる。

高倉健さんと韓国との関わりでいえば、日韓の歴史問題に一石を投じた映画『ホタル』がある。鹿児島の知覧特攻隊基地から沖縄に出撃し、戦死した卓庚鉉《タクキョンヒョン》（軍少尉）をモデルにした作品で、生き残った部下の日本人生存者（高倉健さん）が遺品も持参して韓国の遺族を訪ね、それを遺族が受け入れる。そのあいだの葛藤が描かれる。

卓庚鉉（1920〜45）は、慶尚南道泗川《サチョン》生まれ。一家で、京都に移住して育つ。日本名を光山文博という。戦時中、鹿児島・知覧の大刀洗陸軍飛行学校分教所で訓練を受け、45年5月、沖縄に出撃、戦死した。出撃の前日、富屋食堂の女主人に自身が朝鮮人であることを明かし、朝鮮の国民的歌謡「アリラン」を歌ったというエピソードが残る。

生まれ故郷・泗川に彼の顕彰碑を建てる計画があったが、特攻隊を賛美する碑文が問題となり、建設費用も誰かが持ち去ったため、実際建てられていない。

かつて映画『ホタル』の韓国上映に際して、ソウルで記者会見したとき、健さんは「40数年の俳優人生。残り少ない人生で重要なのは、心に残る映画を作ること。そう感じた」というような話をしている。

鹿屋市を、韓国の「太平洋戦争遺族会」が調査に訪れたことがある。1994年9月3日から5日間、県内の市民グループ「強制連行を考える会」（金景錫《キムギョンソク》中央会長）から証言を聞き、また現地案内を受けている。太平洋戦争開戦後、鹿児島県内の指宿、国分、鹿屋などで飛行場建設に、強制連行された朝鮮人が土木作業に従事していたという事実である。基地建設の実態を調べる「考える会」が、それを裏付ける地元住民の証言を確認し、町誌にも朝鮮半島出身者を徴用したという記述を見付けている。

鹿屋市にある緑山墓地には身元不明の外国人納骨堂があり、朝鮮人の遺骨20柱がある。これを報じた新聞によると、同遺族会の金・中央会長は埋葬許可書などで身元を調べてほしいと訴えるとともに、県内にある身元不明の遺骨を、祖国・韓国へ送還する運動を進めたいと語っていた。

【鹿児島と朝鮮メモ】

○大隅正八幡宮《おおすみせいはちまんぐう》（現鹿児島神宮）　霧島市隼人町内にある。欽明天皇の代に、八幡神が垂迹したのもこの場所とされる。同社を正八幡と呼ぶのは『八幡愚童訓』に、こうある。「震旦国（インドから見た中国）の大王の娘の大比留女は7歳のときに朝日の光が胸を突き、懐妊して王子を生んだ。王臣たちはこれを怪しんで空船に乗せて、船の着いた所を所領としたまうようにと大海に浮かべた。船はやがて日本国鎮西大隅の磯に着き、その太子を八幡と名付けたという。継体天皇の代のことであるという」。八幡神は大隅国に現れ、次に宇佐に遷り、ついに石清水に跡を垂れたと『今昔物語集』にも記載されている。信頼できる史料での初出は、醍醐天皇のときに編纂された『延喜式神名帳』に「大隅国桑原郡鹿児嶋神社」とあるもので、大社に列している。その高い社格から桑幡氏、税所氏などの有力国人をその神職より輩出した。平安時代に宇佐八幡が九州各地に別宮を作ったのに伴い、当社に八幡神が合祀されたともされる（ウィキペディア、フリー事典より）。

○韓国《からくに》宇《う》豆《ず》峯神社《みねじんじゃ》　霧島市国分上井にある神社。創建年代は不詳だが、『宇佐記』によれば、「第29代欽明天皇32（571）年癸卯2月豊前国宇佐郡菱形池の上小椋山」にて鎮祭した。『続日本紀』に大隅国設定の翌年である714（和銅7）年に豊前国から200戸の民を隼人教導のため移住させたとある。この奈良時代の宇佐から大隅への遷座に際して、当地の宇豆峯（現宇土門）の絶頂に奉遷・鎮斎されたと考えられている。字名はもとの鎮座地の宇豆門の転化だという。韓国大明神、韓国様と称された。御祭神の五十猛命は木の神であり、父神である須佐之男命と一緒に日朝両国を往来。社名の「韓国」はこの事跡にちなみ、また、「宇豆峯」は山林の美称だという。島津家の崇敬も篤く、特に16代当主島津義久、薩摩藩4代藩主島津吉貴が尊崇したと伝わる。

○惟宗氏は朝鮮渡来系　平安朝の『三代実録』883（元慶7）年の条に「下野介秦宿禰永原、大きい判事兼明法博士秦公直宗ら19人に惟

霧島市にある大隅正八幡宮

宗朝臣の姓を賜う」とある。惟宗氏は朝鮮渡来系・秦氏の出である。平安前期の明法博士は、惟宗氏が世襲制で受けついだ。その後、この氏族は族分かれして、島津、原、宗、神保などの姓が出てくる。対馬藩主の宗氏は、惟宗の惟を削って、一字姓の朝鮮風にしたという説もある。

○久見崎盆踊り想夫恋

薩摩川内の久見崎集落に伝わる「久見崎盆踊り想夫恋」（鹿児島県無形民俗文化財）。慶長の役（1597年）に出兵した島津軍は、久見崎港（薩摩川内市）から出航したといわれる。国もとに残った女性たちは、夫や子らが無事帰国することを願った。しかし、朝鮮で戦死した帰らぬ夫や子ら。女性たちは供養のため、踊った。その踊りが「想夫恋」。［想夫恋の歌詞］御高祖頭巾に腰巻羽織、亡夫も見て賜れ眉の露切って供えた。みどりの髪は今も逢瀬を待てばこそ盆の14日踊らぬ人は目蓮尊者の掟にそむく……。久見崎盆踊り想夫恋は毎年8月16日、三味線2名、太鼓1名、踊り手10名以上で踊られる。

○加徳島に眠る薩州家7代目当主

釜山市街地から巨済島は、近くなった。加徳島《カドク》を経て、トンネル、巨大橋で結ばれたからだ。その加徳島には、薩摩の武将が眠っている。秀吉の朝鮮侵略で出兵した薩州家7代目当主の島津忠辰（1565〜1593）である。子孫は、朝鮮での足跡を探り、加徳島で亡くなったことを知るが、墓があるわけでなく、消息はつかめていない。

秀吉の朝鮮侵攻で、慶尚道の朝鮮南岸には、島津義弘軍が出陣したが、出兵が遅かった。その上、船も借り物で、兵士も寄せ集め軍団。秀吉から態勢の不備を指弾された。島津氏の分家、薩州家（のち和泉家に改める）7代当主の忠辰が義弘に従わないため、その責めも負った。ここに至り、再び島津宗家との確執が表面化した。義弘は劣勢を挽回するため、慶長の役では、泗川《サチョン》で朝鮮人の鼻や耳を切り落とし、塩漬けにして秀吉の元に送って戦果をアピールした。ただ、薩州家の忠辰は最後まで義弘に従わなかったため、お家廃絶の憂き目にあっている。忠辰は、加徳島の小西行長の陣中で病死したといわれる。義弘に帯同することを嫌って秀吉に直訴までし、さらに朝鮮上陸さえ回避しようとした忠辰を、非戦・反戦の武将だったのではと、阿久根出身の友人である地域史研究者は推測する。

○沈壽官の故郷は青松　慶尚北道の青松《チョンソン》。周王山国立公園の西麓にある町である。ここが、薩摩焼・沈壽官の本貫の地である。秀吉の朝鮮侵略の際、全羅南道・南原《ナモン》で島津義弘軍に拘束され、薩摩へと連行されてくる。茶の湯ブームの時代、焼き物を藩経済の柱にしたい義弘は、連行した沈壽官を含む朝鮮陶工を士分待遇とし、彼らが住みたいと願う苗代川（いまの美山）で、焼き物をつくらせた。詳しくは司馬遼太郎の『故郷忘じがたく候』（文春文庫が便利）に書かれている。1998年10月、薩摩焼400年祭が開かれ、メーンイベントとして朝鮮陶工が初上陸した串木野市の照島海岸に「窯の火」が南原から運ばれた。沈壽官といえば南原を連想するが、本貫の地は青松である。先祖の墳墓がここにある。第14代目はソウル大学に招かれて訪韓したついでに、青松を訪れて歓迎されている。その青松に、沈壽官陶芸展示館が設けられた。第14代が寄贈した作品を展示しており、青松の新名所になっているそうである。

○元外相・東郷茂徳《とうごうしげのり》　外交官であり、政治家（1882～1950）。生名は朴茂徳、太平洋戦争開戦時、および終戦時の日本の外務大臣。日置郡にあった、朝鮮人陶工の子孫で形成された集落「苗代川村」（現、日置市東市来町美山）の出身である。欧亜局長や駐ドイツ大使および駐ソ連大使を歴任、東條内閣で外務大臣兼拓務大臣として入閣して日米交渉にあたる。しかし、日米開戦を回避できなかった。

鈴木貫太郎内閣で外務大臣兼大東亜大臣として入閣。終戦工作にも尽力した。にもかかわらず戦後、開戦時の外相だったがために戦争責任を問われ、A級戦犯として極東国際軍事裁判で禁錮20年の判決を受け、巣鴨拘置所に服役中に病没した。美山（日置市東市来町）には、元外相東郷茂徳記念館がある。太平洋戦争という激動の時代を、東郷茂徳の生涯とともに紹介している。

沖縄のなかの朝鮮文化

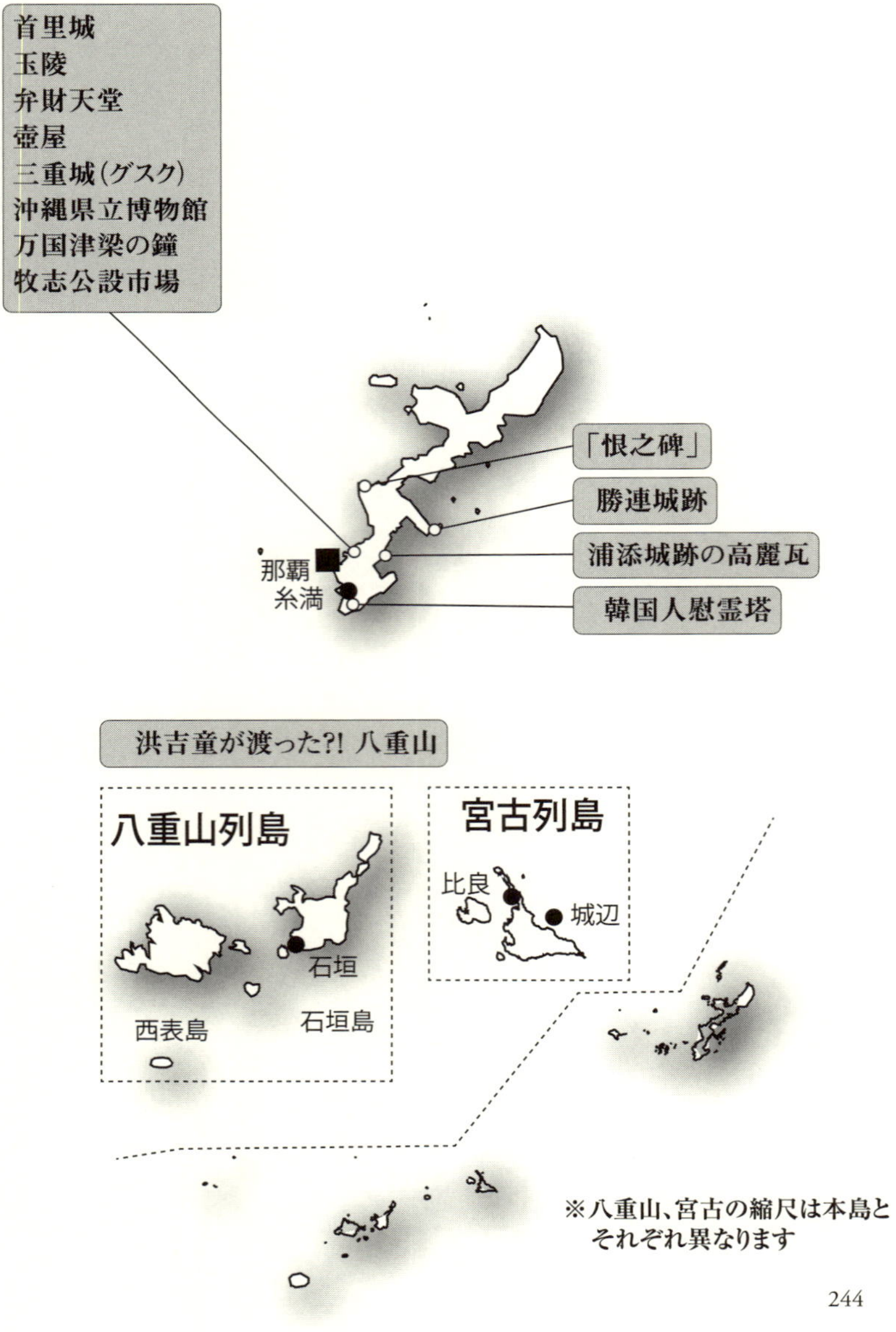

※八重山、宮古の縮尺は本島と
それぞれ異なります

沖縄紀行

◆沖縄に「朝鮮」の文字は……

沖縄のなかの朝鮮文化をテーマに、那覇市内を歩いた。三重城《グスク》、久米村、首里城、玉陵《たまうどぅん》、弁財天堂を見てまわったが、「朝鮮」という文字と出くわすことはない。中国とのつながりが深いことを改めて認識する。江戸時代の浮世絵師・葛飾北斎の『琉球八景』の記事を手元に、港にせり出した三重城に立ち、各国の貿易船が出入りしていた近世に想いを馳せるが、その痕跡は乏しい。久米村もそうだ。孔子廟一帯は、昔の建物も一部取り壊され、手狭になっている。これを支える子孫たちの力が衰えているのであろう。維持するには、資金が必要である。

梅がほころび、いち早く桜が見ごろを迎えている。「きょうは、すこし気温も上がりました。ここ数日、寒かったです」と、マイクロバスの運転手さん。本土の雪景色を見て、沖縄はいいと思うそうである。

夜、国際通りに出ると、にぎやかである。人波でゆれている。韓国、中国、東南アジア……。まさにインターナショナル。首里城も同じである。

仲介貿易で隆盛を極めた琉球王国時代、まさに国際色豊かな島であった。いまも、観光立県として、近隣諸国から多くの観光客を集めている。だからなおさら、史跡にも案内表示を充実させてほしい。

弁財天堂に方冊蔵経（高麗大蔵経）が収蔵されているというので、見学に行ったが、お堂の前には案内板はない。弁財天堂に渡るため架かった天女橋の手前に、簡単な陶板製の表示板があったが、これではいけないと思う。お堂の前に立てるべきだろう。

観光立県にしては、案内表示がお粗末なところが、目についた。

首里城・円鑑池の中島にある弁財天堂。1502年、朝鮮から贈られた方冊蔵経を納めるために建立された

沖縄のなかの朝鮮文化。県立博物館の「万国津梁の鐘」、葛飾北斎の『琉球八景』、世界文化遺産の一つである勝連城跡、カンヒ桜満開近い八重岳と今帰仁村、焼き物のまち・壺屋などへと足を向けた。

プロ野球6球団が沖縄入りし、春季キャンプが始まった。本部町の八重岳に群生するカンヒ桜を見物するため、名護市を通った折、ここでは日本ハムの2軍がキャンプを張っていたとドライバーが話してくれた。

沖縄は一日のうちでも、天気がころころ変わる。昨日は曇天ながら晴れ間がのぞく、雨が降る、ということをくり返す。風もよく吹く。ただ、気温が17～18度。寒くない。ホテルには暖房装置も施されていなかった。
早朝、県立博物館で、万国津梁の鐘をじっくりみた。海上の貿易王国として繁栄した琉球王国を象徴する鐘である。高さ154・9センチ、口径93・1センチ、重さ721キロ。芦屋（現、福岡県）の鋳物師が琉球でつくったとされる。鐘には「大工　藤原国善」と刻まれている。銘文に、こうある。原文は漢文。一部紹介する。

琉球国は南海の勝地にして、三韓の秀を鍾《あつ》め、大明を以て輔車となし、日域を以て唇歯《しんし》と為す。此の二中間に在りて湧出する所の蓬莱島なり。

沖縄県立博物館に展示されている「万国津梁の鐘」

朝鮮、中国、日本が出てくる。三国との交易で栄えた、蓬莱のような豊かな島である。船を駆って万国の懸け橋になっていた琉球の姿が刻まれている。
博物館の中世、近世コーナー。資料は豊富である。江戸参府もしていた琉球使節の歴史も見たが、大坂の淀川を川船で遡上する絵を見て驚いた。江戸時代、計12回来日した朝鮮通信使と同じである。琉球使節は唐風の衣装をまとっているところが特徴である。徳川幕府は自らの権威を諸藩にアピールするため、朝鮮、琉球からの使節を巧みに利用したことがうかがえる。

博物館には、小学生が校外学習で訪れ、先生の説明を聞いたり、資料を書き写したり、絵を描いたりして、学ぶ姿が見られた。朝早くから、めぐまれているな、と思う。

「福岡からきて、沖縄のなかの朝鮮文化を探訪してます」と博物館の解説ボランティアの男性に伝え、「葛飾北斎の『琉球八景』が浦添市美術館で見れればいいなと思ってます」と話すと、「江戸から見た琉球」のコーナーに案内してくれた上に、ミュージアムショップに、「琉球八景」の図録があるといって連れて行ってくれた。幸運だった。

夜、琉球舞踊を見ながら食事をしたが、ミミガー、ラフティー、豆腐よう、昆布など、沖縄らしい料理を味わえ、満足した。


那覇市の牧志公設市場の、すぐ脇の店で買った「美ら豆」「こーれーぐーす（高麗薬、いわゆる唐辛子）」が入ったビニール袋に、おきなわ方言が書かれていた。いらっしゃいませという「メンソーレ」をはじめ、９つの方言を紹介している。▲ニフェーデービル（ありがとうございます）、▲ワッサイビータン（ごめんなさい）、▲チューウガナビラ（こんにちは）、▲クワッチーサビラ（いただきます）、▲チャーガンジュー、ヤミセーミ（元気ですか）、▲ユタシク、ウニゲーサビラ（よろしくお願いします）、▲ワカヤビタン（わかりました）、▲チャービラサイ（ごめんください）。以上である。

県立博物館で、中世の文書を見たが、漢字とひらがなを並記した書き方である。琉球の言葉は大和言葉が枝分かれしたもので、「一二、三世紀から六、七世紀頃にかけて、日本祖語から本土に広がっていく日本語と、九州を経て南の島々に渡っていく沖縄語に分岐したのであろう」と外間守善氏の『沖縄の歴史と文化』（中公新書）にあった。

海上貿易で栄えた琉球王国時代。中国の冊封体制に組み込まれ、琉球から進貢船、朝貢使節が盛んに中国に派遣される。中国から冊封使という国使も送られてきた。中国向けの文書、いわゆる公文書は漢字である。中国の慣例に従ったまでである。しかし、琉球国内では、辞令を含め公文書は漢字、ひらがなを使っている。

「朝鮮国王の親書がありますが、この本名は誰ですか」。難しい文字だ。見ると「李㦕」とある。朝鮮王朝の国王の本名は、一字ながら難しい。他に転用されないように、わざわざ難解な文字をあてた。これを使用すると諱《いみな》を犯したとして処罰された。親書の解説書きを読むと、第10代王、暴君として知られる燕山君《ヨンサングン》（在位1494～1506年）であった。この時代、朝鮮と琉球のあいだで、使節の派遣があったことを証明している。県立博物館で見た、貴重な史料であった。

沖縄方言。民放ラジオに、方言ニュースの番組があり、根強い支持を集めていた頃があったというが、それは今も続いているのであろうか。

沖縄編

【概論】

沖縄は、古くは独立国だった。琉球王国である。中国の冊封体制下にありながら、諸外国との交易で繁栄した海上王国として、輝いた。県立博物館にある「万国津梁の鐘」が、それを物語る。これに刻まれた銘文によると、この鐘は朝鮮、日本、中国の粋を集めて鋳造された。それほど、琉球は三国を結ぶ紐帯の役割をはたした。

朝鮮と琉球は、両国の派遣した朝貢使節を通して中国で出会った。海に阻まれ隔たる両国だったが、その剣難のなか、外交使節は派遣され、貿易船の往来もあった。相互の技術交流も行われ、琉球から船大工が、朝鮮からは瓦職人が、それぞれ海を越えて渡った。

民芸運動家の柳宗悦は、琉球の焼き物に朝鮮の影響がみられることを指摘している。両国の文化的交流の痕跡は、食文化においては、琉球でトウガラシを高麗胡椒《コーレーグース》というが、これは高麗から渡ったことを意味しているのではないか。舞踊の世界にも、朝鮮の影響が読み取れる。生活風土に、音楽が深く根付いている点も、似ている。

琉球は朝鮮と似たような歴史を持っている。冊封体制下、双方とも中国に仕えていた。つながりも深い。海上王国として繁栄した琉球は、奴隷売買の対象になった朝鮮人や漂流者の送還、貿易などで、朝鮮と結びついていた。日朝交流の長い歴史のなかで、優越と差別問題がひどくなっていくのは明治以降のこと。それ以前は、倭寇、秀吉による侵略などを除いて、大きな対立・争いはなかった。近代に入ると、琉球・朝鮮とも宗主権が日本へと移った。戦後、米軍基地の存在で頭が痛いのも共通している。政治学者の姜尚中氏は、こう語る。

「韓国も沖縄も戦後、軍政支配下にあった。地上戦も体験し、沖縄戦では最後に軍から集団自決を強いられたし、朝鮮戦争でも同族間で殺し合った。

そして分断。国内の米軍基地の75％が集中する沖縄は膨大な基地を異空間として抱え、朝鮮半島も38度線に沿った非武装地帯で分断されている。

沖縄が負担を被ると必ず、時間の差を経て朝鮮半島が同様の悲惨を味わう。大陸と海洋勢力との回廊でもある半島と、海に開かれた島嶼としての沖縄。そこにはシンクロした歴史があったし、今後もありうる。」＝２００９年12月18日付け、朝日新聞

韓国は、沖縄をどう見ていたか。沖縄は日本社会のなかでも一歩、差別されているという考えが広くなされていた。的を射た意見である。復帰当時、沖縄県民は長いあいだ、引きずってきた差別感を克服するため、本土へ「同化」する指向が強まる。

東恩納《ひがしおんな》寛惇《かんじゅん》や伊波《いは》普猷《ふゆう》など沖縄の研究者が唱えた「日琉同祖論」は、やがて日本本土でも一般に

流布していく。琉球の日本への編入は、かつて別れた同胞が一つになった「民族統一」として評価される。そして、大正天皇の即位の際、その功績を認められた琉球国の政治家で歴史家・羽地朝秀《はねじちょうしゅう》（1617〜1676、日琉同祖論が信条）は天皇から正五位を贈られた。さらに戦後、沖縄の日本復帰に際して、羽地朝秀は「本土の源流に復帰する」ことを目指した人物として位置づけられた。

その後、沖縄県民は独自の文化に目覚め、「異化」の道を探り、自己肯定するようになる。

(1) 三山が覇権を競った時代

「近くて遠い沖縄」。与並岳生氏の『新　琉球王統史3　思紹王・尚巴志王・尚泰久王』（新星出版）を読みながら、琉球を統一した尚巴志の時代に思いを馳せた。14世紀後半、琉球は南山、中山、北山の三山が覇権を争っていた。三山は中国・明に競って進貢した。明の洪武帝は「対立を止めて、お互いが協力して平和な国作りに励むように」と諭していた。その忠告にも耳を傾けずに三山の争いは続き、浦添に王城を構えた中山が琉球を統一する。

南山、北山の王は、不思議なことに、朝鮮の高麗に逃れていったという。李成桂（後の太祖）が高麗王朝を倒して朝鮮王朝を開いて間もない1398年、琉球の使者が漢城（現、ソウル）に来た。そのとき、「朝鮮に亡命した南山王子承察度を引き渡してもらいたい」と要請した。実は王子の父も、中山王に国を追われていた。南山王温沙道は朝鮮南部、晋陽（現、晋州）にいた。当時、跡目争いの渦中にあって、王位継承問題で頭を悩ましていた太祖は、その要請を耳にして、温沙道に会いたいと思う。太祖は、2度にわたる中山王察度の要求を拒否し、温沙道を保護している。

朝鮮と琉球は交易を契機に、深い関係で結ばれていた。その関係は、日本の比ではない。朝鮮半島に最も近い対馬はともかく、室町政権は使節を派遣し、倭寇懐柔政策の代償として高麗大蔵経や朝鮮鐘をもらいたいと懇願している。その程度である。琉球のように、高貴な身分の人が難を逃れて朝鮮に渡ったような事例はない。

三山が鼎立していた時代、中山は１３７２年、初めて明から招撫使を迎え、以来、琉球国王の即位の度に冊封使を迎えている。１４０６年のこと。尚巴志の父・思紹を中山王の座に据えて、統一王朝を開いた。いわゆる「第一尚氏王朝」である。政権を握った王は、海外との交易に国家経営の基盤を据えた。もちろん、これには朝鮮との交易も含まれる。

(2) 琉球に来た外交官・李芸と朝鮮の漂着民

『新　琉球王統史３』のなかに、気にかかる一文があった。59ページに「琉球に被虜朝鮮人が多数いると知った朝鮮王は、琉球に使者を派遣し、使者は44人の朝鮮人を保護して帰国します。これは、尚巴志が北山討伐軍を起こして、琉球が激動していた１４１６年のことです」という記述があった。

琉球国にかかわる対日外交官・李芸《イイエ》の後孫、李明勲《イミョンフン》氏の抜粋原稿が手元にある。それとすりあわせてみると、ぴったりと符合した。李芸44歳の１４１６（太宗16）年、「通信官として琉球国に派遣され、捕虜44人を連れ戻す」とあるではないか。『新　琉球王統史３』に李芸という名前を確として刻んでもらえればいうこともないが、そこまで李芸の存在が日本に伝えられていないから仕方がないことである。

朝鮮の外交官、李芸（蔚山の石渓書院の肖像画より）。1416年、琉球に使節を率いて渡航

李芸（１３７３～１４４５）は高麗末・朝鮮王朝初期に活躍した、蔚山出身の外交官である。地方の役人（中人階級）から出世して両班階級に駆け上がった立志伝中の人物。幼くして母親を倭寇に拉致される悲劇に遭遇した。その経験が人生を大きく左右し、倭寇対策に取り組む外交官の道を歩み出す。世宗大王が全幅の信頼を寄せた対日外交官として、輝かしい業績を残した。

対馬、壱岐、琉球はもとより、倭寇懐柔策を足利幕府に要請する朝鮮通信使の副使および正使に任命されて、京都にも来た。73歳で亡くなるまで、来日40数回。約７００人の母国人を連れ戻したほか、サトウキビ移植、日本の水車の技法、商店街の仕組み、砲術、船舶の製造法などを朝鮮に伝えた。70歳を過ぎても、李芸は対馬へ渡海している。驚くばかりの胆力と体力の持ち主である。

朝鮮の漂流民の話だが、彼らがたどり着いたのは国境の島、与那国島。１４７７年2月１日、済州島を出航後遭難した船で、途中、強風で船が壊れ、３人が一枚の板につかまって漂流していたところを日本の漁船に救助され、14日目に与那国島に到着する。その後、与那国—西表島—波照間島—新城島—黒島—多良間島—伊良部島—宮古島を経て琉球本島に送られ、博多の商船で鹿児島、対馬を経由して朝鮮に送り返される話である。大変な遭難記であるが、彼らの話によって日本の南島諸島の風俗、文化などが朝鮮に伝わったことは、大きな価値があったといえる。

那覇港。中国へ派遣された進貢船が帰国したときの様子を描いた六曲一双の「琉球貿易図屛風」に描かれた港の賑わいは、今も昔も同じ。どこの港とも同じ、岸壁と倉庫が並び建つ。海の色と看板に沖縄の風情が感じられる。

(3) 琉球と朝鮮、似た食文化も

琉球・察度王は高麗王朝末期の１３８８年、公文書を携えた使者を朝鮮に派遣したが、そのとき、高麗王への献上品とは別に、倭寇に拉致された朝鮮人を伴い、送還した。朝鮮と琉球は、交易を介して友好国の関係を築いていた。

朝鮮人には、琉球料理が口に合っただろうか。中国と冊封関係にあった琉球には、中国の使節が度々、訪れており、それを歓待する、おもてなしの料理が発達していた。宮廷料理がそれに当たる。豚や肉料理、汁物が発達し、よく食べられる点では、琉球と朝鮮は似た者同士である。ミミガー（豚の耳）の刺し身は、朝鮮人も好物であろう。

江戸時代、朝鮮通信使を迎えた日本では、接待のため朝鮮人好物リストを作った。朝鮮人が最も好むカルビを出すために、農耕用の牛を食用に転用して対応したほどだ。寄港先で饗応料理を食べた朝鮮人は、日本の料理は味が薄いと嘆いている。

朝鮮通信使は琉球に来ることはなかったが、使節として琉球を訪ねた李芸のような高官は、王宮の一角で饗応料理を食べたはずである。日本の饗応料理よりも、琉球の方が、朝鮮人の味覚を満足させた確率が高かったと思う。なぜならば、冊封関係で中国に朝貢していた琉球と朝鮮には、中国文化の

影響を受けた共通項が随所に見受けられるからである。
『アジアの食文化』（周達生ほか著、大阪書籍）の朝鮮の項に、肉の調理法について次のようにある。

「調理方法が非常に多様です。牛肉だけでも生ものの刺し身があり、焼き物があり、煮物があり、干物がありというふうに、調理法がたくさんあります。（中略）それから、動物の部位を巧み効果的に利用しています。ロースや正肉のところだけを利用するのではなく、頭も足も内臓も、すべて捨てないで上手に使いこなす技術、調理法が発達しています。これが朝鮮料理の特徴です」

これは沖縄の豚料理にもあてはまる。沖縄も豚の耳から、内臓や足まで丸ごと食べる。

「沖縄の食生活は豚に始まり豚に終わるといわれるほど、豚料理が発達しています。豚一頭を頭から足の先、血や内臓に至るまで、余すところなく使いこなす伝統技術は、まさにみごとです」＝新島正子著『私の琉球料理』（柴田書店）

本土から来る観光客はびっくりするようだが、韓国人観光客は驚かない。調理方法が似ているからだろう。

(4)「海の王国」琉球は、政教一致の国

琉球古歌を集めた「おもろさうし」には、次のような歌がある。

一聞得大君ぎや／降れて　遊びよわれば／天が下／平らげて　ちよわれ／又　鳴響《とよ》む精高子《せだかこ》が／

又　首里杜ぐすく／又　真玉杜《まだまもり》ぐすく

現代訳（聞得大君＝太陽神＝が／天降りをして神遊びし給うたからには／国王様は、天下を／安らかに治めてましませ／鳴り響く霊力豊かなお方が／首里杜ぐすくに／真玉杜ぐすくに）

「国家の最高神女である聞得大君が神に祈って国王を守護することを謡ったこのオモロには、政教一致の国家思想がよくあらわれている」（外間守善著『沖縄の歴史と文化』中公新書より）。韓国にもシャーマンがいるが、彼女らも国家のなかで、それ相応の確とした地位を得ていた。王の政（祭り事）を支える裏付けとなっていた。

◎玉陵《たまうどぅん》

玉陵（玉御殿または霊御殿ともいう）は、琉球王国、第2尚氏王統の歴代国王が葬られている陵墓。そもそもは第3代尚真王（在位1477～1526年）が父・尚円王を葬るために建築したものである。世界遺産の一つで、沖縄県最大の破風墓。なお「玉陵」と名づく墓所はほかに「伊是名玉陵」、「山川の玉陵」がある。（以上、ウィキペディア・フリー事典）

海外との交易で富を築いた「海の王国」琉球。琉球は中継貿易に生きていたことから、周辺の諸国から珍しい文物が集積されていた。日本の刀剣や武具、屏風、扇子などを中国や南方諸国に売り、日本と朝鮮には南蛮貿易で入手した胡椒や蘇木、象牙、沈香などを運んだ。古く1372年からは中国と交流が続き、琉球国王の即位式には中国皇帝の使者が派遣され、中国皇帝の名で行われる。首里城にいくつもの小高い丘陵が走り、良気みなぎる福地だったと風水師はみていた。沖縄各地のグスクの瓦に高麗様式が見られるという。それは16世紀末、秀吉の朝鮮侵略で拉致された朝鮮陶工が琉球にまで来て、生産したからであろう。

尚巴志王（1372～1439、在位1422～1429年）は第一尚氏王統、尚思紹王の子で、第2代目の中山王である。1429年に三山を統一し琉球王国を成立させた。その尚巴志王は朝鮮に使者を派遣する。しかし、悲惨な結果に終わった。船が遭難して、乗組員70人あまりが溺死してしまったのである。そのなかには、本国に送還される被虜朝鮮人もいたのではないかといわれている。この悲劇を契機に、琉球と朝鮮との通交は途絶えてしまう。

(5) 琉球陶法の根幹に朝鮮あり

室町時代、中山王が琉球を統一する前夜、朝鮮王朝が派遣した通信使が那覇港に到着する。正使を務めていたのは、対日外交官の李芸《イイェ》だった。44歳のとき、李芸が琉球に渡ったときのことを調べている関係で、私は琉球と朝鮮の関係に関心を持ち続けている。

西鉄・天神大牟田線の大橋駅に、馴染みの古書店「大橋文庫」（2018年廃業）があり、久し振りに訪ねた。ここは、他の古書店よりも安いし、学術書や一般書などいい本がそろっている。

ぎっしり詰まった書棚、山積みされた本の山を見ながら、探し当てたのが『日本の工芸　琉球』別巻（淡交新社）だった。昭和41年発行とあり、かなり古い本だが、外間正幸氏の文もいいし、岩宮武二氏の写真もいい。古いから逆に価値がある。消えてしまった沖縄の古い姿が刻まれているからだ。

琉球と朝鮮の通交は、１３００年代後半、朝鮮では高麗王朝の時代に始まる。琉球は三山に分かれていたが、中山王が統一王朝をつくることに成功。そのため、敗れた北山王と南山王は朝鮮に逃げているのである。

『日本の工芸　琉球』に、次のような江戸初期の話が載っていた。

国王尚寧《しょうねい》のとき、「尚豊公が命を奉じて薩摩に赴き、朝鮮人の陶工、一六《いちろく》および一官を招聘して帰り、湧田《わくた》村に寓居せしめて、瓷器の製法を伝授せしめた」。

壺屋通りにある県文化財指定の南（ふえーぬ）窯。首里王府より拝領された窯である

これは朝鮮式陶法が、はじめて琉球に伝授されたという記事である。琉球の陶法の起こりは、１６１７（元和３）年と文献上ではいわれる。島津による琉球侵攻が１６０９年であり、その直後の出来事となる。それより40年前に中国の帰化人陶工が、初めて瓦を焼いたという記録もあるが、琉球陶法の根幹をなすものは、朝鮮式陶法だった。

世界文化遺産に指定された城跡から高麗瓦が出土する。最も古い瓦は浦添城跡の高麗瓦である。沖縄中部の城跡からも出土するなど、高麗瓦が大量に使用されていることから、琉球で焼いたものではないかといわれる。もちろん、高麗瓦と名前が付くように、1300年代の高麗時代の産物である。琉球で大量生産する限りは、朝鮮人の渡来を考えないといけない。

陶器と瓦を取り上げてみても、琉球と朝鮮の結びつきは深い。さすが海上王国の琉球である。中国の影響下にあっても、交易を通じて、多くの国々と交わっていたのである。

(6) 那覇港の迎恩亭と天使館

浮世絵師・葛飾北斎が描いた『琉球八景』。その一つに臨海湖声がある。那覇港に出入りする船を監視する城砦・三重城《みえぐすく》と臨海寺、それに舟一隻を描く。三重城は海上へとのびている。いまも名残があると聞き、訪れた。1416年、外交官・李芸が率いる朝鮮使節の船が入港した様を思い描く目的で。かつて見た琉球貿易図屏風には、那覇港に入る、中国・明（のちに清）から帰国の進貢船、それを祝い競漕するハリー船、薩摩からの船など、港の賑わいを再現していた。

中国皇帝からの使者、冊封使船が那覇港に入港した折は、琉球王国の役人が賑々しく出迎えた。那覇港には迎恩亭があり、そこで冊封使を迎える。きらびやかな飾りをつけた竜亭と綵亭《さいてい》に、皇帝からの詔勅や祭文などの文書を丁重に移し、行列が始まる。琉球側が先導し、音楽を奏でながら、冊封使の宿舎となる天使館へと移動していく。

天使館はどんな施設だったか。徐葆光が描いた『中山伝信録』（全6巻、1721年刊）と、日本で出版された『重刻中山伝信録』がある。そこに天使館図が出てくる。石塀と木の柵で四隅を固めた長方形の敷地。そのなかに開封と書いた旗が2本。天澤門を潜ると敷命堂と廻廊で結ばれた建物。その左右には長風と停雲と書かれた建物がある。石塀に沿って簡素な6棟が連なる。

天使館の門の前には都通詞（通訳長）と20人の書生が警備に当たっていた。陳舜臣著『琉球の風①怒涛の巻』（講談社）には冊封使の来琉に伴い、久米村の担当者の役割を、こう描く。

館のそばには、臨時に支応七司が設けられている。館務司（一般庶務、宿直を担当）、承応所（営繕、調度を担当）、掌牲所（羊豚、鶏鴨の支給を担当）、供応所（米、酒、副食品の支給を担当）、理宴司（宴会担当）、書簡司（文書を担当）、評価司（一行の携帯品の評価、買い取りを担当）＝中略＝冊封使が来ると、久米村すなわち唐営は忙しくなる。

朝鮮の使節、李芸一行が那覇港に入ったときも、冊封使ほどにはいかなくても、それに相当するような出迎え、もてなしがあったと想像した。外交使節であったからだ。

(7) 琉球の海上貿易に陰り

15世紀の初め、博多商人らが、蘇木、胡椒、象牙、沈香などの南方の産物を盛んに朝鮮に送った。そのほとんどは琉球を介して日本に輸入されたものである。その頃の博多は、明や朝鮮との交易地であり、琉球船もそこに来航している。また、博多商人の琉球往来も16世紀に入って、いっそう頻繁になっていたようである。

琉球は、中国や南方諸国、日本、朝鮮をつなぐ中継貿易に生きたが、それが15世紀を頂点にして、16世紀に入ってからはどんどん衰退していく。その理由は、16世紀初頭のポルトガル人、イスパニア人たちの東洋進出にあった。海禁政策をとり続けてきた中国が16世紀になって海外貿易に乗り出し、南方諸国をはじめ日本とも通交するようになる。16世紀中頃からは、日本も同じような政策をとる。これが琉球の中継貿易の基盤を失わしめる直接の引き金になった。

(8) 秀吉の野望、琉球にも影響

誇大妄想により、秀吉の朝鮮侵略は起こったといわれるが、御伽衆《おとぎしゅう》がそれを講釈して、煽った可能性はある。老臣、僧侶、町人など秀吉の御伽衆は多士済々であった。彼らの甘言によって、秀吉の膨張主義は琉球国にも向けられた。その証しが、亀井茲矩《これのり》に琉球守を名乗らせたことである。亀井は尼子氏の家臣から羽柴秀吉の傘下に入り、吉川経家の鳥取城攻略で戦功をあげ、因幡国鹿野城主に任命されている。秀吉の信頼を得た武将である。

琉球使節が1589年、島津を介して京都・聚楽第に来る。天龍寺桃庵、我那覇親雲上秀昌《がなはぺーちんしゅうしょう》らの一行。秀吉は服属のための使者と勝手に思い、朝鮮侵略に際して、食糧支援を要求した。琉球は困惑したはず。中国・明を宗主国として、朝貢する立場にあったからだ。結局、秀吉の要求に半分だけ応じ、忠誠ポーズをとる一方、明に秀吉の野望を通報している。

秀吉の朝鮮侵略は、秀吉の死でもって終わった。亀井の夢も泡と消えた。琉球も、ほっとしたにちがいない。しかし、それも束の間、秀吉の出兵で断絶していた日明の国交回復をめぐって、徳川家康が琉球を利用しようと考える。島津氏がそれに乗じて琉球支配を狙い、1609年にその野望を果たすことになる。

(9) 洪吉童が八重山の英雄になった?!

ハングル古典小説『洪吉童伝』の著者、許筠《ホギュン》。光海君の治世下、臣下として活躍した。許筠は、1610年、1615年に外交官として明国に行っている。当時の朝鮮は、秀吉亡き後、撤退した日本軍の再侵略対策に関連して、島津氏の琉球侵略についても敏感な時期であった。許筠は北京滞在中に琉球に関する情報を入手し、琉球の使者と直接接触した可能性もある。その経験もあって、『洪吉童伝』にも反映している。その終わりの章にあるように、洪吉童が渡った理想の国は、琉球をモデルにしたと韓国の研究者のあいだで言われてきた。因みに、琉球は1610年、1614年に明国に使者を送り、貢期緩和の嘆願を行っている。

1995年に放映されたKBSテレビの特別番組『洪吉童は沖縄に行った』で、明知大教授が「沖縄本島は当時首里王朝が支配しており、洪吉童が行ったところは首里の権力が及ばなかった久米島、または宮古島であったと思われる」と発言している。

延世大教授も、「朝鮮を脱出した洪吉童は八重山に渡り、オヤケ赤蜂になった」という説を出している。

オヤケ赤蜂は首里王朝に反乱を起こし、1500年に討伐された八重山の英雄。しかし、その詳細については沖縄の歴史でも謎の人物である。ただ、朝鮮と八重山の、この二人のあいだには中央に対抗した地域の英雄という共通項があるのはたしかである。

⑽ 琉球使節は、朝鮮通信使に劣らぬ待遇

江戸時代を鎖国というが、実態は違った。四つの窓（琉球、出島、対馬、松前）を海外に開き、外交使節も訪れた。本来は、朝鮮からの使節だけだが、薩摩藩に案内された琉球使節は唐装束に身を固め、唐楽や舞を披露することから、中国の使節と思われた。江戸には将軍就任を祝う慶賀使として、琉球国王の即位承認を感謝する謝恩使として、合計18回派遣された。

「琉球の支配階級の礼法は平常においても唐風中心であったが、国外に使いする場合は使者たちは特殊にその礼法を学んだ」（宮城栄昌著『琉球使者の江戸上り』より）。江戸への途中、諸大名が求めるのは中国の芸能、音楽、詩文や中国（中華）語。教養として、まず語学に長けてなければ使者は務まらなかった。作詩・書道も必須。1、2年かけて修行に励んだのは当然であった。

琉球使節は、中国文化を江戸社会に吹き込んだ。清の世祖順治帝が発布した6カ条の教訓書『六諭《りくゆ》衍義《えんぎ》』を留学生の程順則が琉球に持ち帰り、将軍・吉宗に献上している。吉宗は室鳩巣に分かりやすく書き直させて『六諭衍義大意』として刊行し、各藩に配っている。その一方で、琉球ブームも起こり、琉球の歴史、文化、風俗などを紹介する琉球物が数多く出版された。

江戸城では、公式（進見・奏楽・辞見）の儀、さらに日光東照宮参詣（3回）もあった。朝鮮通信使

に準ずる扱い。これは道中、諸藩の接待でもいえた。規模の上では朝鮮通信使に劣る琉球使節だが、幕府にとっては自らの権威を諸藩に知らしめる異国の使者として位置づけられた。

⑾ 柳宗悦と沖縄方言論争

朝鮮を植民地統治する日本のありかたに異議をとなえた人がいる。柳宗悦である。朝鮮の民族心を貴び、朝鮮人に寄りそうような論評を雑誌に幾度となく書いた。景福宮の前にある光化門が破壊されそうになったとき、公開状を雑誌に書いて、保存を訴えた。それがため、危険人物として、刑事の尾行を一時受ける身ともなった、とご本人が述懐している。それでも言説を曲げなかった。力の支配には限界があることを訴えた。

「経済や軍力による支配はもう昔の力を盛り返す事は出来ぬ。たとへ日本が一人その趨勢を阻止しようとしても、それは徒労に過ぎない」(『朝鮮とその芸術』より)

のちに日本民芸運動に力を注いだ柳宗悦は全国の産地を訪ね歩き、『手仕事の日本』『民藝紀行』を書いた。その流れの中で、1940(昭和15)年、沖縄県で進められていた標準語励行運動の評価をめぐる論争にもかかわる。

論争は柳宗悦ら日本民芸協会一行が沖縄を訪問し、この運動が鳴り物入りで推進されている事態を批判したことに端を発した。柳宗悦らは方言のもつ文化的価値を力説した。方言は、文化の多様性を象徴するもの。それを破壊することに警鐘を鳴らした。

この運動は沖縄県の進め方にも問題があった。強制や禁止、懲罰などから、「方言撲滅《ぼくめつ》運動」と受け取られてしまう可能性があった。

柳宗悦は、『朝鮮とその芸術』の中で、「或国の者が他国を理解する最も深い道は、科学や政治上の知識ではなく、宗教や芸術的な内面の理解であると思ふ」と記す。方言も、人間の内面の問題である。柳宗悦は日本民芸運動を通して、地方文化を深く洞察していたと思う。だから、避けて通れなかった。この方言論争は、戦後になって影響をあたえ始めたといわれる。日本本土での沖縄蔑視、沖縄側の安易な本土追随姿勢に警鐘を鳴らし、沖縄文化の豊かさを再認識させるきっかけになった。

⑿ 沖縄戦、朝鮮半島出身者も犠牲に

在日2世の朴壽南監督によるドキュメンタリー映画、『ぬちがふぅ（命果報）～玉砕場からの証言』（2014年DVD版、劇場未公開138分）。描かれたのは、20万人ともいわれる太平洋戦争末期の沖縄戦犠牲者。「玉砕」「集団自決」という名のもとに多くの日本兵や住民が犠牲となったが、そのなかに韓国人軍属や従軍慰安婦も多数いた事実は、あまり知られていない。

映画は、沖縄戦を生き残った現在90歳前後の人たち約30人が、これまで語られなかった韓国人軍属や慰安婦の犠牲について重い口を開く。朴壽南監督が20年近くかけて制作した力作である。映画のラスト近く、一命をとりとめた韓国人元軍属たち6人が半世紀ぶりに沖縄を再訪し、しまんちゅ（島人）と共に、集団自決や虐殺の現場を探す。ひもじさに耐えかねて稲穂を盗んで食べ、日本軍に処刑された仲間の無念さについて、彼らが慟哭しながら話す。犠牲者を決して忘れてはいけないという思いが切実に伝わってくる。

1995年6月、沖縄県は国籍や軍人、非軍人の区別なく、沖縄戦で亡くなった全ての人びとの氏名を刻んだ記念碑「平和の礎」除幕式典を摩文仁で開いた。この時点での刻銘者数は、次の通りであった。

沖縄県14万7731人／県外7万4113人

米国1万4731人／英国82人／台湾28人

韓国54人／北朝鮮82人

＝合計23万6095人

（2015年6月現在、韓国365人、北朝鮮82人）

沖縄県は、朝鮮半島出身者名に関しては、厚生省などの資料から454人の戦没者数を割り出した。しかし、問題が生じた。これらの戦没者名を刻銘するには、創氏改名された名前を元に戻し、さらに遺族の了解を得る必要があることだった。沖縄県は追加刻銘するため、関係者に機会あるたびに、このことについて広く訴えた。

沖縄戦の朝鮮人犠牲者を追悼する韓國人慰霊塔＝糸満市の平和祈念公園

(13) 読谷村に「恨之碑」、朝鮮人軍夫の歴史刻む

読谷村《よみたんそん》に「恨之碑」があるという記述を見落としていた。この

石碑は、大戦中、慶良間諸島で亡くなった朝鮮人軍夫の歴史を後世に伝えるため、2006年に立てられた。制作者が、彫刻家の金城実氏である。毎年、韓国から遺族が慰霊に訪れているそうである。「恨之碑」建立は琉球新報の三木健氏らが沖縄戦に関するシンポを開いたことが契機となってできたという。韓国・慶尚北道の英陽郡にも、同じ恨之碑（正式名は「太平洋戦争・沖縄戦被徴発者恨之碑」、1999年建立）がある。ここは、沖縄に強制連行された姜仁昌《カンインチャン》（1920～2012）の出身地。彼は沖縄戦で、からくも生き残った軍夫。

姜仁昌は当時、苛酷な状況下にあった。米軍機の那覇大空襲で、慶良間諸島の阿嘉島に転属させられる。追い詰められた日本軍は、島民を義勇軍に、朝鮮人軍夫を監視役にする。これが混乱を招き、姜仁昌らは島を脱出し、米軍の捕虜となった。

この苛酷な体験を、沖縄の市民団体「沖縄恨之碑の会」が聞き取りした。『元朝鮮人軍夫姜仁昌の証言　恨みをかかえて　ハラボジの証言』という本（2016年刊）にまとめられている。

金城実・松島泰勝対談集『琉球独立は可能か』（解放出版社、川瀬俊治編）を参考にまとめた。

【沖縄と朝鮮メモ】

○世界遺産のグスク　沖縄市街を一望できる丘陵に威容を誇る首里城。尚巴志が琉球を統一したのは1429年のこと。沖縄各地での抗争でグスク（城）が残ったのが首里城であり、尚巴志はこの城を拠点に海外交易を行った。家臣を海外に送り出す儀式や、中国をはじめ海外の使節を迎える儀礼をここで行った。2000（平成12）年11月、首里城跡などとともに、琉球王国のグスクおよび関連遺産群としてユネスコの世界遺産（文化遺産）に登録された勝連城跡は、グスクのなかでは最も築城年代が古いグスクとされている。勝連城跡は、勝連半島の南の付け根部にある丘陵に位置する。南城《ヘーグシク》、中間の内、北城《ニシグシク》で構成されている。13〜14世紀に茂知附按司により築城されたという。この城の最後の城主が、阿麻和利である。阿麻和利はクーデターを起こしてこの地方の按司となり、琉球統一を目論んだが1458年に琉球王府によって滅ぼされた。

ユネスコ世界遺産登録の勝連城跡。グスク（城）のなかで、最古とされている

○朝鮮と沖縄。その交流史研究

朝鮮と琉球に関する韓国初の本格的な研究書。それが『朝鮮と琉球』で、1999年に出版された。孫承喆《ソンスンチョル》江原大教授ら5人の執筆。この貴重な成果に注目した沖縄の研究者がこれを翻訳して、2011年に宜野湾市の榕樹書林から出版した。これが韓国と沖縄の学術的な懸け橋となり、共同調査・研究が活発になった。金達寿が『日本の中の朝鮮文化』を書いていた1980年代には、その手の本が皆無だった。それにもかかわらず、彼は當間嗣光氏が書いた「沖縄に残る朝鮮文化」を、沖縄取材の折に探し出している。ただ、それを読んで驚く。琉球の王都首里が、「ソウルからきたもの」という説が出ていたからだ。「それはどういうことなのだろう」と金達寿は首を傾げている。當間氏が書いた、その一節を紹介したい。「王都首里《すり》（『おもろさうし』では、しょり）は朝鮮では町や村の意で、またソウルからきたものだろうという説がある。古代衣裳で主として上流

婦人が着た胴衣（どうじん）と下裳（かかん、チマ）は、朝鮮婦人の民族衣裳と同型である。調味料、薬草では、こうれぇぐす（高麗辛子・胡椒）、きーゆい（朝鮮朝顔）、蒸し餅の高麗餻《こう》、高麗きせる等が残っている」。首里＝ソウル由来説はともかく、衣裳、調味料、薬草などは参考になる。

○三重城。那覇港を見下ろすグスク　那覇港の入り口に作られた台場で、倭寇に対する防御のために16世紀に作られた城塞である。反対側にも屋良座森城が作られ三重城と対をなしている。後に、船旅の乗客を見送る場所となり、航海の無事を祈る拝所《ウガンジュ》も作られた。琉球舞踊「花風《はなふう》」の舞台にもなり、那覇の港を船出する愛しい人を見送る女性の姿が描かれた。当時は、海上にのびる長い突堤の先端にあった。現在は右側の海（中の海）が埋め立てられ、ホテルの駐車場や下水処理施設が作られている。

○久米村　この地区はかつて、3つの川（安里川、久茂地川、国場川）と海に囲まれた浮島（那覇）で、そこに14世紀後半に中国大陸からの移民（以下、渡来人）が住み着いて集落を作り、久米村と呼ばれた。その渡来人たちは「久米三十六姓」と呼ばれ、中国との貿易や当時の東南アジア諸国との貿易を行い、琉球王国の大交易時代を支えた。中国の貿易政策の変更のあおりをうけていったんは衰退したが、1609年の薩摩藩による琉球侵攻後、再び中国貿易が推進されてこの地域が復興した。琉球王国の政治家であり教育家として知られる程順則はこの地区の出身である。

○琉球舞踊と朝鮮舞踊　琉球は、中国・日本・朝鮮をはじめ東南アジアと交流し、それらを摂取・融合した独自の文化を築いたとされる。琉球舞踊は、これまで中国や日本の影響が特に強いとされてきたが、衣裳の構造や着付けの型、舞踊技法に着目すると、朝鮮（韓国）舞踊との類似性も見逃せない。

○首里城と景福宮　朝鮮と琉球が似ているところは、建物にも現れている。琉球の首里城と、朝鮮の景福宮のなかにある勤政殿の佇まいである。何をまねたかといえば、北京の紫禁城である。琉球も朝鮮も、定期的に朝貢使節を派遣していた関係で、同種のものを持ち帰っていたのである。

○牧志公設市場　那覇市・国際通りのすぐそばにある、沖縄で最も賑わいのある市場が第一牧志公設市場である。市場の1階には、魚介類をはじめ沖縄県産の海ぶどう、もずく、アオサ、ジーマーミ豆腐、島唐辛子、県産フルーツなどを取り扱っている。2階は食堂街で、グルメ通の喉をうならせる多彩な味を楽しめる。漢字文化圏の香りがする場所である。牧志公設市場は建て替えのため、2019年6月16日で営業を終了した。建物の老朽化と耐震強度の不足が判明したことがきっかけとなった。同じ場所に2022年度に新装オープンする。鉄筋3階建て。入居店舗は、現在の102から89店舗に減るそうである。牧志公設市場は1951年に開設後、大雨による浸水（1966年）、不審火による大火（1969年）にも見舞われ、1972年に現在の建物に建て替えられた。しかし老朽化が進み、2008年から建て替えが検討された。店主たちは、人通りの多い国際通りに近い立地にこだわった。沖縄が観光地として、人気を集めるにつれ、そのこだわりが奏功した。

金達寿の畢生の書、古代史学会を揺るがす

日本の古代史を考える場合、九州の存在は大きい。中国、朝鮮半島から先進文化が最初に流入したのは、最もそれに近い九州だった。国境のない先史時代から、船に乗り、海を駆ける民がいた。彼らの往来によってもたらされたものが、日本を変えていった。海を渡り、日本に来た移民の影響力も大きかった。いわゆる渡来人である。こう考えるのが自然と思うが、戦後の歴史学は、いまだ植民地史観、皇国史観をひきずっていた。

それに異議を唱えたのが在日の歴史学者の李進熙《リジンヒ》氏であり、在日作家の金達寿《キムダルス》氏であった。

李進熙氏が、戦時中、陸軍のスパイ、酒匂景信が採取して日本に持ち帰った好太王碑（広開土王碑）の拓本には、改ざんされた部分があると疑義を示した。これは碑文の改ざんは純粋な学問追求の観点でなされたが、背後にある植民地政策を正当化する日本の作為を指弾することにつながった。学会であたかも定説となっていた「任那日本府が日本の植民地」という点を問題視したことで、大きな波紋を広げた。古代史学会で、この問題が議論される中で、科学的な検証の必要性が大勢を占め、本来の、あるべき学問の姿へと戻っていった。

金達寿氏も、李進熙氏と同じように、日本の歴史学に疑念を抱いていた。具体的にいえば、「帰化

人」である。『日本の中の朝鮮文化1』（講談社文庫）のまえがきに、こう書いている。

「これまでの日本の歴史では、まだ『日本』という国もなかった弥生時代の稲作とともに来たものであろうが、古墳時代に大挙して渡来した権力的豪族であろうが、これをすべて朝鮮を『征服』したことによってもたらされた『帰化人』としてしまっている。ここにまず一つの大きなウソがあって、（以下省略）」

はたして、古代、朝鮮とは日本にとって何であったのか、日本は朝鮮にとって何だったのか。これを問いただす旅が始まった。1970年前後に取材を始め、『日本の中の朝鮮文化』全12巻として結実していく。この古代史探訪の旅で、九州は大きな比重を占める。朝鮮半島に最も近い地勢的な位置からして、双方の交流は濃密であったからだ。

九州には遺跡が多く、邪馬台国論争の材料に事欠かない。マスコミが報じる遺跡発見の記事には、研究者のコメントが必ずといっていいほどついており、その声に朝鮮半島との関連性を指摘するものが多く見られる。当然といえば当然といえる。国境のない時代、海を超えての交流、さらには移住が盛んに行われていたからである。弥生時代の人口急増について、埴原和郎氏が「百万人渡来説」を唱えたほど、日本は朝鮮半島、中国と近い関係にあった。

福岡の教職員による、在日韓国・朝鮮人教育研究会が盛んにおこなわれていた頃、会場で入手した「福岡市周辺の日朝交流史マップ」を、捨てず大事に残していた。そこに17の遺跡・史跡、社寺仏閣、地名が紹介されている。

①相島　②西戸崎炭鉱跡　③福岡空港　④板付遺跡　⑤大野城百間石垣　⑥山家の陸軍地下司令部壕跡　⑦熊野神社　⑧節信院　⑨櫛田神社　⑩鴻臚館跡　⑪興徳寺　⑫早良炭鉱跡　⑬祖原　⑭和白　⑮香椎　⑯多々良　⑰白木原

このなかから、古代史に関する史跡を少し紹介したい。

古代の遺蹟として、とりあげたのは板付遺蹟と須玖岡本遺蹟群である。板付遺蹟は、縄文晩期にすでに稲作が行われていたことを実証した遺蹟。「朝鮮半島からの渡来人集団の村であったことも予想でき、当時の村の様子が復元されている」と紹介する。

春日市にある須玖岡本遺蹟群は、「漢委奴国王の金印で有名な古代奴国の中心とされ、弥生時代の遺物が多数出土」「熊野神社に移転・保存されている、その王墓と思われる支石墓は、朝鮮半島にルーツがあり、朝鮮式の墓といわれている」「昔からの地名・須玖《すぐ》は古代朝鮮語の『むら』の意を持つといわれている」とある。

これは教職員がつくったフィールドワークのための簡単な案内文である。考古学の研究者でないから、この程度である。

金達寿氏の『日本の中の朝鮮文化』になると、俄然詳しい記述となり、新聞記事や歴史書からの引用が多々、見られることになる。なぜか。ご本人にいわせると「わが田に水を引くもの」とみられるのを恐れるからである。ともすれば対象物を色眼鏡で見てしまい、牽強付会めいた説をとなえかねない。それを避けようと大変な努力している。いくつかの事例を紹介する。

粕屋町（福岡県）の江辻遺跡―1993年3月29日付けの西日本新聞から。1面トップの大見出し（記事は省略）。

「最古期の稲作集落発掘／朝鮮半島と同型の『円形竪穴』／縄文晩期　ムラ形態も伝播／江辻遺跡―粕屋町」

苅田町（福岡県）の番塚古墳―1990年12月27日付け西日本新聞から（見出しだけ）

「高句麗文化の飾り金具／6世紀初頭の『カエル』出土／福岡・苅田町　番塚古墳／古代日朝史に一石」

朝鮮と日本、古代における、その関係性は？　それに、金達寿氏は徹底的にこだわり、追求している。吉野ヶ里遺跡（佐賀県）が発見されたとき、手術のため入院生活を強いられたため、それを大報道した新聞さえ手に取って読めなかった。しかし、退院後、細かくチェックしている。そのなかの一つに、こういう新聞記事がある。

1990年11月6日付けの読売新聞（西部）。その見出しに、こうある。

「朝鮮系土器が初出土／吉野ヶ里遺跡／交流示す物的証拠／第二墳丘／青銅器工人の用具か」

古代、いかに朝鮮と日本が深く結びついていたか。金達寿氏は全国各地の遺蹟を訪ね、具体的に物証を示すことで裏付けて行った。そして、気付いたことは何か。『日本の中の朝鮮文化』1巻に、こう書いている。

「私はこうして歩いてみてあらたに気がついたことは、では古代、これら朝鮮からの『帰化人』といわれるものたちののこしたもののほかに『日本の文化遺蹟』はいったいどこにあるのか、ということだった」

これに異論があるのはいうまでもない。すでに九州大教授の岡崎敬氏が、金達寿、谷川健一両氏との鼎談でこう発言して、クギをさしている。

「ただ、日朝関係史をみるとき非常に重要なことは、日朝関係史だけをみるのではなく、同時に中朝関係史をもみなければなりません。この両者は必ず表裏の関係にあるからです。つまり、日本から朝鮮にいったとか、朝鮮から日本にきたとかいう問題だけじゃなく、中国、朝鮮、日本というものの全体のバランスをたえず考えておかないと見誤るでしょう」＝『討論日本文化の源流を求めて』（筑摩書房、1975年刊）

九州各地を探訪する金達寿氏の手助けをした人物が、『日本の中の朝鮮文化』に幾人もでてくる。なかでも考古学者の西谷正、奥野正男の両氏の支援は大きい。二人は、日韓考古学の共同調査・研究の道を切り開いて来た。金達寿氏にとって、最良の支援者だったといえる。取材で、九州各地を歩き、彼は何を感じたか。こう答えている。

「〝倭人とはいったい何か〟という大きな問題に対する答である。すなわち、倭人とは朝鮮半島から稲作とともに細形銅剣、銅鉾などを持って渡来した弥生人のことで、鳥居龍蔵氏の言葉を借りるならば、これがすなわち『固有日本人』であるということである」「九州地方が弥生文化の集中地であり、文字通り日本文化揺籃の地ということである」

『日本の中の朝鮮文化』の反響は大きく、「はじめは増刷が間に合わないほど」と最終巻（12巻）に記す。愛読者カードはもとより、手紙、電話も掛かってくる。そのなかには、「来れば、自分の車で案内したい」という熱心な人もいた。いかに、同書の衝撃度が大きかったことがわかる。「日本の古代史は書きかえられるべきです。それが正しい愛国心につながると思います。でき得れば……」という愛読者カードもあったという。

それとともに、全12巻にわたって書き続けることによって、「帰化人」という言葉が「渡来人」に変わって行った。金達寿氏によると、石母田正氏の『日本古代国家論』（岩波書店、1971年刊）のはしがきに、「金達寿氏等の提言にしたがって、『帰化人』を『渡来人』に改めた」とあり、高柳光寿・竹内理三編の『角川日本史辞典』第2版（角川書店、1974年刊）も、「帰化人」が「渡来人」に変わっていたという。

作家の古代史探訪記が、歴史用語の扱いを変えさせるに至った。用語の使い方を誤ったというよりは、根本には意識・思想に問題があったといえる。それを修正させたことは、大きな成果である。金達寿氏の苦労も報われたはずである。

古代史、考古学研究は、金達寿氏が『日本の中の朝鮮文化』を描いていた当時よりも、大きく変化した。日韓合同で発掘調査・研究を進めたり、交流は着実に拡大していった。西谷正氏は九大教授時代、考古学教室の日韓交流を進めた功労者の一人である。研究者同士の交流はあっても、組織的な共同発掘にはハードルがあったが、それを時間をかけて、解消していった関係者の努力の賜物といえる。

岡崎敬・九大教授が早くから警鐘を鳴らしていた、東アジアの視点にたった、全体のバランスのとれた研究・運営へと着実に歩を進めている。

金達寿氏は１９９７年5月24日、鬼籍の人となったが、彼の畢生の大作が古代史学会に与えた影響は大きい。

「令和」で脚光！ 万葉集、太宰府。渡来人・憶良にも光を

何かブームが起こると、人の心は波立ち、往々にしてそれに引きずられる。新元号「令和」も、その一つとなった。「令和」が万葉集、それも大宰府の大伴旅人の家で催された梅歌の宴（天平2年正月13日、梅花の歌32首并に序）を典拠にしたこともあり、太宰府（福岡県）が全国的に注目された。日頃、親しむことがない万葉集の本が売れ、ゴールデンウィーク期間中、多くの観光客がゆかりの神社を訪れた。太宰府市も、大きな観光資源として整備に乗り出している。

このブームのなかで、おやっと思うことがあった。旅人と山上憶良ゆかりの唐津（佐賀県）、嘉麻（福岡県）から何も声があがっていないことである。新聞も紹介することもない。大伴旅人が大宰師として赴任した時代、憶良と筑紫歌壇を形成したたし、憶良とともに松浦地方を訪ね、松浦佐用姫の伝説にちなんで歌を詠んでいる。

その歌碑が、唐津市の万葉垂綸石《すいりんせき》公園に立っている。

松浦川　玉島の浦に若鮎釣る　妹らを見らむ人の羨《とも》しさ　旅人
玉島のこの川上に家はあれど　君を恥《やさ》しみ顕さずありき　旅人

たらし姫　神の尊の魚釣らすと　み立たしせりし石を誰見き　憶良

万葉集のなかに、歌われた地名を探しだすと、圧倒的に都が多いが、地方も出てくる。そのなかに松浦と松浦川がある。意外と多いのに気づく。松浦と松浦川とは、唐津にある地名であり、川の名である。なぜ歌われたかというのは、大伴狭手彦連《おおとものさでひこむらじ》（大伴金村の三男）と篠原村の弟日姫子《おとひひめこ》（万葉集では松浦佐用姫）の古代ロマンがからんでいる。

『肥前風土記』に、朝鮮半島の任那《みまな》に向かう途中の狭手彦連が、弟日姫子にほれて結婚したという記述がある。彼女は絶世の美女だった。つかのまの幸せの日々を過ごした後、狭手彦は任那へ船出する。そのとき、弟日姫子は鏡山に上って領巾を振った。領巾振りとは、妻が夫との再会を願った所作である。巾とは、肩に垂れかけた装飾用の布で、呪術的な意味合いをもっていた。

松浦川をよく歌ったのは、憶良と旅人。2人が筑紫歌壇ともいわれる黄金時代である。新元号「令和」の典拠になった梅歌の宴での歌も、その文学的雰囲気のなかで詠まれた。

旅人は、万葉歌人として北部九州に足跡を残した。これは憶良にしても同様である。彼は筑前の国守として筑豊地方を視察に訪れ、多くの歌を詠んでいる。嘉麻市には憶良の歌碑「嘉麻三部作」が立ち、これまで憶良を顕彰する祭りも開かれてきた。

歌碑「三部作」は、以下の通り。

ひさかたの天路《あまぢ》は遠しなほなほに家に帰りて業《なり》を為《し》まさに

常磐《ときは》なすかくしもがもと思へども世の事なれば留《とど》みかねつも
銀《しろがね》も金《くがね》も玉も何せむに勝れる宝　子に如《し》かめやも

元号が万葉集を典拠にする「令和」に決まり、「令和」に一斉に関心が集まった好機を生かして、旅人と憶良ゆかりの唐津と嘉麻両市も、声を上げるべきではなかったか。

憶良は朝鮮系渡来人、百済遺民の子。それを最初にいったのは、万葉学者の中西進氏である。現在、学会でも広く知られているが、その説によると、こうである。

百済から天智期に渡来し、近江朝に仕え、天武の侍臣にもなった医師、山上憶仁《おくに》が憶良の父であったとする。憶良は百済の都、扶余で660年に生まれ、百済王朝滅亡により4歳のときに父親に連れられて、日本に亡命渡来し、琵琶湖のはずれ、現在の滋賀県甲賀郡水口町あたりに住んだとしている。

憶良が移住した甲賀の地は、それより80年ほど前、日本に仏教が公伝されたとき、その功労者の一人として、「百済より来る鹿深臣《かふかのおみ》、名字をもらせり。弥勒《みろく》の石像一躯有《たま》てり」（『日本書紀』より）とあるように、百済渡来豪族、鹿深氏（甲賀氏）の居住地であったといわれる。

また、百済から鹿深臣がもってきた弥勒は石像だったとある。現在、残っていないが。

憶仁は686（朱鳥元）年5月に死亡した。彼は専門技術をもっていたが、正当な評価を受けないまま、下積み生活を余儀なくされた。父親を失ったとき、憶良は27歳だったが、彼も無位、無姓の下級役であった。ここに、渡来人の悲哀をみる。憶良は41歳まで経典を写す仕事に従事したと推測されている。

ところが、憶良が栄達をとげる好機が到来するのである。遣唐使である。彼は、書記官の最下席を与えられた。42歳の701（大宝元）年正月、遣唐少録となり、翌年、遣唐使粟田真人らに従って唐の都、長安に渡った。長年の文筆生活が役立ったというべきだろう。遣唐使は生死を賭けた旅路となった。無事、帰国すれば出世はまちがいない。憶良は、その賭けに勝った。以後、順風の道を歩み、臣という姓をもらい、位も従五位下に昇進した。57歳のとき伯耆（いまの鳥取県）の長官になり、帰京後は東宮に。さらにその後には聖武天皇の教育係の一人にもなった。67歳のとき筑前守にも任命され、大宰府に赴任し、旅人とともに筑紫歌壇を形成した。憶良が優れた歌人としての地位を確立したのは九州時代である。万葉集には長歌11首、短歌52首、旋頭歌1首、ほかに漢詩、漢文を残している。

歌人、憶良の特徴について、歌人の木俣修氏は『万葉集　時代と作品』（日本放送出版協会）のなかで、次のように指摘している。

「憶良は短歌よりもむしろ長歌を得意としている。内容的にいえば、自然の歌はわずか三首だけで、他はもっぱら人事に関するものばかりである。しかし相聞の歌は全くなくて、子供に対する深い愛情を歌ったものが眼立っている。また病苦・貧窮・老死などの暗黒面を歌い、人生の問題や社会の問題に深く入っているところにその特徴が見られる」

憶良の代表的な歌を幾つか紹介する。

世の中は空しきものと知る時しいよよますます悲しかりけり

憶良らは今は罷《まか》らむ子泣くらむそれ彼《そ》の母も吾を待つらむぞ

世間《よのなか》を憂《う》しとやさしと思へども飛び立ちかねつ鳥にしあらねば

筑前から帰京した憶良は病に苦しみ、貧乏にも苦しめられる。733（天平5）年、病床に伏す憶良を、親友藤原八束が、見舞いの使者として河辺朝臣東人を使いにやった。そのとき、憶良がことばにした和歌が、次のようなものである。

士《をのこ》やも空しかるべき万代《よろづよ》に語りつぐべき名は立てずして

意味するところは、「男子たるもの、空しく朽ちはててはいけない。万代の後までも語り継がれるような名声も立てずに」という内容で、憶良のそれまでの生涯74年間を集約したような一首であった。「空しさに抵抗しつつ、いま病床にある身に絶望しつつ、なお士への志を捨てなかったところに、憶良の生涯の暗示がある。この一首は辞世と自覚したものではないが、暗示的な一首をのこして、憶良はほどなく没したと思われる」（中西進『辞世のことば』中公新書）。

「令和」で関心が集まった万葉集に関していえば、やはり表層的に終わったのではないか。もう一歩踏みこんでほしかった。当時、旅人と憶良が形成した筑紫歌壇、万葉集の文学性と価値など語られてしかるべきだった。憶良が百済遺民の子であったこともあまり知られていないのではなかろうか。

旅人と憶良は生まれた境涯も、歌う姿勢も異なる。旅人は大伴家という武家の名門で、征隼人持節第将軍など顕職を経て、筑紫に下って来た。憶良は朝鮮系渡来人で、誇れる家柄ではなかったが、学識を買われて遣唐使の一員に加わった。伯耆守、聖武天皇の教育係を経て、筑紫へ来た。

したがって、２人の歌風も異なるし、歌いぶりは対照的である。貧しい境遇から立ちあがってきた憶良は、貧しい者の側に立ち、彼らに寄り添うような歌いぶりである。一方、旅人は恵まれた家に育ったことから、人生における悲痛事さえも、真正面から受け止めるところが乏しいように見受けられる。

境遇、歌人としてタイプが異なる２人が筑紫で出会った意味は大きい。お互い触発し合ったことと思う。松浦佐用姫の歌からも、それはいえる。２人が松浦に遊ぶことがなければ、万葉集に古代ロマンが刻まれることはなかった。

あとがき　「近くて近い」日韓関係を願い

日韓は、「近くて近い」関係にどうしてならないのか。「恨を解かないからですよ。その努力を特に国政を担当する国会議員が果たしていない。これが問題です」。そういう韓国の宗教関係者の言葉をかみしめる。恨とは何か。韓国側がボールを投げても、そのボールが日本側からしっかり返って来ない、苛立たしさが重なって、恨が解けない状況に陥っているのであろう。そのボールが何を意味しているかは、それぞれに想像してほしい。

２０１８年の日韓関係は、どんな状況だったか。小渕恵三首相と金大中《キムデジュン》大統領との間で、１９９８年に交わされた未来志向の「日韓パートナーシップ宣言」から20年の節目だった。しかし、国政レベルでは、日韓関係は冷え込んでいる。トップが互いの国を訪問することもない。従軍慰安婦問題、軍艦島の朝鮮人強制労働、元徴用工の訴訟と像の設置などでギクシャクしている。

では、市民レベルではどうか。観光客でいえば昨年、日本に来る韓国人は７００万人を突破、逆に韓国に行く日本人は２３０万人。この差は、どこから生じるのか。

韓国では、若者の就職難が続いている。九州に近い釜山など慶尚道の若者のあいだでは、日本で働くことに違和感はない。九州の大手企業は、釜山で就職説明会を開き、韓国人雇用に前向きである。

かつて李御寧《イオリョン》氏は『「縮み」志向の日本人』で、日本人の性向を鮮やかに分析した。現代日本は「縮み」ではなく、「内向き」になっていないか。

2回の米朝首脳会談を受け、北朝鮮の非核化、休戦ラインの終結（終戦宣言）は足踏みはあるものの、東アジア情勢に変化が生じようとしている。これに日本はどう向き合うのか。

「恨」を思いながら、ここ数年かけて「九州のなかの朝鮮文化」を各地に探った。日韓の交流の歴史は、九州においては色濃く刻まれている。つきあいが長かった韓国の元外交官、柳鍾玄《ユジョンヒョン》氏は「九州は韓国と近いこともあるが、相性がいいです。違和感が余りないです」と親しみを込めて語った言葉が忘れられない。

柳鍾玄氏は駐横浜韓国総領事も務めた知日派で、退官後は漢陽《ハニャン》大学教授を務め、韓日交流研究を深めた。故郷は慶尚南道・密陽《ミリャン》。日韓の懸け橋となった外交僧、松雲大師《ソンウンテサ》（四溟堂惟政）も密陽出身。その因縁もあって、松雲大師の顕彰活動にも励んだ。松雲大師は秀吉の侵略戦争（1592～98）の後、国交修復交渉を対馬藩に命令した徳川家康の真意を探るため、京都まで来ている。その役目がいかに重要であったか。松雲大師は、和平を求める家康に他意がないことを朝廷に伝え、両国の国交修復が実現する。朝鮮通信使の派遣が始まった。

2004年に亡くなった柳鍾玄氏は、「未来志向の日韓関係というが、その方向に走るためには、日本が変わらなくては」と本音を話されたことがあった。江戸時代、日朝外交の最前線で活躍した対馬藩の外交官、雨森芳洲《あめのもりほうしゅう》の言葉を、つぶやかれた。「互いに欺かず争わず」の誠信交隣である。

ヴァイツゼッカー大統領の名言も、俎上にのせた。ドイツ敗戦40年にあたる1985年、彼は5月連邦議会で「過去に目を閉ざす者は現在にも盲目となる」と演説しているのである。真摯に歴史に向きあう。このことを柳鍾玄氏も、言っていた。

もう15年ほど前に、『九州のなかの朝鮮――歩いて知る朝鮮と日本の歴史』(明石書店)を私が編著者になって刊行したが、やっと売り切れて絶版となった。その続編を出したいという思いが膨らんだ。

絶版になった『九州のなかの朝鮮』に比べて、九州・沖縄を細かく探索し、バランスを持たせたのが、この続編ともいえる『九州のなかの朝鮮文化』である。足元の歴史文化を見直し、日韓交流に寄与できる本になれば、と考えている。

書こうと意欲を起こさせてくれたのは、『日本のなかの朝鮮文化』の在日作家・金達寿《キムダルス》、『街道をゆく』の司馬遼太郎、歩く巨人といわれた民俗学者・宮本常一である。3人に刺激を受けたのは、現場主義である。現地を歩くことによって開ける世界がある。これが励みとなった。

九州は日本で最も朝鮮半島に近い関係から、朝鮮の文化を真っ先に受容した。その痕跡は各地に多く残っており、『九州のなかの朝鮮』の全体の構想を描いたとき、とても1冊の本には収容できないと判断した。そこで、古代から近代まで、一般的に語られるような内容をまずは盛り込もうと企画し、以下のような目次をつくりあげた。今回の続編と照らし合わせていただくと、「九州のなかの朝鮮」がいかに奥深いものか、ご理解いただけるのではないか。そう考え、目次を再録した。以下の通りである。

第1部　古代

1、倭と朝鮮／2、大宰府成立期と渡来人／3、豊前国の古代における新羅系文化

4、白村江の戦い（余話）／5、加唐島と武寧王生誕伝承

【コラム】①菅原道真と渤海国　②神功皇后伝説　③言葉から見た日韓交流

資料編　九州各地に残る朝鮮文化（古代編）

第2部　中世

6、朝鮮人漂流民と九州／7、西日本に残る朝鮮半島の仏教美術／8、色鍋島と小石原／

9、黒潮を追って　琉球と朝鮮

【コラム】④朝鮮侵略に侍医として従軍した僧、慶念　⑤朝鮮と琉球　⑥文禄・慶長の役

資料編　九州各地に残る朝鮮文化（中世編）／豊臣秀吉の朝鮮侵略

第3部　近世

10、国境の島・対馬／11、博多商人と朝鮮／12、福岡藩朝鮮通信使記録／13、李退溪と九州の

朱子学者～大塚退野と楠本硯水～／14、朝鮮語大通詞、小田幾五郎

【コラム】⑦博多祇園山笠の清道旗　⑧食文化の交流―羊羹　⑨雨森芳洲の「交隣提醒」を韓

国語に翻訳

資料編　対馬あれこれ

第4部　近代

15、「辛子明太子」物語／16、李王家・宗伯爵家御結婚奉祝記念碑／17、秋月致牧師と渡辺通教会／18、石堂川の光景／19、朝鮮学校と九大韓国研究センター／20、九州在住朝鮮人関係新聞記事目録（1917～39年、抜粋）

【コラム】⑩白山信仰―在日朝鮮人作家、金達寿に学ぶ　⑪奥津城考

資料編　九州各地に残る朝鮮文化（近代編）

以上のような内容を盛り込んだ『九州のなかの朝鮮』は、福岡県内に在住する研究者に協力を依頼して、刊行できた。それを愛読してくれた駐福岡大韓民国総領館の総領事、金賢明《キムヒョンミョン》氏は、「九州には韓半島との交流の足跡は、まだまだ多く残っている。シリーズ第2弾を出してください」と激励してくれた。そう言われた金賢明総領事が離任して、すでに8年を経過してしまった。

2002年に刊行した『九州のなかの朝鮮』に、今回の続編を重ねてみても、まだまだ収め切れていない、日韓の交流を刻む材料があると推測する。今後、さらに調査を重ねたい。

最後にお世話になった方々にお礼を申し上げたい。

推薦文を書いていただいた駐福岡大韓民国領事館の孫鍾植総領事、たびたび九州各地の探訪に車を走らせてくれた文源澤さん（韓国・慶尚北道出身）、「日韓の懸け橋」の名にふさわしい、世紀のプロジェクト実現に奔走する佐藤民雄さん（熊本県出身）、沖縄探訪ツアーに出掛けた西日本新聞TNC文

化サークルの韓流講座の受講生、北部九州を中心に日帰り旅行に同行してくれた歴史愛好家・在日コリアン・韓国出身の女性、それに民団福岡県地方本部の李相鎬団長の励ましなど、多くのかたがたの応援で執筆に弾みがついた。

私がライフワークとする日韓交流史の出版に快く応じていただいた明石書店の大江道雅社長、編集担当の黒田貴史さんに感謝申し上げたい。

今回の出版を契機に、沖縄を含む九州8県ごとのシリーズ本（叢書）を、各県の研究者の力をお借りして、一緒になって作り上げてみたいという夢を抱いている。

これも、ひとえに日韓友好・親善を願う発露である。世界記憶遺産（世界の記憶）登録された朝鮮通信使に長年かかわり、対外交流で雨森芳洲（対馬藩の外交官）の残した「誠信交隣の精神」がいかに大事であるか、痛感した。その精神を現実に生かすことを心掛けていきたいと思う。「近くて近い」日韓関係を願い、筆を置く。

２０１９年2月、長崎・平戸の旅をを終えて

嶋村初吉

〈著者紹介〉

嶋村初吉（しまむら・はつよし）

1953 年、大分県・佐賀関町（現、大分市）生まれ。慶應義塾大学文学部を卒業後、奈良新聞社に入社。その後、産経新聞社を経て、西日本新聞社へ。文化部記者、編集委員を歴任。2013 年 12 月末、西日本新聞社を定年退職。翌年 3 月、韓国・釜山にある国立釜慶大学大学院に入学。修士課程で室町時代の朝鮮通信使、「李芸（イ・イェ）と琉球」について研究。現在、民団福岡県地方本部の李相鎬団長と「朝鮮通信使と共に福岡の会」共同代表を務める。

著書に『九州のなかの朝鮮』（明石書店）、『日韓あわせ鏡の世界』（梓書院）などがある。とりわけ、2010 年に刊行した『玄界灘を越えた朝鮮外交官李芸』（明石書店）は、ユン・テウォン主演の映画『李芸　最初の朝鮮通信使』の製作に当たり、基礎資料になった。

九州のなかの朝鮮文化——**日韓交流史の光と影**

2019 年 7 月 25 日　初版　第 1 刷発行

著者　嶋　村　初　吉
発行者　大　江　道　雅
発行所　株式会社明石書店
〒 101-0021 東京都千代田区外神田 6 -9-5
電話 03（5818）1171
FAX 03（5818）1174
振替　00100-7-24505
http://www.akashi.co.jp/
装丁　明石書店デザイン室
組版　三冬社
印刷／製本　モリモト印刷株式会社

（定価はカバーに表示してあります）　ISBN978-4-7503-4862-9

辛基秀 朝鮮通信使に掛ける夢

世界記憶遺産への旅

上野敏彦［著］

◎四六判／上製／392頁　◎2,800円

朝鮮通信使研究や映画等を通じて朝鮮半島との橋渡し役を担おうとした辛基秀。その生涯を描いた評伝の増補改訂版。彼の死後、次女理華がソウルに留学し、父が制作した映画を上映していく様子や朝鮮通信使が世界記憶遺産になるまでの関係者の奮闘ぶりなどを追加した。

《内容構成》

〈価格は本体価格です〉